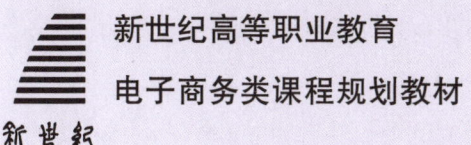

新世纪高等职业教育
电子商务类课程规划教材

微课版

# 电子商务数据分析

主　编 ◎ 王召义　薛晨杰
副主编 ◎ 张京洲

大连理工大学出版社

图书在版编目(CIP)数据

电子商务数据分析/王召义,薛晨杰主编. -- 大连:大连理工大学出版社,2022.9(2024.7重印)
ISBN 978-7-5685-3881-7

Ⅰ.①电… Ⅱ.①王… ②薛… Ⅲ.①电子商务—数据处理 Ⅳ.①F713.36②TP274

中国版本图书馆 CIP 数据核字(2022)第 134925 号

大连理工大学出版社出版

地址:大连市软件园路 80 号　邮政编码:116023
发行:0411-84708842　邮购:0411-84708943　传真:0411-84701466
E-mail:dutp@dutp.cn　URL:https://www.dutp.cn
大连市东晟印刷有限公司印刷　　大连理工大学出版社发行

幅面尺寸:185mm×260mm　　印张:14.5　　字数:351 千字
2022 年 9 月第 1 版　　2024 年 7 月第 3 次印刷

责任编辑:刘丹丹　　　　　　　　　　　责任校对:王　健
封面设计:对岸书影

ISBN 978-7-5685-3881-7　　　　　　　　定　价:45.80 元

本书如有印装质量问题,请与我社发行部联系更换。

# 前言 Preface

"工欲善其事,必先利其器。"企业要想在电子商务领域获得成功,就必须深入了解消费者行为,而电子商务数据是分析消费者行为的基础。将"用户""商品""渠道"联系起来,是电子商务企业目前迫切需要关注、解决的问题,也是进行电子商务数据分析的重点。

本教材从新零售的"人""货""场"三个层面对电子商务数据分析进行阐述,包括7个项目:认知电子商务数据分析、了解电子商务数据分析方法、数据采集与处理、"人"数据分析、"货"数据分析、"场"数据分析、数据的管理与输出。通过对本教材的学习,学生能够掌握数据采集和处理的工具和方法,能够使用 Excel 等数据分析工具对数据进行分析,能够依据数据分析结论对企业或店铺运营现状进行分析与改进。

本教材在编写过程中注重理论与实践的有效结合,力图在电子商务数据分析理论和实践之间架起一座桥梁,使学生易于掌握、易于实践。本教材的主要特色有:

1.知识体系框架新颖,逻辑设计严谨科学。本教材遵循"基础充实、理论够用、以实为本、以能为主"的原则,围绕专业技能需求进行知识点框架设计,逻辑结构合理。本教材基于"人""货""场"的框架视角对电子商务数据分析进行拆解,明确了"人"包含用户、客服等数据,"货"包含销售、库存、竞争等数据,"场"包含市场、推广等数据。

2.课程思政素材丰富,内容与知识融合度高。本教材每个项目中都融入了课程思政素材,且与项目知识点融合度高,能够将知识与思政教育融为一体,让学生在学习知识的同时,在潜移默化中接受数据价值、数据法规、诚实守信、爱国守法等思政教育,有效地实现了课程思政教学目标。

3.深化产教融合实践,校企"双元"合作编写。本教材的框架设计是在编者到多家校企合作单位进行走访,深入具体工作岗位进行调研,并邀请芜湖凡臣电子商务有限责任公司参与的背景下完成的。教材以电子商务企业典型工作任务岗位及能力要求作为

设计依据，突出理论知识与技能的互补和融合，实现工学结合、任务驱动、教学做一体的课程教学理念。

4.课程信息化资源丰富，微视频课程讲解深入。本教材配有丰富的微视频课程，无缝对接教材中技能实操知识点，让学生一边看一边做，提高课程的学习效率和效果。同时，本教材还配有课件、课程标准、数据分析的源文件等资源，提高了课程教学信息化程度。

本教材由安徽商贸职业技术学院王召义、薛晨杰担任主编；安徽商贸职业技术学院张京洲担任副主编；安徽商贸职业技术学院江楠、高蕾，芜湖凡臣电子商务有限责任公司温柔担任参编。具体编写分工如下：王召义编写项目1、项目3、项目5；江楠编写项目2；薛晨杰编写项目4；高蕾编写项目6；张京洲、温柔共同编写项目7。

本教材可供高等职业院校电子商务专业、商务数据分析与应用专业及开设本课程的其他相关专业使用，还可以作为从事电子商务数据采集、数据分析、数据化运营等岗位的企业人员的自学、参考用书。

在编写本教材的过程中，我们参考、引用和改编了国内外出版物中的相关资料以及网络资源，在此对这些资料的作者表示诚挚的谢意！请相关著作权人看到本教材后与出版社联系，出版社将按照相关法律的规定支付稿酬。

尽管我们在本教材的编写中，致力于探索全新视角下的电子商务数据指标体系并以此来设计教材内容，但是限于编者的水平和能力，教材中仍可能有许多不成熟的地方，恳请同行及读者批评指正。

编　者

2022年9月

所有意见和建议请发往：dutpgz@163.com
欢迎访问职教数字化服务平台：https://www.dutp.cn/sve/
联系电话：0411-84707492　84706104

# 目录 Contents

**项目 1　认知电子商务数据分析** ........................................ 1

　任务 1　熟悉电子商务数据分析的含义和作用 ........................... 3
　任务 2　了解电子商务数据分析指标 ................................... 8
　任务 3　掌握电子商务数据分析流程 .................................. 16

**项目 2　了解电子商务数据分析方法** ..................................... 25

　任务 1　描述性统计分析 ........................................... 27
　任务 2　相关与回归分析 ........................................... 33
　任务 3　动态数列分析 ............................................. 43
　任务 4　综合评价分析 ............................................. 48

**项目 3　数据采集与处理** ............................................. 56

　任务 1　数据采集 ................................................. 58
　任务 2　数据处理 ................................................. 82

**项目 4　"人"数据分析** .............................................. 97

　任务 1　用户数据分析 ............................................. 98
　任务 2　客服数据分析 ............................................ 115

## 项目 5　"货"数据分析 ……………………………………………… 123

任务 1　销售数据分析 ………………………………………………… 125
任务 2　库存数据分析 ………………………………………………… 141
任务 3　竞争数据分析 ………………………………………………… 154

## 项目 6　"场"数据分析 ……………………………………………… 164

任务 1　市场数据分析 ………………………………………………… 165
任务 2　推广数据分析 ………………………………………………… 174

## 项目 7　数据的管理与输出 ………………………………………… 186

任务 1　数据可视化分析 ……………………………………………… 188
任务 2　数据分析报告撰写 …………………………………………… 215

## 参考文献 …………………………………………………………… 225

# 项目 1

## 认知电子商务数据分析

### 知识目标

- 熟悉电子商务数据分析的含义和作用
- 了解电子商务数据分析的各类指标
- 掌握电子商务数据分析的基本流程

### 能力目标

- 能够熟练使用指标计算公式对相应指标进行计算
- 能够独立完成电子商务数据分析流程的搭建

### 思政目标

- 了解我国的大数据发展理念和发展战略
- 能够在电子商务数据分析过程中培育和践行社会主义核心价值观
- 培养严谨的数据分析思维,了解正确的从商之道

# 引导案例

## 农夫山泉用大数据卖矿泉水

SAP(思爱普)和农夫山泉共同开发基于"饮用水"运输环境的数据场景。这个数据场景到底有多重要呢?将自己定位成"大自然搬运工"的农夫山泉,在全国有十多个水源地。农夫山泉把水灌装、配送、上架,一瓶超市售价2元的550 mL饮用水,其中3角钱花在了运输上。如何根据不同的变量因素来控制自己的物流成本,成为问题的核心。基于上述场景,SAP团队和农夫山泉团队开始了场景开发,他们将很多数据纳入:高速公路的收费、道路等级、天气、配送中心辐射半径、季节性变化、不同市场的售价、不同渠道的费用、各地的人力成本等。

在没有数据实时支撑时,农夫山泉在物流领域花了很多冤枉钱。比如某个小品相的产品(350 mL饮用水),在某个城市的销量预测不到位时,公司以往的做法是通过大区间的调运,来弥补终端货源的不足。"华北往华南运,运到半道的时候,发现华东实际有富余,从华东调运更便宜。但很快发现对华南的预测有偏差,华北短缺更为严重,华东开始往华北运。此时如果太湖突发一次污染事件,很可能华东又出现短缺。"这种没头苍蝇的状况让农夫山泉头疼不已。在采购、仓储、配送这条线上,农夫山泉特别希望通过获取大数据解决三个顽症:首先是解决生产和销售的不平衡,准确获知该产多少,送多少;其次,将400家办事处、30个配送中心能够纳入体系,形成一个动态网状结构,而非简单的树状结构;最后,让退货、残次等问题与生产基地能够实时连接起来。

采用SAP Hana后,同等数据量的计算速度从过去的24小时缩短到了0.67秒,几乎可以做到实时计算结果,这让很多不可能的事情变为可能。这对农夫山泉而言,精准地管控物流成本将不再局限于已有的项目,也可以针对未来的项目。农夫山泉董事长将手指放在一台平板电脑显示的中国地图上,随着手指的移动,建立一个物流配送中心的成本随之显示出来。数据在不断飞快地变化,好像手指移动产生的数字涟漪。

以往,执行团队也许要经过长期的考察、论证,再形成一份报告提交给董事长,给他几个备选方案,到底设在哪座城市,还要凭借经验来再做判断。但现在,起码从成本方面已经一览无遗。剩下的可能是些无法测量的因素。

有了强大的数据分析能力做支持后,农夫山泉近年以30%~40%的年增长率,在饮用水方面快速超越了原先的三甲:娃哈哈、乐百氏和可口可乐。2021年,饮用水领域的市场份额,农夫山泉占有率达到26.5%,位居第一。

# 项目分解

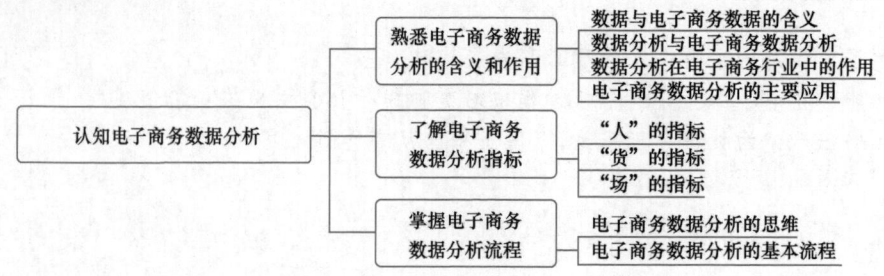

# 任务 1　熟悉电子商务数据分析的含义和作用

电子商务不同于其他行业,数据分析对于电子商务是至关重要的,因为电子商务的运营情况能够通过客观、真实的数据呈现出来。对数据进行分析后,其结果可以运用到商品管理、活动运营、客户管理以及社群运营等多方面。本任务通过结合具体业务和案例介绍电子商务数据分析的有关含义,并详细阐述数据分析与电子商务之间的关联。

## 技能知识

**1. 数据与电子商务数据的含义**

数据是通过科学实验、检验、统计等方式所获得的,用于科学研究、技术设计、查证、决策等的数值,其表现形式可以是符号、文字、数字、语音、图像、视频等。

电子商务数据是企业进行电子商务活动时产生的行为数据和商业数据。行为数据能够反映客户行为,如客户访问情况、客户浏览情况等;商业数据能够反映企业运营状况,如产品交易量、投资回报率等。

**2. 数据分析与电子商务数据分析**

数据分析指通过建立分析模型,对数据进行核对、检查、复算、判断等操作,将数据的现实状态与理想状态进行比较,从而发现规律,得到分析结果的过程。

电子商务数据分析指运用有效的方法和工具收集、处理数据并获取信息的过程。其目的是从杂乱无章的数据中提炼出有用数据,用于研究指标的内在规律和特点,指导企业运营和优化。

**3. 数据分析在电子商务行业中的作用**

数据分析在电子商务行业中起着很重要的作用,可以通过分析数据了解市场、判断市场走势从而做出正确的决策,或通过分析数据优化业务流程与市场营销等。其具体作用主要表现在以下几个方面:

(1)熟悉运营现状

通过数据分析,能够熟悉店铺在现阶段的运营状态——店铺积累的客户数量是上升还是下降?营销活动是有效果还是无效果?店铺是盈利还是亏损?

例如,可以根据店铺在最近 3 个月的销售额、访客数、成交转化率、支付订单数、新老客户占比以及付费推广额等多维度的数据来分析店铺的整体运营情况。首先,与同期相比,店铺目前的运营状态是否良好,若各项指标均呈现出负增长,则说明店铺运营出现了问题,需进行整改和优化。其次,与同行相比,店铺各项数据指标是否达到同行平均值,若没有,则需要从多方面分析原因,制订相应的解决方案。

在电商运营的过程中,应该以周期来开展数据分析,采取日报、周报和月报的形式来进行系统的数据分析,而并非割裂数据分析周期,这样的数据分析结果才有参考性、对比性。

(2) 深入分析原因

在了解店铺的运营现状之后，需要深入地分析出现现阶段运营情况的原因，将分析出的原因逐一罗列出来。

例如，通过后台的数据发现商品的搜索量增幅较大，但这仅是对商品运营的基础了解，还需要弄清楚出现这种状况的原因。如搜索量增幅较大，是因为优化了某个关键词为店铺带来了流量，还是因为店铺的新访客数量增加，或者是店铺的权重提升，这些原因都需要进行深入分析。明确具体的原因，才能够达到数据分析的目的。

例如，商品搜索量增幅较大，可能是因为优化了商品标题的关键词。那么，就需要对关键词优化前和优化后的数据进行对比，如果是在标题关键词优化后而流量大增，那么，很有可能就是因为商品关键词的优化为店铺带来了流量。

所以，数据分析都是有理有据的，以客观、真实的数据为支撑，具体问题具体分析。数据分析切忌脱离实际而仅凭主观臆想。

(3) 预测店铺未来运营

在了解了现状，也分析了原因后，接下来就应该进行预测，提前对店铺运营进行全方位的规划。

例如，通过优化商品标题关键词，为店铺带来了大量的流量，在短期内提升了商品的成交转化率。为了保证店铺的良好运营，数据分析人员就需要对关键词优化带来的成交转化进行实时的监测，找出哪些关键词是主力引流词，哪些关键词的转化能力强，哪些关键词能够提升静默转化率。

在充分积累了运营数据后，就需要对关键词优化带来的成交转化进行预测。例如，主力关键词在未来一周能够带来多少流量？高转化率的关键词在未来半个月中的转化率能够达到多少？热门关键词在未来一个月能让静默转化率提升多少？做好科学的数据预测，能够提前掌握店铺运营的发展趋势，提前布局，抢占市场先机。

(4) 及时发现店铺问题

店铺在运营过程中，会出现各种问题，若数据分析人员没有及时发现异常，则很容易给店铺带来巨大的损失。实际上，任何一种异常情况的背后必有原因，发现和了解具体的原因，能够帮助我们分析和解决问题。

例如，某主营童装的商家在后台分析最近 7 天的销售额，发现 22 日、23 日和 26 日的销量下滑较为明显，且销量、估算销售额、销售商品数以及平均动销率等多项数据指标都呈现负增长，店铺经营状况亮起了一盏"红灯"。

在发现异常数据后，就要分析产生这样结果的原因，快速制订解决方案，并且实时监控运营情况。切忌掉以轻心，不重视异常数据的处理，等到店铺出现非常严重的亏损时，才引起警惕。

(5) 提供店铺决策的依据

决策需要以客观数据为支撑，不能盲目地进行决策，更不能凭借个人主观想法来决策。

例如，某主营家居用品的商家想要深入分析店铺的主力引流商品，重点打造爆款商品，通过对后台的部分数据分析，发现不管是自然引流商品，还是直通车引流商品，其中一款睡床的关键词引流排名很靠前，且呈增长趋势。由此可判断，这款商品的关键词属于店铺的主力引流词，能够为店铺带来流量，产生成交转化，所以，这款商品可作为爆款商品的候选之一。

**4. 电子商务数据分析的主要应用**

现在是大数据时代,任何行业都清楚数据的重要性,特别是电子商务行业尤其重视数据分析。对于许多新手来说,不知道电子商务数据分析主要应用在哪里,所以我们来了解一下哪些行为属于电子商务数据分析。

第一,对于电子商务来说,最早的数据分析体现在分析网站数据上。现在电子商务的形式变得多样化,无论是PC端还是移动端百花齐放,而最开始电子商务主要的载体就是网站,因此分析网站每天或者每个时段的流量以及来源和具体的用户追踪数据等,都属于电子商务数据分析行为。

第二,随着电子商务的成熟,现在的电子商务不仅有网站一种载体,还有各种平台和APP等,因此电子商务数据分析就体现在RFM模型(RFM模型指的是从各个渠道了解客户访问的产品的分类、品牌、价格和渠道等数据)上,打造完整的客户消费模型,以此来分析出有用的数据。

第三,电子商务数据分析自然不能只停留在用户行为的模仿上,还体现在营销活动的精细化分析方面,具体的分析对象则是产品而不是用户,以产品为中心采集和分析数据,得到营销活动精细化的分析数据,最终可以用来优化产品。

第四,数据分析技术现在已经非常成熟,因此在电子商务方面的体现还有分析产品之间的关联性。通过大量的数据分析得出产品之间的关联性,可以让商家作为参考来调整产品。

## 技能实施

大数据时代的来临使得产生的数据量呈爆炸式增长,各行各业均面临着海量数据的分析、处理问题。如何运用大数据技术从海量数据中挖掘出有价值的信息,将是今后企业发展的一个巨大挑战。这里收集了几个国内外大数据应用的经典案例,希望可以对读者有所启示。

### 案例1

**塔吉特百货孕妇营销分析**

最早关于大数据的故事发生在塔吉特百货超市。孕妇对零售商来说是个价值很高的顾客群体,但是她们一般会去孕妇专卖店。在当地,出生记录是公开的,等孩子出生了,新生儿母亲就会被铺天盖地的产品优惠广告包围,那时候再行动就晚了,因此必须赶在孕妇怀孕前期就行动起来。塔吉特的顾客数据分析部门发现,孕妇一般会在怀孕第三个月的时候购买很多无香乳液。几个月后,她们会购买镁、钙、锌等营养补充剂。根据数据分析部门提供的模型,塔吉特制订了全新的广告营销方案,在孕期的每个阶段给客户寄送相应的优惠券。结果,孕期用品销售呈现了爆炸式增长。

这个案例说明大数据在企业营销上的成功,利用大数据技术分析客户消费习惯,判断其消费需求,从而进行精确营销。这种营销方式的关键在于时机的把握上,要在客户有需求时开展营销活动,才能保证较高的成功率。

### 案例2

#### 沃尔玛"啤酒加尿布"经典案例

为了能够准确了解顾客的购买习惯,沃尔玛对顾客购物行为进行购物篮分析。沃尔玛数据仓库里存储了各门店的详细原始交易数据,在对这些交易数据进行数据分析和挖掘后,发现"跟尿布一起购买最多的商品竟是啤酒"。这是数据挖掘技术对历史交易数据进行分析的结果,反映了数据内在的规律。沃尔玛派出市场调查人员和分析师对这一结果进行调查分析,经过大量实际调查和分析,揭示了隐藏在"尿布与啤酒"背后的一种行为模式:一些年轻的父亲下班后经常要到超市买婴儿尿布,而他们中有30%~40%的人同时也为自己买一些啤酒。既然尿布与啤酒一起被购买的机会很多,于是沃尔玛就将尿布与啤酒摆放在一起,结果是尿布与啤酒的销售量双双增长。

这个案例的意义在于将看似不相关的商品数据放在一起进行分析,找到它们之间的相关性,从而进行交叉营销,可以促进商品的销售。这种思维方式才是成功的关键。

### 案例3

#### 试衣间的大数据应用

在某服装品牌的旗舰店里,每件衣服上都有射频识别(RFID)码,每当顾客拿起衣服进试衣间时,这件衣服上的 RFID 码会被自动识别,试衣间里的屏幕会自动播放模特穿这件衣服走台步的视频。一看见模特,顾客就会下意识认为自己穿上衣服也是那样的,不由自主地认可这件衣服。而在顾客试穿衣服的同时,这些数据会传至该服装品牌总部,包括:每一件衣服在哪个城市的哪个旗舰店什么时间被拿进试衣间,停留多长时间。这些数据都被存储起来加以分析。如果有一件衣服销量很低,以往的做法是直接废弃。但如果 RFID 传回的数据显示这件衣服虽然销量低,但进试衣间的次数多,那就说明存在一些问题,衣服或许还有改进的余地。这项应用不仅提升了消费者的购物体验,还增加了 30%以上的销售量。

案例中物联网和大数据的结合是成功的关键。利用物联网技术收集数据,使用大数据技术进行分析,进而得出市场需求结论。在服装领域,大数据等新技术正在发挥着巨大的作用。

### 案例4

#### 淘宝数据魔方

中国最大的电子商务公司之一阿里巴巴已经在利用大数据技术提供服务。每天有数以万计的交易在淘宝上进行,与此同时,相应的交易时间、商品价格、购买数量会被记录,更重要的是,这些信息可以与买方和卖方的年龄、性别、地址甚至兴趣爱好等个人特征信息相匹配。各大、中、小城市的百货大楼做不到这一点,大大小小的超市做不到这一点,而互联网时代的淘宝可以。淘宝数据魔方就是淘宝平台上的大数据应用方案。通过这一服务,商家可以了解淘宝平台上的行业宏观情况、自己品牌的市场状况、消费者行为情况等,并可以据此进行生产、库存决策,而与此同时,更多的消费者也能以更优惠的价格买到更心仪的宝贝。

目前国内的互联网服务行业正处于发展阶段,而大数据技术对互联网服务的发展具有至关重要的作用。互联网服务不可避免地会产生海量的数据,如何利用大数据技术对这些数据进行合理的分析是互联网服务成功发展的关键。

## 技能训练

学生以组为单位,自主选择一个基于数据分析或大数据应用的成功案例,题材不限,自主分析案例发生的背景、内容、过程、结果以及所产生的问题,解析其内在逻辑关系,并提出对策。将分析结果进行整理,形成一份汇报稿。

## 思政园地

### 《中华人民共和国个人信息保护法》明令禁止"大数据杀熟"

2021年8月20日,第十三届全国人大常委会第三十次会议表决通过《中华人民共和国个人信息保护法》(以下简称《个人信息保护法》),自2021年11月1日起施行。

《个人信息保护法》是中国首部针对个人信息保护的专门性立法,其中明确了不得过度收集个人信息、大数据杀熟,并对滥用人脸信息等敏感个人信息的处理做出规制,更完善了个人信息保护投诉、举报工作机制等。

《个人信息保护法》规定:"个人信息处理者利用个人信息进行自动化决策,应当保证决策的透明度和结果公平、公正,不得对个人在交易价格等交易条件上实行不合理的差别待遇。通过自动化决策方式向个人进行信息推送、商业营销,应当同时提供不针对其个人特征的选项,或者向个人提供便捷的拒绝方式。通过自动化决策方式作出对个人权益有重大影响的决定,个人有权要求个人信息处理者予以说明,并有权拒绝个人信息处理者仅通过自动化决策的方式作出决定。"

(资料来源:中国人大网)

## 任务 2　了解电子商务数据分析指标

医术高深的医生,能够从化验单中迅速挑出重要的指标,并结合患者实情加以诊断;优秀的数据分析师也应具备类似的能力,面对繁乱的数据指标,需要去芜存菁,迅速找到关键指标并加以诊断。本任务通过把常用的数据指标投影和还原到实际业务场景中的方法,诠释看似枯燥而缺乏温度的数据指标,这既能加深读者对各项数据指标的理解,又能帮助读者从数据指标的表象还原业务真相。

### 技能知识

**1. 电子商务是"人""货""场"三大核心要素构成的商业体系**

不论是最早期的 B2B 电子商务模式,还是发展过程中不断涌现的 B2C、C2C、O2O 等电子商务模式,电子商务扮演的最核心的作用从未改变,即搭建具有置信度的平台,链接供给侧与需求侧,最终达成交易。在实现这一基础作用的过程中,电子商务的商业体系包含三大核心要素,即"人""货""场"。具体来讲:

①"人":购买者。

②"货":商品和服务,背后的提供者包括商家、品牌及供应链。

③"场":平台构建的交易场所,包括交易场景及交易服务。

电子商务的核心作用在于达成交易,三要素的交互利于交易的达成。当三要素齐备时,交易可达成,即"人"在"场"内获得相匹配的"货"。三要素间的两两互动则有利于最终实现三要素的齐备。"人"在"场"内的活跃度的提升会增加"人"与"货"匹配的概率;"人"与"货"在不同场景、平台中完成匹配后一定概率会在电子商务"场"内完成交易;优质的"货"与合适的"场"相辅相成,对于"人"具有更强的吸引能力。

从"人""货""场"的外部视角看,电子商务是核心变现渠道。这里跳出电子商务自身体系的"人""货""场",从外部视角进一步审视电子商务所扮演的角色。

①"人":能够为电子商务体系带来消费用户的外部参与者,这里将其定义为流量方。流量方的典型特征为,拥有社交、娱乐、搜索、生活服务等功能从而吸引一定规模用户长期使用流量方产品。流量方产品在发展初期的战略重心在增加用户数量以及用户黏性上,形成一定规模后才会开始寻找不同的变现方式,在用户积累向商业变现的转化过程中,电子商务往往是其重要的变现渠道之一。

②"货":能够为电子商务体系提供商品的外部参与者,这里将其定义为供给方。所有供给方的最终目标是将自己的商品向市场销售,其可以选择的渠道包括超市、百货、经销商、直营店、电子商务等,在这其中,电子商务已经逐步成为较为重要的一条渠道。

③"场":能够为电子商务体系提供额外场景、基础服务的外部参与者,这里将其定义为内容方和服务方。内容方中的长短视频、直播等,依赖电子商务完成变现的关键一环,服务方的代运营、物流则直接需要在电子商务完成交易后才可实现收入。

总的来说，不论是基于电子商务内生的商业体系，还是外部视角下的电子商务角色，达成交易始终是核心的功能。电子商务产业链各环节均在通过不同的手段增强"人""货""场"的交互，最终实现更多交易的达成。

2."人""货""场"下的电子商务数据分析指标

电子商务数据分析指标非常多，分类方法也比较多，为了便于理解和记忆，我们把常用的指标按"人""货""场"的逻辑分为三类。

(1)"人"的指标

站在运营分析的角度，"人"可以分为"客服"与"用户"两类。"客服"是指客服团队，如售前、售后客服；"用户"按照成交状态又可以细分为"流量(访客)"与"成交用户"，如图1-1所示。需要注意的是，在电子商务行业中，凡是在店铺内有过成交记录的，都称为用户；只要登录/浏览过店铺的，都称为流量。用户有ID与联系方式可以作为"个体"被追溯和联络；而流量只能作为"群体"被统计。

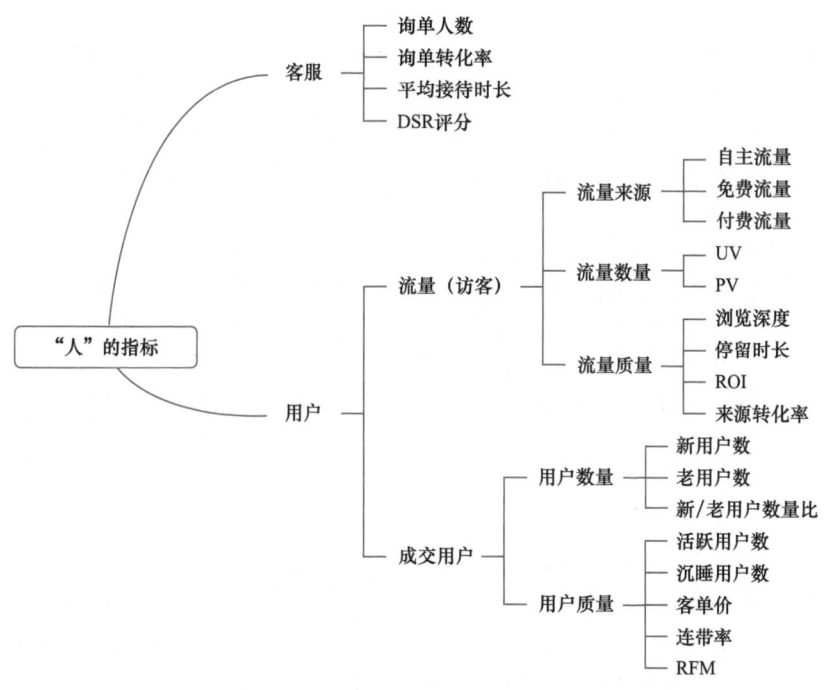

图1-1 "人"的指标

各个指标的含义见表1-1～表1-3。

表1-1    "客服"的指标

| 指标名词 | 名词解释 |
| --- | --- |
| 询单人数 | 所选时间内，下单前来询问客服的客户总数。这个数据是过滤掉售后接待等其他数据的。询单包含了顾客的主动咨询和客服的主动接待。<br>客服主动询单会不会影响询单人数？针对客服主动联系顾客进行服务的场景，如果服务后顾客未下单，将不会计入询单流失；如果顾客成功下单，则计入客服业绩。<br>店铺不分售前和售后，会影响客服的询单人数吗？顾客购买商品后，在售后有效期内回来咨询，若咨询后没有再次下单，则计入售后服务；若客户再次下单，则计入询单。售后的顾客在接待人数里，而不在询单人数里，所以不会影响客服的询单人数 |

(续表)

| 指标名词 | 名词解释 |
| --- | --- |
| 询单转化率 | 询单转化率＝最终付款人数/询单人数×100％(淘宝系询单转化率＝近28天旺旺咨询并下单的买家数/近28天旺旺咨询的买家数×100％)<br>影响的因素有：宝贝描述(宝贝图片优化和描述很大程度上决定了转化率的高低)、销售目标(买家都有从众心理，商铺的定价和定位有待调查和确认，主流的消费群体应该是首选销售目标)、宝贝的评价(评价对于店铺的存在是非常关键的，没有信誉便放在之后考虑是很多淘宝买家的心理)、客服(客服是店铺窗口，好的客服相当于销售成功了一半，对于客服的严格要求是必不可少的) |
| 平均接待时长 | 接待时长是指从客服开始接待顾客到顾客离开店铺的时长。<br>平均接待时长＝接待每一位顾客的时间总和/接待顾客数 |
| DSR评分 | DSR是卖家服务评级系统。DSR评分就是选取连续六个月内的买家给予该项评分的总和除以连续六个月内买家给予该评分的次数。淘宝店铺中DSR评分是淘宝店铺动态评分。在淘宝网交易成功后，买家可以对本次交易的卖家进行如下三项评分：宝贝与描述相符、卖家的服务态度、物流服务的质量 |

表1-2　　　　　　　　　　　　"流量(访客)"的指标

| 指标名词 | 名词解释 |
| --- | --- |
| 自主流量 | 用户按照自己的意愿，通过在浏览器输入网址、收藏夹的链接或者其他推广方式的链接直接对店铺进行访问 |
| 免费流量 | (1)搜索流量：涉及的提升维度很多，如全店关键词布局、标题、产品架构等。<br>(2)主动访问：如直接访问、宝贝收藏、已买到商品等 |
| 付费流量 | (1)平台广告：联盟按销售额付佣金，如淘宝客。<br>(2)搜索定向：基于平台访客搜索行为，如直通车。<br>(3)人群定向：基于平台访客浏览与购买行为，如钻展、品销宝、淘积木、内容渠道。<br>(4)硬广：包断某时段的固定位置 |
| UV | Unique Visitor，指访问某个站点或单击某条新闻的不同IP地址的人数 |
| PV | Page View，即页面浏览量 |
| 浏览深度 | 平均每个独立访客产生的PV。它体现网站对访客的吸引程度 |
| 停留时长 | 用户在一个商品页面停留的时间 |
| ROI | 投资回报率：通过投资而应返回的价值，即企业从一项投资活动中得到的经济回报。投资回报率(ROI)＝年利润或年均利润/投资总额×100％ |
| 来源转化率 | 不同流量来源的转化率，常见的有：搜索流量转化率、主动访问流量转化率、付费流量转化率等 |

表1-3　　　　　　　　　　　　"成交用户"的指标

| 指标名词 | 名词解释 |
| --- | --- |
| 新用户数 | 第一次购买商品的用户数 |
| 老用户数 | 不是第一次购买商品的用户数 |
| 新/老用户数量比 | 新/老用户数量比＝新用户数/老用户数 |
| 活跃用户数 | 指定时间段内有成交记录且购买次数大于指定次数的客户。活跃用户数越大，店铺的自主和免费流量就越多 |
| 沉睡用户数 | 指有一段时间没有访问店铺的用户数。例如，移动互联网产品常把90天活跃度作为一个评判节点，如果一个用户90天之内没有任何活跃行为，就会被判定为沉睡用户 |

(续表)

| 指标名词 | 名词解释 |
|---|---|
| 客单价 | 客单价=销售额/客户数。客单价的本质：在一定时期内，每位顾客消费的平均价格 |
| 连带率 | 连带率=销售件数/交易次数，它反映的是顾客平均单次消费的产品件数 |
| RFM | RFM 模型包含三个指标：<br>(1)最近(Recency)一次消费：指上一次购买的时间。<br>(2)消费频率(Frequency)：顾客在限定的时间内所购买的次数。最常购买的顾客，也是满意度最高的顾客。<br>(3)消费金额(Monetary)：一段时间(通常是 1 年)内的消费金额 |

(2)"货"的指标

商品的业务链条非常长，库存、调配、销售、售后，每一步后面都有一套非常成熟而完整的运营体系。要想做出准确有效的商品数据分析，就必须对这些商品运营体系有所了解。所以，商品的数据分析绝不是一日之功。"货"的指标如图 1-2 所示。

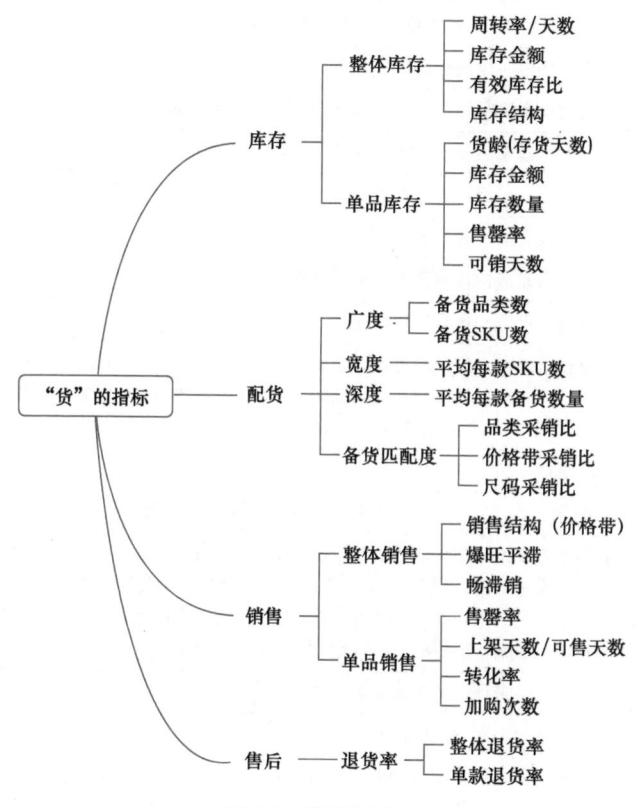

图 1-2 "货"的指标

各个指标的含义见表 1-4。

表 1-4 "货"的指标

| 指标名词 | 名词解释 |
|---|---|
| 周转率/天数 | 周转率是指一定时期内企业销售成本与存货平均资金占用额的比率，是衡量和评价企业购入存货、投入生产、销售收回等各环节管理效率的综合性指标 |
| 库存金额 | 指的是存货按成本计价的金额 |

(续表)

| 指标名词 | 名词解释 |
|---|---|
| 有效库存比 | 有效库存比＝有效库存金额/总库存金额×100% |
| 库存结构 | 指仓库中的货物的年份、品类和价格 |
| 货龄(存货天数) | 货龄是根据入库的时间作为起点进行计算的,货龄＝现日期－入库日期 |
| 库存数量 | 指仓库中实际储存的货物数量 |
| 售罄率 | 售罄率＝实际销售货品成本/总进货成本×100%,或售罄率＝实际销售货品成本/总进货零售价×100%<br>售罄率指一定时间段内某种货品的销售占总进货的比例,是一批进货销售多大比例才能收回销售成本和费用的一个考核指标,便于确定货品销售到何种程度可以进行折扣销售、清仓处理 |
| 可销天数 | 指库存可以销售多少天。<br>有两种核算方式:<br>(1)可销天数＝库存总数量/日均销售数量<br>(2)可销天数＝库存总成本/日均销售成本 |
| 备货品类数 | 指仓库中实际储存的货物种类 |
| 备货SKU数 | 指仓库中实际储存的货物规格、颜色、款式的数量 |
| 平均每款SKU数 | 一般是基于品类或者平台来进行统计 |
| 平均每款备货数量 | 平均每款备货数量＝总备货量/备货品类数 |
| 品类采销比 | 指采购商品种类和销售种类的比例 |
| 价格带采销比 | 指采购商品价格和销售价格的比例 |
| 尺码采销比 | 指采购尺码和销售尺码的比例 |
| 销售结构（价格带） | 价格带指各个商品品种销售价格的上限与下限之间的范围。在店铺内,为了满足顾客对既丰富又有效的商品构成的需要,有必要减少销售格层,并缩小价格带。如果销售价格的种类很多,则必然导致顾客不需要的商品增加,使顾客选择商品困难,并失去了商店的特性 |
| 爆旺平滞 | 指店铺里商品的爆款、旺款、平销款和滞销款 |
| 畅滞销 | 指市场上因为一些原因不受消费者欢迎而导致销售速度极慢的产品 |
| 转化率 | 指在一个统计周期内,完成转化行为的次数占推广信息总点击次数的比率。计算公式为:<br>转化率＝(转化次数/点击量)×100%。例如:10名用户看到某个搜索推广的结果,其中5名用户点击了某一推广结果并跳转到目标URL上,之后,其中2名用户有了后续转化的行为。那么,这条推广结果的转化率就是(2/5)×100%＝40% |
| 上架天数/可售天数 | 该指标衡量商品的销售持续能力 |
| 加购次数 | 商品被加入购物车的次数 |
| 退货率(整体/单款) | 指产品售出后由于各种原因被退回的数量与同期售出的产品总数量的比率。<br>有两种计算方式:<br>(1)退货率＝退货批次/出货总批次×100%<br>(2)退货率＝退货总数量/出货总数量×100% |

(3)"场"的指标

"场"就是指卖场。在电子商务中,"场"主要由"页面"与"促销活动"构成,并体现在"销售业绩"上。所以,有关"场"的指标,可以分为销售、页面、促销(推广)三类,如图1-3所示。

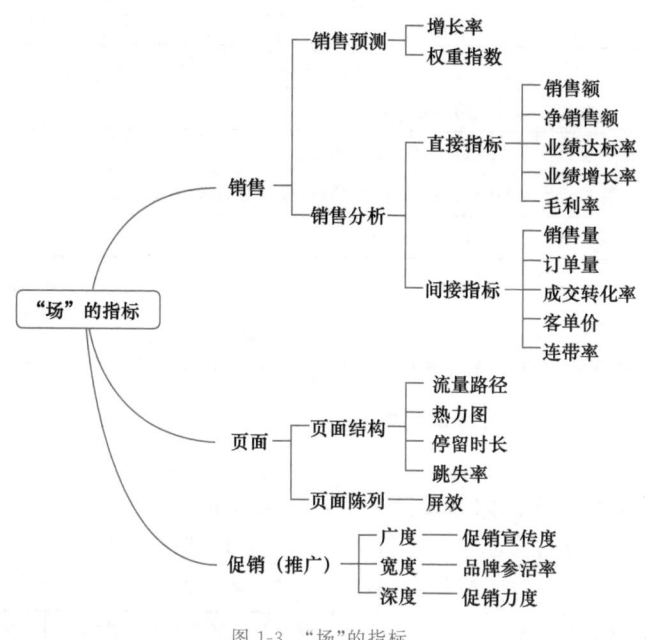

图 1-3 "场"的指标

各个指标的含义见表 1-5。

表 1-5 "场"的指标

| 指标名词 | 名词解释 |
| --- | --- |
| 增长率 | 增长率＝增长数/基础数×100％＝(报告期数－基础期数)/基础数×100％ |
| 权重指数 | 以周为周期,将销售额/量(也可用其他指标)经过简单的数据处理转变为指数,以便对这些数据进行更方便、更准确和多维度的分析 |
| 销售额 | 一个周期内的商品销售金额数 |
| 净销售额 | 净销售额＝销售收入－销售退回金额(或销售损耗) |
| 业绩达标率 | 是指实际值对比目标值的符合程度(达成目标的程度),一般用百分比(％)表示 |
| 业绩增长率 | 业绩增长率＝(本期销售额－上期销售额)/本期销售额×100％ |
| 毛利率 | 毛利率＝(销售收入－营业成本)/销售收入×100％ |
| 销售量 | 一个周期内的商品销售数量 |
| 订单量 | 交易完成的订单数 |
| 成交转化率 | 成交转化率＝店铺流量/成交量×100％ |
| 客单价 | 客单价＝销售额/客户数。客单价的本质:在一定时期内,每位顾客消费的平均价格 |
| 连带率 | 连带率＝销售件数/交易次数,它反映的是顾客平均单次消费的产品件数 |
| 流量路径 | 消费者浏览页面的轨迹 |
| 热力图 | 以特殊高亮的形式显示访客热衷的页面区域的图示。热力图展示了页面的哪些部分吸引了大多数访客的注意 |
| 停留时长 | 指一个消费者平均每一次到场,在场内所消耗的时间 |
| 跳失率 | 跳失率是指顾客通过相应入口进入,只访问了一个页面就离开的访问次数占该页面总访问次数的比率<br>跳失率＝只浏览了一个页面的访客数/总访客数×100％ |

(续表)

| 指标名词 | 名词解释 |
|---|---|
| 屏效 | 每一像素可以带来的商业效益 |
| 促销宣传度 | 促销宣传度＝浏览量/展现量×100% |
| 品牌参活率 | 品牌参活率＝参与促销活动的品牌数/卖场总品牌数×100% |
| 促销力度 | 促销力度＝商品现价/商品原价 |

## 技能实施

使用"人""货""场"的指标,对销售数据进行运营分析。

**1. 销售指标分析**

表1-6是某店铺活动期内商品销售分析表。该表通过PV、UV、支付转化率、加购数、库存数等几个关键数据指标,构成了一个针对单品销售现状的分析报表。

表1-6 　　　　　　　　某店铺活动期内商品销售分析表

| 款号 | 客单价(元/人) | PV | UV | 支付转化率 | 加购数(件) | 销售数(件) | 库存数(件) |
|---|---|---|---|---|---|---|---|
| K00001 | 142 | 21 100 | 11 100 | 1.23% | 666 | 137 | 200 |
| K00002 | 121 | 17 100 | 91 000 | 1.05% | 575 | 1 020 | 150 |
| K00003 | 163 | 16 100 | 11 100 | 0.54% | 442 | 60 | 232 |
| K00004 | 513 | 15 100 | 93 100 | 0.15% | 160 | 140 | 226 |
| K00005 | 201 | 14 100 | 10 100 | 0.45% | 270 | 45 | 242 |
| K00006 | 247 | 13 100 | 85 100 | 0.96% | 445 | 817 | 258 |
| K00007 | 243 | 13 100 | 98 100 | 0.43% | 307 | 349 | 274 |

这份报表在电商店铺做大型促销活动时,非常有用。它通过支付转化率、加购数、库存数这三个核心指标来监控店铺内的所有商品,帮助店铺运营者对所有单品进行爆旺平滞的分类,然后指定不同的销售策略;同时,这份报表也可以及时发现"潜在畅销款",提前规避"超卖"风险。

如表1-6中的K00004商品,不仅支付转化率低,而且库存数相对较高。K00002商品有"超卖"风险,UV高达9万以上,售价相对较低,单款销量超过1 000件,但库存只有150件,以此判断,此款应该是店铺某个"引流款",长期投放直通车所致。因此,当通过数据发现此款后,便需要马上提醒商品管理人员进行补货,或者提醒推广人员暂停此款的直通车投放,否则便会有"超卖"风险。

**2. 业绩达标率分析**

业绩达标率看似只是一个简单的指标,计算方法也非常简单(业绩达标率＝销售额/计划额×100%),但是在实际数据分析场景中,业绩达标率往往需要衍生出更细致的分析维度才能满足工作需要,比如滚动达标率、当年累计(YTD)、当月累计(MTD)等。表1-7为某品牌3月销售简报,以此为例分析业绩达标率。

表 1-7　　　　　　　　　　　某品牌 3 月销售简报

| 指标 | 天猫 | 京东 | 唯品会 |
|---|---|---|---|
| 销售额(元) | 1 024 421 | 352 341 | 890 030 |
| 月度达标率 | 96% | 101% | 88% |
| 年度滚动达标率 | 102% | 110% | 90% |
| YTD | 18% | 25% | 21% |

表中出现了"年度滚动达标率"和"YTD"两个特殊的达标率指标。其中,年度滚动达标率＝1 至 3 月销售额/1 至 3 月销售目标×100%,而 YTD＝1 至 3 月销售额/全年销售目标×100%。通过公式的比较,很容易便能发现二者之间的区别。

以天猫渠道为例,从表 1-7 中,至少可以发现以下三点:

(1)天猫 3 月销售额约为 102 万元,达标率仅为 96%,将近达标。

(2)本月虽然没有达标,但得益于前两个月超额完成业绩目标,因此截至 3 月,天猫渠道的年度滚动达标率尚为 102%,说明前三个月,店铺的销售额达成进度尚在预定进度之中。

(3)在本年已经过去的 3 个月,天猫 YTD 为 18%,但年度滚动达标率达 102%,说明天猫渠道把较多的销售业绩目标定在了后面的几个月中。

滚动达标率体现了累积销售进度的滚动达成情况,YTD 体现了累积销售额的年度达成情况。所以,当把月度达标率、滚动达标率、YTD 三个指标放在一起看时,便可以对店铺的业绩得出全面的分析结论。而如果我们只看某一个单一的达标率指标,显然不能分析出如此多的信息。

## 技能训练

表 1-8 是某店铺第一季度库存分析表,它通过 SKU 数、库存数、库存占比、动销率、当前售罄率、计划售罄率这几个简单的数据指标,构成了一份完整的库存分析表。分析表中的数据指标,判断每个品类的销售进度是否符合预期,以此来评估库存风险。

表 1-8　　　　　　　　　　某店铺第一季度库存分析表

| 品类 | SKU 数(个) | 库存数(件) | 库存占比 | 动销率 | 当前售罄率 | 计划售罄率 |
|---|---|---|---|---|---|---|
| 衬衫 | 55 | 17 100 | 12% | 60% | 42% | 40% |
| T恤 | 45 | 15 100 | 12% | 68% | 66% | 85% |
| 毛织 | 113 | 37 100 | 18% | 100% | 89% | 95% |
| 外套 | 18 | 11 100 | 8% | 100% | 85% | 85% |
| 裤子 | 92 | 27 100 | 13% | 85% | 71% | 70% |
| 连衣裙 | 79 | 22 100 | 15% | 45% | 23% | 20% |
| 羽绒 | 26 | 17 100 | 10% | 100% | 95% | 96% |
| 呢料 | 28 | 23 100 | 12% | 100% | 95% | 86% |

## 思政园地

**《中华人民共和国数据安全法》正式施行,筑牢数据安全之盾**

2021年9月1日,《中华人民共和国数据安全法》(以下简称《数据安全法》)正式施行。该部法律体现了总体国家安全观的立法目标,聚焦数据安全领域的突出问题,确立了数据分类分级管理,建立了数据安全风险评估、监测预警、应急处置、数据安全审查等基本制度,并明确了相关主体的数据安全保护义务,这是我国首部数据安全领域的基础性立法。

随着行业间数据的共享加速,数据快速"流动"成为常态,数据日益成为一项重要核心资产。《数据安全法》对数据产业进行了规范,其目的并非禁止数据使用,而是在合规基础上,充分挖掘数据的价值,免除数据处理者的后顾之忧,以此促进相关产业发展。

网购、打车回家、看新闻资讯……"亲密触网"成为人们日常生活不可或缺的一部分。在不同的互联网应用场景中,用户往往留下了各种使用痕迹。相关数据如何被后台存储?收集之后将流向何处?《数据安全法》明确提出,数据处理,包括数据的收集、存储、使用、加工、传输、提供、公开等。处理数据的部门需要采取必要措施,确保数据处于有效保护和合法利用的状态。用户上网留下的行踪轨迹、搜索行为、账号密码等数据,属于个人的隐私数据,不能随意使用。

[资料来源:《人民日报》(海外版)]

## 任务3 掌握电子商务数据分析流程

从数据到信息,数据分析人员必须掌握一些基本的思维方式和流程。数据分析需要用到什么样的思维方式?数据分析的基本流程是怎样的?本任务先介绍电子商务数据分析思维,再介绍电子商务数据分析的基本流程。

### 技能知识

**1. 电子商务数据分析思维**

数据分析就是从数据中寻找有价值的信息,其目的是解决某个问题或满足某个要求。数据分析人员在数据分析的过程中,也就是从数据到信息的过程中应该具备一些思维方式。

(1)对照

对照俗称对比,这是数据分析最基本也是最重要的思路。单独看一个数据是不会有感觉的,必须跟另一个数据对比才会有感觉。如果我们只看今天运营产生的数据,其实并没有什么价值;但当我们把今天的数据和昨天的数据做对比,或者把这个月的数据和上个月的数据做对比,这才能将数据有用化,如图1-4所示。

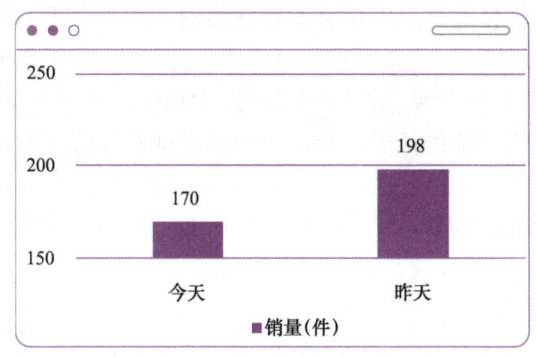

图1-4 对比

(2)降维

当数据维度太多的时候,不可能每个维度都拿来分析,有一些有关联的指标,从中筛选出具有代表性、有用的数据进行分析即可。例如:点击率=点击量/展现量×100%,我们可以在这三个维度中选择两个,而另外一个维度,可以由选择的两个维度计算出来,见表1-9。

表1-9　　　　　　　　　　　　　　降维

| 关键词 | 展现量(次) | 点击量(次) | 转化量(次) | 点击率 | 转化率 |
| --- | --- | --- | --- | --- | --- |
| 关键词A | 2 586 | 603 | 100 | 23.32% | 16.58% |
| 关键词B | 4 621 | 1 168 | 151 | 25.28% | 12.93% |
| 关键词C | 4 068 | 929 | 100 | 22.84% | 10.76% |
| 关键词D | 652 | 173 | 25 | 26.53% | 14.45% |
| 关键词E | 3 854 | 835 | 88 | 21.67% | 10.54% |
| 关键词F | 3 387 | 904 | 100 | 26.69% | 11.06% |

(3)增维

增维和降维是对应的。如果当前的维度不能很好地解释问题,可以利用其他维度通过计算进行增维。例如:点击花费/点击量=平均点击单价,可以用平均点击单价衡量一个词的竞争度。这就是通过点击花费和点击量两个指标增维了平均点击单价这个指标,见表1-10。事实上,想要降维和增维,需要我们对指标所代表的实际意义有充分的认识,这才是有用的。

表1-10　　　　　　　　　　　　　　增维

| 关键词 | 展现量(次) | 点击量(次) | 转化量(次) | 点击花费(元) | 平均点击单价(元/次) |
| --- | --- | --- | --- | --- | --- |
| 关键词A | 2 586 | 603 | 100 | 12 | 0.02 |
| 关键词B | 4 621 | 1 168 | 151 | 690 | 0.59 |
| 关键词C | 4 068 | 929 | 100 | 798 | 0.86 |
| 关键词D | 652 | 173 | 25 | 66 | 0.38 |
| 关键词E | 3 854 | 835 | 88 | 780 | 0.93 |
| 关键词F | 3 387 | 904 | 100 | 12 | 0.01 |

(4)拆分

拆分思维就是在确定一个分析因素(对象)之后,对组成这个因素的各个子因素进行分析。拆分会让数据更加清晰,更易于找到细节。

例如,电商运营中,销售额这个指标是非常重要的。如果今天的销售额是昨天销售额的50%,你会如何找出造成该结果的原因呢?可以用拆分的方法,销售额＝成交用户数×客单价,成交用户数＝访客数×转化率,通过指标拆分,发现今天销售额降低的原因:是访客数低了,还是转化率低了,或是客单价低了?最后我们再根据实际情况做出对应的策略调整。

(5)假设

当不知道分析结果时,或者有多种选择的时候,我们可以先假设有了结果,然后运用逆向思维。当然,除了结果可以假设,过程也可以假设。

**2.电子商务数据分析的基本流程**

数据分析是以商业目的为前提,进行收集、整理、加工和分析数据,提炼有价值信息的过程。

(1)明确分析目的

进行数据分析一定要有目的,不要为了分析而分析,做无意义的分析工作。在进行数据分析之前,数据分析人员必须明确数据分析的目的,才能确保数据分析有效进行,为数据的采集、处理、分析提供清晰的指引方向。

(2)数据收集

数据收集是按照确定的数据分析的目的来收集相关数据的过程,可以为数据分析提供依据。一般数据来源于数据库、互联网、市场调查、公开出版物等。

(3)数据处理

数据处理是指对收集到的数据进行加工整理,形成适合数据分析的样式,保证数据的一致性和有效性。它是数据分析前必不可少的阶段。数据处理的基本目的是从大量的、可能杂乱无章、难以理解的数据中抽取并推导出对解决问题有价值、有意义的数据。如果数据本身存在错误,那么即使采用最先进的数据分析方法,得到的结果也是错误的,不具备任何参考价值,甚至还会误导决策。数据处理主要包括数据清洗、数据转化、数据抽取、数据合并、数据计算等。一般的数据都需要进行一定的处理才能用于后续的数据分析工作,即使再"干净"的原始数据也需要先进行一定的处理才能使用。

(4)数据分析

数据分析是指用适当的分析方法及工具,对收集来的数据进行分析,提取有价值的信息,形成有效结论。在确定数据分析思路阶段,数据分析人员就应当为需要分析的内容确定适合的数据分析方法。到了这个阶段,就能够驾驭数据,从容地进行分析和研究了。一般的数据分析我们可以通过 Excel 完成,而高级的数据分析就要使用专业的分析软件进行了,如数据分析工具 SPSS、SAS、Python、R 语言等。

(5)数据展示

通过数据分析,隐藏在数据内部的关系和规律会逐渐浮现出来。那么通过什么方式展现出这些关系和规律,才能让别人一目了然呢?一般情况下,数据是通过表格和图形的方式来呈现的,即用图表说话。

常用的数据图形包括饼图、柱形图、条形图、折线图、散点图、雷达图等,当然可以对这些图形进一步整理加工,使之成为我们所需要的图形,例如金字塔图、矩阵图、瀑布图、漏斗图、帕雷托图等。

多数情况下，人们更愿意接受图形这种数据展现方式，因为它能更加有效、直观地传递分析师所要表达的观点。一般情况下，能用图说明问题的，就不用表格，能用表格说明问题的，就不用文字。

(6) 报告撰写

数据分析报告其实是对整个数据分析过程的一个总结与呈现。通过报告，把数据分析的起因、过程、结果及建议完整地呈现出来，以供决策者参考。所以数据分析报告是通过对数据全方位的科学分析来评估企业运营质量，为决策者提供科学、严谨的决策依据，以降低企业运营风险，提高企业核心竞争力。

一份好的分析报告，首先需要有一个好的分析框架，并且层次明晰、图文并茂，能够让读者一目了然。结构清晰、主次分明可以使阅读对象正确理解报告内容；图文并茂，可以令数据更加生动活泼，提高视觉冲击力，有助于读者更形象、直观地看清楚问题和结论，从而产生思考。其次，需要有明确的结论。没有明确结论的分析称不上分析，同时也失去了报告的意义，因为最初就是为寻找或者求证一个结论才进行分析的，所以千万不要舍本求末。最后，一定要有建议或解决方案。作为决策者，需要的不仅仅是找出问题，更重要的是提出建议或解决方案，以便他们在决策时参考。所以，数据分析师不仅需要掌握数据分析方法，而且要了解和熟悉业务，这样才能根据发现的业务问题，提出具有可行性的建议或解决方案。

## 技能实施

对于数据分析工作而言，如果没有目标，不仅工作结果可能没有意义，甚至有可能让人误入歧途。比如，有的数据分析师，每天重复着制作报表的工作，没有对数据进行思考和分析，不知道数据分析的目标是什么，逐渐沦为制作报表的机器，让自己的职业前途堪忧。

数据分析的目标不是炫技。有些人掌握了一些数据分析工具以后，就像手里拿着锤子，看什么数据都像钉子，恨不得一锤子砸下去。有时候，看似高深莫测的分析方法，其实未必能解决实际的问题。有时候，看似美观的分析图表，其实没能有效地传递信息。有时候，看似复杂庞大的分析工具，其实用 Excel 就能轻松解决问题。有时候，看似长篇大论的分析报告，其实用简短的一段文字就能说清楚。

只有明确目标，才不会迷失方向，就像导航软件，如果没有设置目的地，那么它就没法告诉你路线图。既然目标如此重要，那么应该如何明确数据分析的目标呢？下面的 3 个步骤，供大家参考。

**1. 正确定义问题**

有人说，正确地定义问题，比解决问题重要 100 倍。这句话是有道理的，因为在解决问题之前，要先认清问题的本质，如图 1-5 所示。如果问题的定义都是错的，那么解决问题的方向可能就不对。

比如，小明听了王阿姨卖煎饼月入 3 万元的故事，心里就想：为什么王阿姨月入 3 万元？这个问题的定义，应该是关注"月入 3 万元"，而不是"王阿姨卖煎饼"。也就是说，小明想的应该是"如何实现月入 3 万元"，而不是"如何变成卖煎饼的王阿姨"。

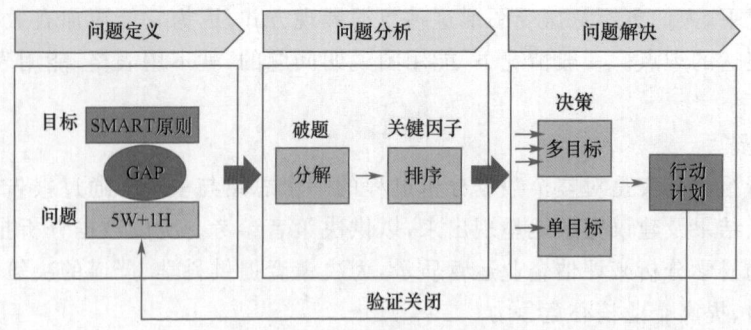

图 1-5　正确地定义问题

**2.合理分解问题**

把大问题分解为小问题,并遵循"相互独立,完全穷尽"原则。比如,卖煎饼的王阿姨如何实现月入 3 万元? 这是一个大问题,可以进行细分。因为收入等于订单数乘以单价,订单数和单价是相互独立、完全穷尽的,所以能把这个问题细分为:

(1)如何实现一个月卖 5 000 个煎饼?

(2)如何实现平均每个煎饼卖 6 元?

**3.抓住关键问题**

把问题进行细分以后,可能会变成很多个问题。

比如,对于一家销售型的企业来讲,如何提高营业利润? 如何提高销售额? 如何提高订单量? 如何提高单价? 如何提高转化率? 如何提高流量? 如何提升广告效果? 如何提高客户重复购买率? 如何开发新品? 如何节约成本? ……

当问题太多的时候,我们不能眉毛胡子一把抓,而要根据业务的实际情况,抓住其中的关键问题。

根据意大利经济学家帕累托的发现,意大利 80% 的土地为 20% 的人口所拥有。人们把这个发现延伸到很多领域,在多数情况下,80% 的结果是由 20% 的原因造成的,故称为二八法则。比如,80% 的利润来自 20% 的客户,80% 的销售额来自 20% 的产品,80% 的销售业绩来自 20% 的员工。为了集中时间和精力,完成更多更重要的任务,我们就要抓住 20% 的关键问题,如图 1-6 所示。

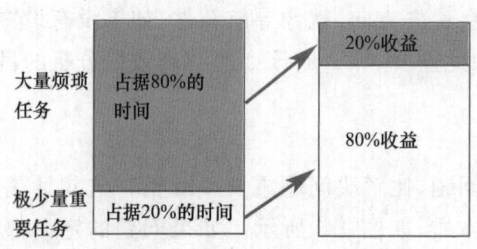

图 1-6　抓住关键问题

数据分析的目标就像枪上的瞄准器,如果没有瞄准器,枪照样可以打,但是有了瞄准器,枪可以打得更准。

## 技能训练

使用 Excel 工具体验电子商务数据分析流程,操作思路如下:

①对比分析。创建柱形图分析韩版短袖 T 恤和百搭圆领 T 恤一周内的访客数。

②趋势分析。创建折线图分析法式半身裙一周内访客数的增长趋势。

③占比分析。利用 Excel 的公式、排序、分类汇总等功能,创建饼图分析不同类目商品一周内访客数的占比情况。

主要分析过程如下:

(1)打开教材数据资源的"数据分析.xlsx"文件,选择 B1:I2 单元格区域,按住【Ctrl】键加选 B10:I10 单元格区域,在【插入】/【图表】组中单击柱形图的下拉按钮,在弹出的下拉列表框中选择第 1 种图表类型,如图 1-7 所示。

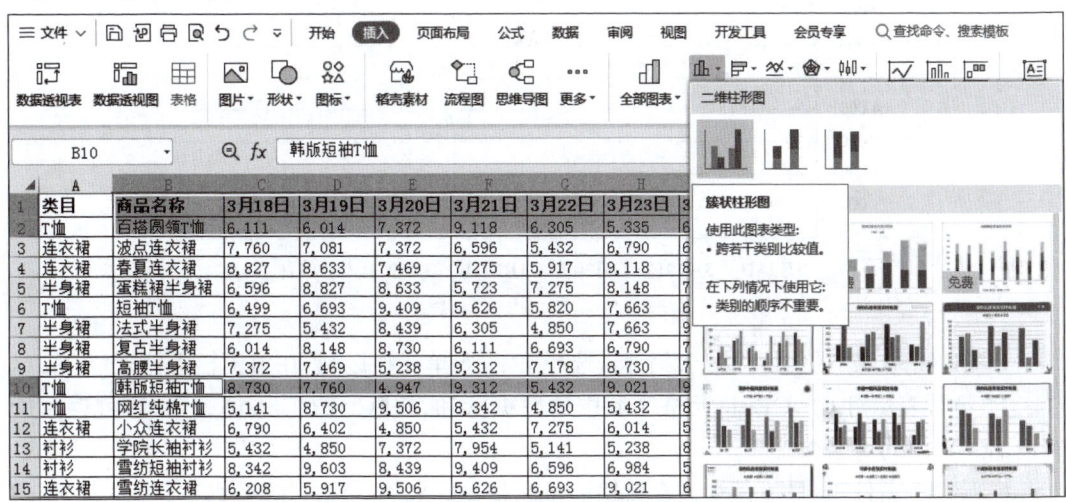

图 1-7 选择数据并创建图表

(2)将图表中的标题设置为"访客数对比",然后在【图表工具 设计】/【图表样式】组的"样式"下拉列表框中选择"样式 11"选项,继续在【图表工具 设计】/【图表布局】组中单击"添加图表元素"下拉按钮,在弹出的下拉列表框中选择【数据标签】/【数据标签外】选项,拖曳图表右下角的控制点,适当增加图表的宽度和高度,效果如图 1-8 所示。

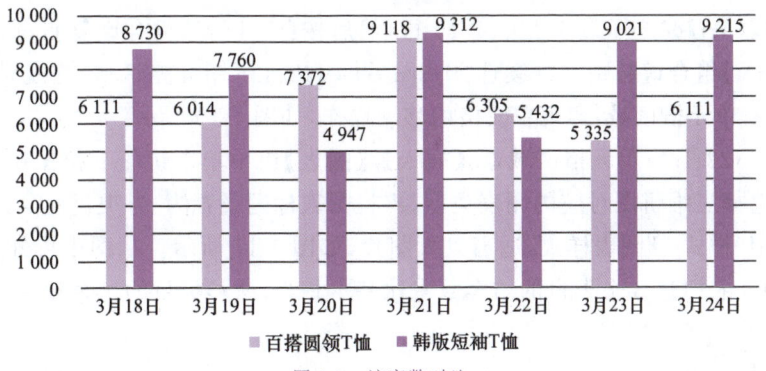

图 1-8 访客数对比

通过对比可以发现,3月18日～3月24日韩版短袖T恤的访客数总体上要高于百搭圆领T恤的访客数,但韩版短袖T恤的访客数在3月20日和3月22日严重下滑。

(3)选择B1:I1单元格区域,按住【Ctrl】键加选B7:I7单元格区域,在【插入】/【图表】组中单击折线图下拉按钮,在弹出的下拉列表框中选择第1种图表类型,添加数据标签,使其居中显示,然后将图表标题修改为"法式半身裙访客数一周走势",并应用"样式11"图表样式。拖曳图表右下角控制点,适当增加图表的宽度和高度,效果如图1-9所示。从图中可知,法式半身裙一周内访客数最高峰为3月24日的9 118位访客,最低谷为3月22日的4 850位访客。虽然访客数增减变化较为明显,但整体是呈上升趋势的,说明该商品正逐渐被市场认可。

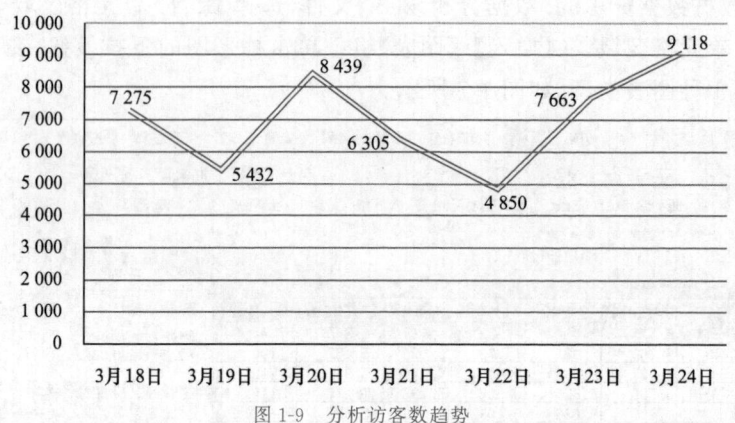

图1-9　分析访客数趋势

(4)在J1单元格中输入"汇总"字样,选择J2:J15单元格区域,在编辑栏中输入"=SUM(C2:C12)",表示对C2:C12单元格区域中的数据求和,按【Ctrl+Enter】组合键,可返回所有商品一周内的访客数总和。

(5)选择"类目"项目下任意包含数据的单元格,如A2单元格,在【数据】/【排序和筛选】组中单击"升序"按钮,将数据按类目升序排列。

(6)选择A1:J15单元格区域,在【数据】/【分级显示】组中单击"分类汇总"按钮,打开"分类汇总"对话框,在"分类字段"下拉列表框中选择"类目"选项,在"汇总方式"下拉列表框中选择"求和"选项,在"选定汇总项"下拉列表框中单击选中"汇总"复选框,单击"确定"按钮。

(7)按住【Ctrl】键选择第6、11、14、19行,然后按【Ctrl+C】组合键复制,选择A22单元格,按【Ctrl+V】组合键粘贴。继续选择粘贴后的J22:J25单元格区域,拖曳选择区域的边框至B22:B25单元格区域,实现单元格的移动操作,如图1-10所示。

(8)选择A22:B25单元格区域,在【插入】/【图表】组中单击饼图下拉按钮,在弹出的下拉列表框中选择三维饼图对应的图表类型,再将图表标题设置为"各类目商品访客数占比",并为图表应用"样式5"图表样式,适当放大图片,如图1-11所示。从图中可知,在一周内T恤、半身裙和连衣裙这3个类目的访客数占比基本相当,衬衫类目的访客数占比相对较小。

项目1 认知电子商务数据分析

| | A | B | C | D | E | F | G | H | I | J |
|---|---|---|---|---|---|---|---|---|---|---|
| 1 | 类目 | 商品名称 | 3月18日 | 3月19日 | 3月20日 | 3月21日 | 3月22日 | 3月23日 | 3月24日 | 汇总 |
| 2 | T恤 | 百搭圆领T恤 | 6,111 | 6,014 | 7,372 | 9,118 | 6,305 | 5,335 | 6,111 | 46,366 |
| 3 | T恤 | 短袖T恤 | 6,499 | 6,693 | 9,409 | 5,626 | 5,820 | 7,663 | 6,693 | 48,403 |
| 4 | T恤 | 韩版短袖T恤 | 8,730 | 7,760 | 4,947 | 9,312 | 5,432 | 9,021 | 9,215 | 54,417 |
| 5 | T恤 | 网红纯棉T恤 | 5,141 | 8,730 | 9,506 | 8,342 | 4,850 | 5,432 | 8,148 | 50,149 |
| 6 | T恤 汇总 | | | | | | | | | 199,335 |
| 7 | 半身裙 | 蛋糕裙半身裙 | 6,596 | 8,827 | 8,633 | 5,723 | 7,275 | 8,148 | 7,178 | 52,380 |
| 8 | 半身裙 | 法式半身裙 | 7,275 | 5,432 | 8,439 | 6,305 | 4,850 | 7,663 | 9,118 | 49,082 |
| 9 | 半身裙 | 复古半身裙 | 6,014 | 8,148 | 8,730 | 6,111 | 6,693 | 6,790 | 7,469 | 49,955 |
| 10 | 半身裙 | 高腰半身裙 | 7,372 | 7,469 | 5,238 | 9,312 | 7,178 | 8,730 | 7,081 | 52,380 |
| 11 | 半身裙 汇总 | | | | | | | | | 203,797 |
| 12 | 衬衫 | 学院长袖衬衫 | 5,432 | 4,850 | 7,372 | 7,954 | 5,141 | 5,238 | 8,245 | 44,232 |
| 13 | 衬衫 | 雪纺短袖衬衫 | 8,342 | 9,603 | 8,439 | 9,409 | 6,596 | 6,984 | 5,432 | 54,805 |
| 14 | 衬衫 汇总 | | | | | | | | | 99,037 |
| 15 | 连衣裙 | 波点连衣裙 | 7,760 | 7,081 | 7,372 | 6,596 | 5,432 | 6,790 | 6,208 | 47,239 |
| 16 | 连衣裙 | 春夏连衣裙 | 8,827 | 8,633 | 7,469 | 7,275 | 5,917 | 9,118 | 8,439 | 55,678 |
| 17 | 连衣裙 | 小众连衣裙 | 6,790 | 6,402 | 4,850 | 5,432 | 7,275 | 6,014 | 5,141 | 41,904 |
| 18 | 连衣裙 | 雪纺连衣裙 | 6,208 | 5,917 | 9,506 | 5,626 | 6,693 | 9,021 | 6,499 | 49,470 |
| 19 | 连衣裙 汇总 | | | | | | | | | 194,291 |
| 20 | 总计 | | | | | | | | | 696,460 |
| 21 | | | | | | | | | | |
| 22 | T恤 汇总 | 199,335 | | | | | | | | |
| 23 | 半身裙 汇总 | 203,797 | | | | | | | | |
| 24 | 衬衫 汇总 | 99,037 | | | | | | | | |
| 25 | 连衣裙 汇总 | 194,291 | | | | | | | | |
| 26 | | | | | | | | | | |

图 1-10 汇总

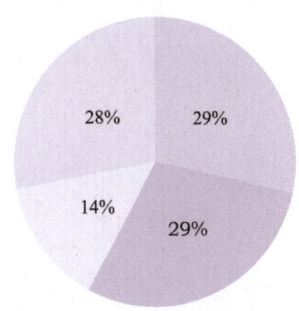

■T恤汇总　■半身裙汇总　■衬衫汇总　■连衣裙汇总

图 1-11 各类目商品访客数占比饼图

## 思政园地

### 用大数据服务民生

数据是记录信息的载体,是知识的来源,也扩展了认知的边界。发挥好数据优势,理应成为各级各地治理者的必修课。正是看到这一点,被称为"中国大数据之都"的贵阳率先提出让大数据服务大民生。

推进政府治理现代化,有必要搭乘大数据的"顺风车"。对于很多地方政府而言,缺的并不是海量的数据,而是收集、分析、应用和管理这些数据的手段和意识。推进政府治理现代化,有必要培养"数据观念"、应用好"数据思维"。贵阳的"大数据民生"工程,便是一个有益的探索。一方面,按照"1+N"模式,即"一个综合平台,融合N项领域民生服务",把教育、公积金中心、民政等11个部门35项政务服务及16家43项社会服务接入平台,将数据进行汇聚、关联,优化服务流程;另一方面,通过大数据分析,找准民生服务的难点、痛点、堵点,使服务供需双方对接精准,最终让需求者"一站式"快捷享受各类服务内容。可以说,扶持大数据产业和运用大数据治理"并驾齐驱",每一步延伸都是"正在拍打世界的浪潮"。

　　大数据要服务民生。实现这一目标,离不开"信息基础设施"的建设。如果不能从由易至难、由简到繁、由门槛相对较低到技术含量更高的路径出发,就很难做到以点知面,大数据产业的基础也不牢靠。无论是成立大数据交易所,还是建设大数据资产评估实验室,抑或是出台大数据地方法规,只有把铁轨铺好了,把地基打牢了,才能找到服务民生的大数据"蓝海"。

(资料来源:《人民日报》)

# 项目 2

# 了解电子商务数据分析方法

## 知识目标

- 掌握电子商务数据分析方法的内容
- 掌握电子商务数据分析方法的工具
- 掌握电子商务数据分析方法的流程

## 能力目标

- 能够正确选择电子商务数据分析方法
- 能够熟练使用电子商务数据分析工具
- 能够根据数据分析目标对数据进行分析处理

## 思政目标

- 能够依据数据分析目标,合理选择数据分析方法,不盲目追求数据分析方法的复杂化、高级化
- 培养学生实事求是、踏实肯干的职业素养

## 引导案例

### "双十一"的兴起与发展

"双十一"是现在网购人群的购物狂欢节,每年的 11 月 11 日,各大电商平台,如阿里巴巴、京东、唯品会、亚马逊等利用这个节日进行一系列大规模的打折促销活动,以提高销售额。从 2009 年开始,天猫"双十一"的销售额逐年增加:2009 年为 0.5 亿元;2010 年提高到 9.36 亿元;到 2021 年,天猫"双十一"的销售额达 5 403 亿元,再次创下新高。从 2017 年开始,每年"双十一"的销售额相当于全国线下最大连锁超市当年的销售额。

看完这个案例,我们会思考这些问题:电商平台如何让销售额奇迹般地增长?如此高的销售额,数据化运营起到了怎样的作用?

数据化运营已经受到众多电商平台的重视,无论对外营销还是内部管理,利用电商大数据进行数据化运营都是大势所趋。数据化运营时代,数据能够直观地反映店铺的运营情况,电商从业人员必须学会采用合理的数据分析方法分析店铺数据。为什么有些商品可以组合销售?为什么商品在不同的时间段销量会不同?怎样判断商品销售的影响因素?这些问题都可以通过选择合适的数据分析方法得到解决。

随着电子商务逐渐成为商务和贸易的主要表现形式,数据成为支持未来商业发展的利器,锻造数据提炼和分析能力成为优秀的网店运营人员的必备本领。要学会用数据找机会,应用各种统计分析方法对收集来的大量数据进行分析,提取有用的信息来进行概括总结。数据可以反映出人们在一段时间内的消费行为习惯,根据数据走势可分析出未来的发展趋势。通过对消费人群的特性分析,可以知道人们的消费行为和习惯;通过对市场的细分,可以分析出更适合市场的商品,选择更合适的目标市场。透过数据分析可看到店铺运营的本质,从而提升店铺运营方式,优化店铺整体销售情况。

## 项目分解

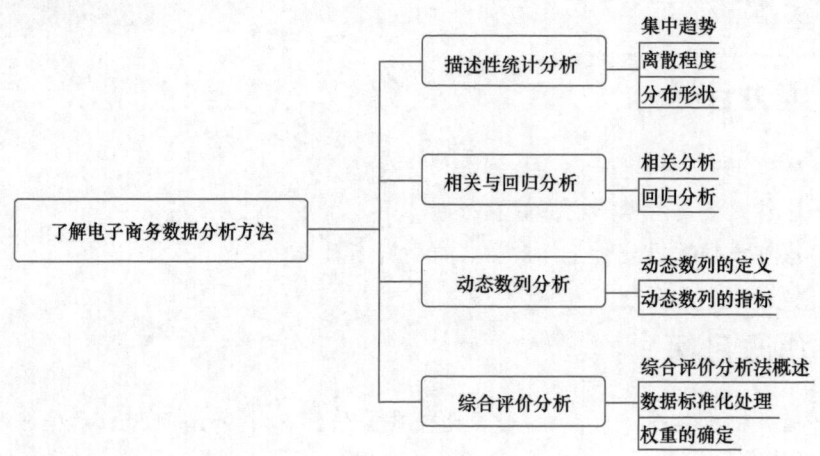

## 任务 1 描述性统计分析

对于电子商务数据分析,主要从商品种类、销量、购买时间、顾客收入等字段的不同组合,来分析出有用信息。例如,某店铺想对客户的月收入进行分析,一般情况下,我们需要计算顾客月收入的平均值,但如果仅看平均值显然是不全面的,如果这个店铺大多数顾客的月收入都在 3 000 元左右,但有少数顾客的月收入达到了 1 万元,从而将整个店铺顾客的月收入拉高了不少,这时只用平均数来衡量顾客的收入水平显然是不科学的,我们需要更多的指标数据来反映顾客收入水平,这就需要用到描述性统计分析法。

### 技能知识

描述性统计分析法是将研究中所得到的数据加以整理、归类、简化或绘制成图表,以此描述和归纳数据的特征及变量之间的关系的一种最基本的统计方法。我们通常用集中趋势、离散程度、分布形态去描述一组样本数据,指标包括均值、中位数、众数、极差、方差、标准差、标准差系数、协方差、偏度、峰度。

**1. 集中趋势**

反映样本数据集中趋势的指标主要包括均值、中位数、众数。

(1) 均值

均值即样本平均数,是指在一组数据中所有数据之和再除以数据的个数。样本平均值又根据应用场景又可以分为算数平均数和几何平均数。

算数平均数分为简单算术平均数、加权算术平均数。它主要适用于数值型数据,但不适用于品质数据。根据表现形式的不同,算术平均数有不同的计算形式和计算公式。在实际问题中,当各项权重不相等时,计算算数平均数就要采用加权算术平均数;当各项权重相等时,计算算术平均数就要采用简单算数平均数。

简单算术平均数主要用于未分组的原始数据。设一组数据为 $X_1, X_2, \cdots, X_n$,简单算术平均数的计算公式为: $M = (X_1 + X_2 + \cdots + X_n)/N$。

加权算术平均数主要用于处理经分组整理的数据。设原始数据被分成 $K$ 组,各组的值为 $X_1, X_2, \cdots, X_k$,各组的频数分别为 $f_1, f_2, \cdots, f_k$,加权算术平均数的计算公式为: $M = (X_1 f_1 + X_2 f_2 + \cdots + X_k f_k)/(f_1 + f_2 + \cdots + f_k)$。

(2) 中位数

样本数据按照从小到大的顺序排列时,最中间的数据即为中位数。当数据个数为奇数时,中位数即最中间的数;当数据个数为偶数时,中位数为中间两个数的平均值。中位数不受极值影响,因此对极值缺乏敏感性。

(3) 众数

众数是数据中出现次数最多的数字,即频数最大的数字。众数可能不止一个。众数不仅能用于数值型数据,还可用于非数值型数据,不受极值影响。

**2. 离散程度**

离散程度指通过随机地观测变量各个取值之间的差异程度,以衡量风险大小的指标。通过对随机变量取值之间离散程度的测定,可以反映各个观测个体之间的差异大小,从而反映分布中心的指标对各个观测变量值代表性的高低。用来测度观测变量值之间差异程度的指标有很多,在统计分析推断中最常用的主要有极差、方差、标准差以及标准差系数。

(1) 极差

极差又称全距,是观测变量的最大取值与最小取值之间的离差,也就是观测变量的最大观测值与最小观测值之间的区间跨度。极差的计算公式为:$R = \text{Max}(x_i) - \text{Min}(x_i)$。

(2) 方差

方差是各个数据与其算术平均数的离差平方和的平均数,是测度数据变异程度的最重要、最常用的指标之一。其计算公式为:$s^2 = (1/n)[(X_1 - \overline{X})^2 + (X_2 - \overline{X})^2 + \cdots + (X_n - \overline{X})^2]$。式中:$\overline{X}$表示样本的平均数;$n$表示样本的数量;$X_n$表示个体;$s^2$表示方差。

(3) 标准差

标准差也称均方差,是各数据偏离平均数的距离的平均数,它是离均差平方和平均后的方根,用 $\sigma$ 表示。标准差是方差的算术平方根。标准差能反映一个数据集的离散程度。平均数相同的,标准差未必相同。标准差的计算公式为:标准差=方差的算术平方根。

(4) 标准差系数

标准差系数是将标准差与相应的平均数对比的结果。标准差和其他变异指标一样,是反映标志变动度的绝对指标。它的大小,不仅取决于标准值的离差程度,还取决于数列的平均水平。因而对于具有不同水平的数列或总体,就不宜直接用标准差来比较其标志变动度的大小,而需要将标准差与其相应的平均数对比,计算标准差系数,即采用相对数才能进行比较。标准差系数的计算公式为:标准差系数=标准差/平均数。

**3. 分布形状**

数据的分布形状是指数据分布的对称性及扁平程度。协方差、偏度和峰度是反映总体分布形状的指标。协方差用于衡量两个变量的总体误差。偏度反映数据分布不对称的方向和程度。峰度反映数据分布图形的尖峭程度或峰凸程度。

(1) 协方差

协方差用于衡量两个变量的总体误差。期望值分别为 $E(X) = \mu$ 与 $E(Y) = v$ 的两个实数随机变量 $X$ 与 $Y$ 之间的协方差定义为:$COV(X, Y) = E\{[X - E(X)][Y - E(Y)]\}$。式中,$E$ 是期望值。

直观上来看,协方差表示的是两个变量总体误差的方差,这与只表示一个变量误差的方差不同。如果两个变量的变化趋势一致,也就是说如果其中一个大于自身的期望值,另外一个也大于自身的期望值,那么两个变量之间的协方差就是正值。如果两个变量的变化趋势相反,即其中一个大于自身的期望值,另外一个却小于自身的期望值,那么两个变量之间的协方差就是负值。如果 $X$ 与 $Y$ 是统计独立的,那么二者之间的协方差就是 0。但是,反过来并不成立,即如果 $X$ 与 $Y$ 的协方差为 0,二者并不一定是统计独立的。协方差 $COV(X, Y)$ 的度量单位是 $X$ 的协方差乘以 $Y$ 的协方差。

(2) 偏度

偏度是对统计数据分布偏斜方向和程度的一种度量,它表达的是统计数据分布非对称程度的数字特征。正态分布的偏度为 0,两侧尾部长度对称。$b_s<0$ 称分布具有负偏离,也称左偏态,此时数据位于均值左边的比位于右边的少,直观表现为左边的尾部相对于右边的尾部要长,因为有少数变量值很小,所以曲线左侧尾部拖得很长;$b_s>0$ 称分布具有正偏离,也称右偏态,此时数据位于均值右边的比位于左边的少,直观表现为右边的尾部相对于左边的尾部要长,因为有少数变量值很大,所以曲线右侧尾部拖得很长;而 $b_s$ 接近 0 则可认为分布是对称的。

对于 $n$ 个样本值的偏度,计算公式为:

$$SK = \frac{n \sum (x_i - \overline{x})^3}{(n-1)(n-2)sd^3}$$

式中:$x_i$ 是第 $i$ 个样本;$sd$ 是样本标准差;$\overline{x}$ 为平均数。

(3)峰度

峰度是用来反映频数分布曲线顶端尖峭或扁平程度的指标。统计上是用四阶中心矩来测定峰度的。为了消除变量值水平和计量单位不同的影响,实际工作中是利用四阶中心矩与标准差的四次方的比值作为衡量峰度的指标,称为峰度系数(Kurtosis)。其计算公式为:

$$K = \frac{\sum_{i=1}^{k}(x_i - x)^4 f_i}{ns^4}$$

峰度系数用来度量数据在中心的聚集程度。在正态分布情况下,峰度系数值是 3;大于 3 的峰度系数说明观测量更集中,有比正态分布更短的尾部;小于 3 的峰度系数说明观测量不那么集中,有比正态分布更长的尾部,类似于矩形的均匀分布。

## 技能实施

某网店 2021 年 11 月不同产品的销售量见表 2-1,要求对销售量进行描述性统计分析。

用Excel进行描述统计分析

表 2-1　　　　　某网店 2021 年 11 月不同产品的销售量

| 产品型号 | 销售量(件) | 产品型号 | 销售量(件) |
| --- | --- | --- | --- |
| TB001 | 971 | TB008 | 462 |
| TB002 | 2 165 | TB009 | 462 |
| TB003 | 542 | TB010 | 465 |
| TB004 | 964 | TB011 | 612 |
| TB005 | 1 573 | TB012 | 1 188 |
| TB006 | 1 261 | TB013 | 852 |
| TB007 | 1 100 | TB014 | 1 010 |

**方法一:"数据分析"之"描述统计"**

步骤 1:在 Excel 中,选择"数据"选项卡,在"分析"选项面板中单击"数据分析",在弹出的"数据分析"对话框中选择"描述统计",单击"确定"按钮,如图 2-1 所示。

电子商务数据分析

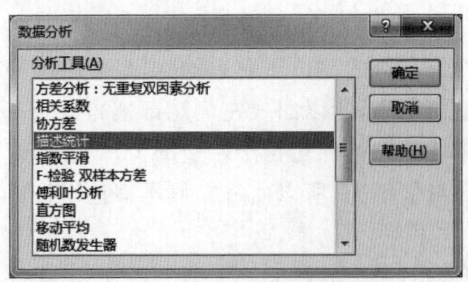

图 2-1 "数据分析"之"描述统计"

步骤 2：在"描述统计"对话框中设置输入区域（可选择整列）、输出区域（仅选择起点），同时选择"汇总统计"，设置完成后单击"确定"按钮，如图 2-2 所示，分析结果如图 2-3 所示。

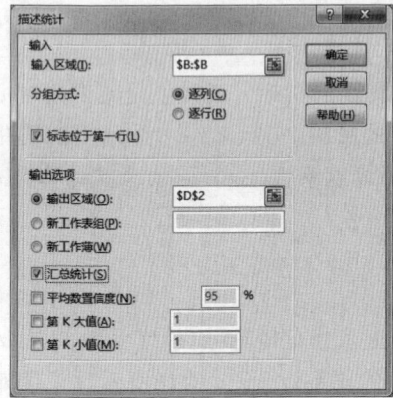

| 产品型号 | 销售量（件） |
|---|---|
| TB001 | 971 |
| TB002 | 2165 |
| TB003 | 542 |
| TB004 | 964 |
| TB005 | 1573 |
| TB006 | 1261 |
| TB007 | 1100 |
| TB008 | 462 |
| TB009 | 462 |
| TB010 | 465 |
| TB011 | 612 |
| TB012 | 1188 |
| TB013 | 852 |
| TB014 | 1010 |

| 销售量（件） | |
|---|---|
| 平均 | 973.3571 |
| 标准误差 | 129.2124 |
| 中位数 | 967.5 |
| 众数 | 462 |
| 标准差 | 483.4685 |
| 方差 | 233741.8 |
| 峰度 | 1.558107 |
| 偏度 | 1.124107 |
| 区域 | 1703 |
| 最小值 | 462 |
| 最大值 | 2165 |
| 求和 | 13627 |
| 观测数 | 14 |

图 2-2 描述统计设置　　　　图 2-3 描述统计结果

**方法二：函数法**

在 Excel 中，不同的统计指标可以用不同的函数对应求出，具体计算函数如下：

**1. 集中趋势**

**(1) 均值**

均值的函数计算方法有两种。一是用 AVERAGE 函数计算，如图 2-4 所示。二是用公式：均值=标志总量/单位总量，其中标志总量指总体中某一标志的总和，用求和函数 SUM 计算；单位总量指总体中包含的个体的个数多少，用计数函数 COUNT 计算。公式计算结果如图 2-5 所示。

| | A | B | C | D | E |
|---|---|---|---|---|---|
| | 产品型号 | 销售量（件） | | | =AVERAGE(B:B) |
| 1 | 产品型号 | 销售量（件） | | | |
| 2 | TB001 | 971 | | 均值 | 973.3571 |
| 3 | TB002 | 2165 | | 均值 | |
| 4 | TB003 | 542 | | 中位数 | |
| 5 | TB004 | 964 | | 众数 | |
| 6 | TB005 | 1573 | | | |
| 7 | TB006 | 1261 | | | |
| 8 | TB007 | 1100 | | | |
| 9 | TB008 | 462 | | | |
| 10 | TB009 | 462 | | | |
| 11 | TB010 | 465 | | | |
| 12 | TB011 | 612 | | | |
| 13 | TB012 | 1188 | | | |
| 14 | TB013 | 852 | | | |
| 15 | TB014 | 1010 | | | |

| | A | B | C | D | E |
|---|---|---|---|---|---|
| | 产品型号 | 销售量（件） | | | =SUM(B:B)/COUNT(B:B) |
| 1 | 产品型号 | 销售量（件） | | | |
| 2 | TB001 | 971 | | 均值 | 973.3571 |
| 3 | TB002 | 2165 | | 均值 | 973.3571 |
| 4 | TB003 | 542 | | 中位数 | |
| 5 | TB004 | 964 | | 众数 | |
| 6 | TB005 | 1573 | | | |
| 7 | TB006 | 1261 | | | |
| 8 | TB007 | 1100 | | | |
| 9 | TB008 | 462 | | | |
| 10 | TB009 | 462 | | | |
| 11 | TB010 | 465 | | | |
| 12 | TB011 | 612 | | | |
| 13 | TB012 | 1188 | | | |
| 14 | TB013 | 852 | | | |
| 15 | TB014 | 1010 | | | |

图 2-4 AVERAGE 函数计算结果　　　　图 2-5 公式计算结果

### (2)中位数、众数

用函数 MEDIAN 计算中位数,如图 2-6 所示。用函数 MODE 计算众数,如图 2-7 所示。

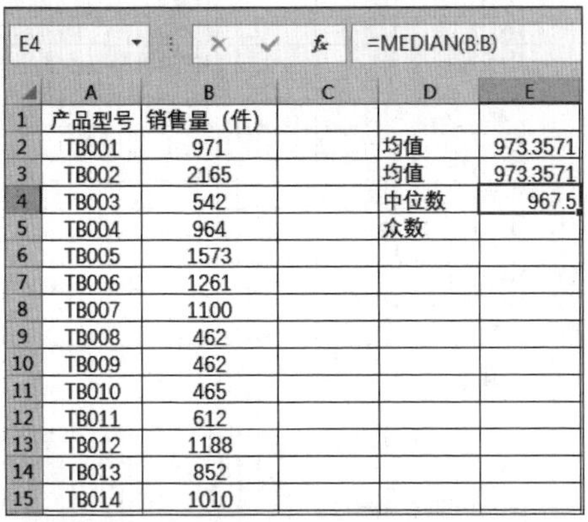

图 2-6　MEDIAN 函数计算结果

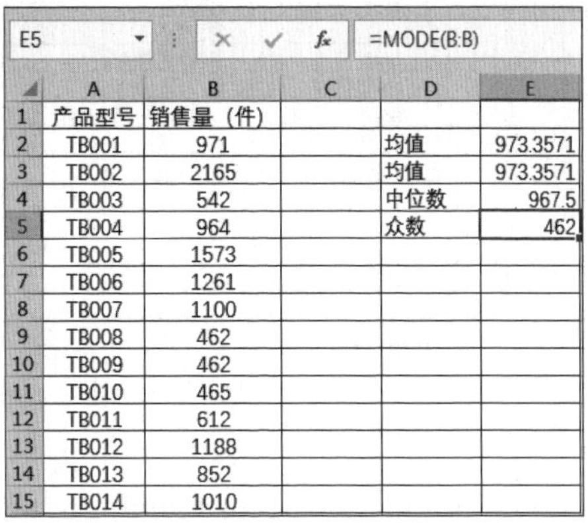

图 2-7　MODE 函数计算结果

### 2.离散程度

#### (1)极差

极差计算公式:极差＝最大值－最小值。最大值计算函数为 MAX,最小值计算函数为 MIN。极差计算结果如图 2-8 所示。

#### (2)方差

用函数 VAR.P 计算方差,计算结果如图 2-9 所示。

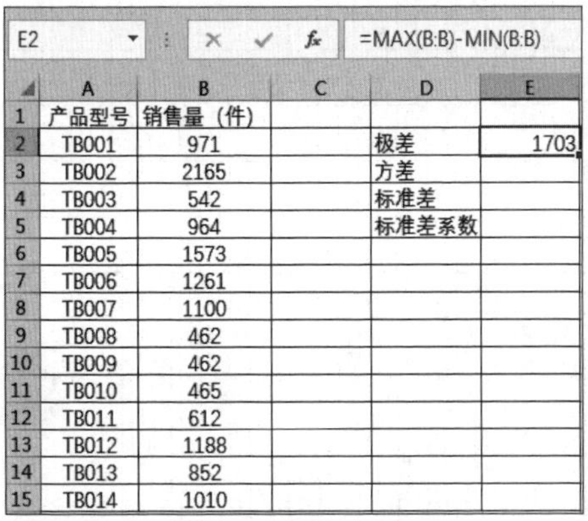

图 2-8　极差计算结果

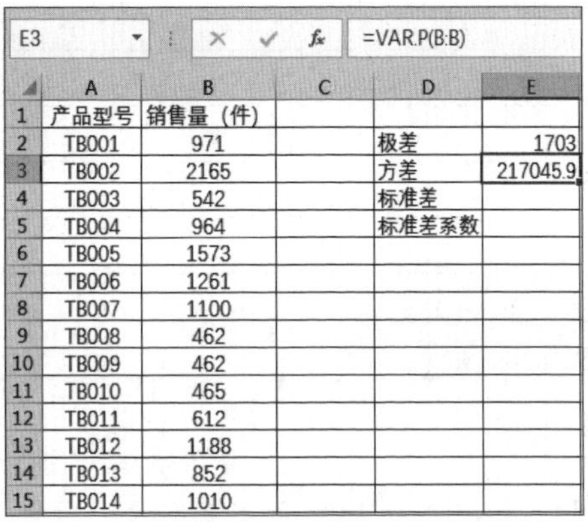

图 2-9　方差计算结果

#### (3)标准差

用函数 STDEV.P 计算标准差,计算结果如图 2-10 所示。

#### (4)标准差系数

标准差系数计算公式:标准差系数＝标准差/平均值。标准差系数计算结果如图 2-11 所示。

细心的人也许会发现,用描述统计计算出来的方差、标准差与用函数计算出来的结果不一样,这是为什么呢? 原来,描述统计中的方差和标准差计算都是除以了 $n-1$,在统计学中,计算总体的标准差都是除以 $n$,而计算样本的标准差都是除以 $n-1$,显然,描述统计分析中是把数据都当成了抽样分析。

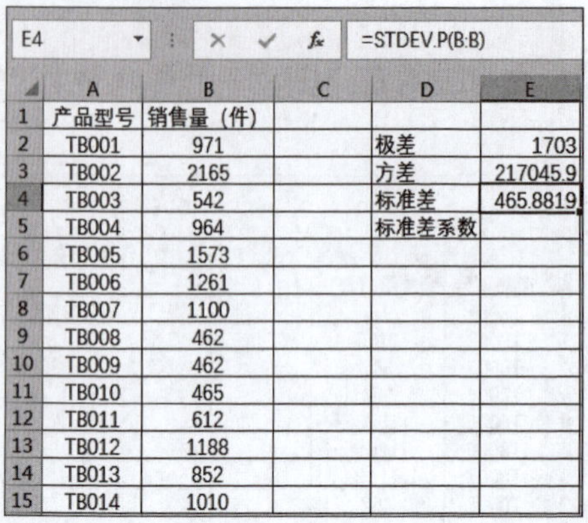

E4 =STDEV.P(B:B)

| | A | B | C | D | E |
|---|---|---|---|---|---|
| 1 | 产品型号 | 销售量（件） | | | |
| 2 | TB001 | 971 | | 极差 | 1703 |
| 3 | TB002 | 2165 | | 方差 | 217045.9 |
| 4 | TB003 | 542 | | 标准差 | 465.8819 |
| 5 | TB004 | 964 | | 标准差系数 | |
| 6 | TB005 | 1573 | | | |
| 7 | TB006 | 1261 | | | |
| 8 | TB007 | 1100 | | | |
| 9 | TB008 | 462 | | | |
| 10 | TB009 | 462 | | | |
| 11 | TB010 | 465 | | | |
| 12 | TB011 | 612 | | | |
| 13 | TB012 | 1188 | | | |
| 14 | TB013 | 852 | | | |
| 15 | TB014 | 1010 | | | |

图 2-10　标准差计算结果

E5 =E4/AVERAGE(B:B)

| | A | B | C | D | E |
|---|---|---|---|---|---|
| 1 | 产品型号 | 销售量（件） | | | |
| 2 | TB001 | 971 | | 极差 | 1703 |
| 3 | TB002 | 2165 | | 方差 | 217045.9 |
| 4 | TB003 | 542 | | 标准差 | 465.8819 |
| 5 | TB004 | 964 | | 标准差系数 | 0.478634 |
| 6 | TB005 | 1573 | | | |
| 7 | TB006 | 1261 | | | |
| 8 | TB007 | 1100 | | | |
| 9 | TB008 | 462 | | | |
| 10 | TB009 | 462 | | | |
| 11 | TB010 | 465 | | | |
| 12 | TB011 | 612 | | | |
| 13 | TB012 | 1188 | | | |
| 14 | TB013 | 852 | | | |
| 15 | TB014 | 1010 | | | |

图 2-11　标准差系数计算结果

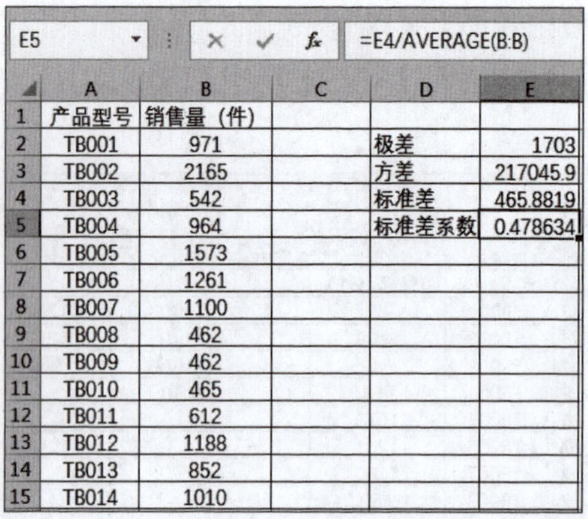

## 技能训练

表 2-2 是某店铺 2021 年 12 个月的销售额，请使用描述性统计方法对该店铺的销售额数据进行处理，分别利用“数据分析”之“描述统计”和函数法对各指标数据进行计算，并比较计算结果。

**表 2-2　　某店铺 2021 年 12 个月的销售额**

| 月份 | 销售额（万元） | 月份 | 销售额（万元） |
|---|---|---|---|
| 1 | 1.2 | 7 | 1.7 |
| 2 | 2 | 8 | 2.5 |
| 3 | 2.3 | 9 | 3.6 |
| 4 | 1.9 | 10 | 7.5 |
| 5 | 4 | 11 | 12 |
| 6 | 2.7 | 12 | 4.3 |

## 思政园地

### 直播带货数据造假触目惊心

描述统计分析是数据分析中的一项重要方法，用于描述分析数据的整体特征。描述统计分析的基础是数据信息的真实性。日常生活中，我们会运用各种数据信息来决定自己的行为，例如通过直播间观看数、粉丝数判断直播间商品品质等，那么这些数据信息一定是真实的吗？

疫情之下，成为电商新风口的直播带货更为火热。中国互联网络信息中心发布的第 49 次《中国互联网络发展状况统计报告》显示，截至 2021 年 12 月，我国网络直播用户规模达 7.03 亿，占网民整体的 68.2%。其中，电商直播用户规模为 4.64 亿，占网民整体的 44.9%。淘宝直播近 1 000 个过亿直播间中，商家直播间数量占比超过 55%，高于明星主播的直播间数量；快手 2021 年第二季度绝大部分电商交易额均来自私域流量。那么，这一场场直播背后的数字，都能保证全部真实吗？央视财经频道曾报道过，现在有众多的"直播涨粉"聊天群,而群里有不少声称可以在各大主流平台上提供刷观看、涨粉丝等服务的广告。每一项服务都明码标价,从几元到上百元不等。直播间的任意时间、任意观看人次都可以刷,还可以有真人互动,从而诱导消费。数据造假,往往会给消费者造成较大的误导。中消协调查报告显示,有37.3%的消费者在直播购物中遇到过消费问题,这个数字远远大于其他的购物方式。

电商直播中为创造噱头而进行的数据"注水",既是不诚信的行为,又是违法行为,导致消费者不能正确掌握商品和服务的真实状况,扰乱了市场秩序。电商、短视频等平台应强化自身监控体系,通过建设流量监测系统,实时监测主播的观看数据和流量数据,对流量造假、伪造销量等情况,及时发现、严肃处理。广大消费者在购物时,要对直播带货中主播宣称的销量和使用效果谨慎对待,仔细甄别考虑后再选择购买,同时还要保留购物凭证,以便日后维权。

## 任务 2  相关与回归分析

相关与回归分析都是研究变量间相互关系的分析方法。相关分析是回归分析的基础,而回归分析则是认识变量间相关程度的具体形式。例如,某地区家庭人均猪肉消费量会随着当地猪肉价格的上涨而降低,这就证明某地区家庭人均猪肉消费量与当地猪肉价格存在相关关系。

### 技能知识

**1.相关分析**

相关分析是研究两个或两个以上变量之间相关程度及大小的一种统计方法,其目的是揭示现象之间是否存在相关关系,并确定相关关系的性质、方向和密切程度。

(1)相关图

对两个变量进行相关分析,常用的方法就是以这两个变量的值为坐标$(x,y)$,在直角坐标系中绘制成散点图,此时的散点图亦称相关图,如图 2-12 所示。

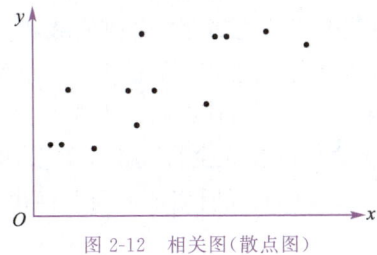

图 2-12  相关图(散点图)

利用相关图,可以直观、形象地表现变量之间的相互关系。

①散点分布大致呈一条直线,称二者线性相关,如图 2-13 所示。

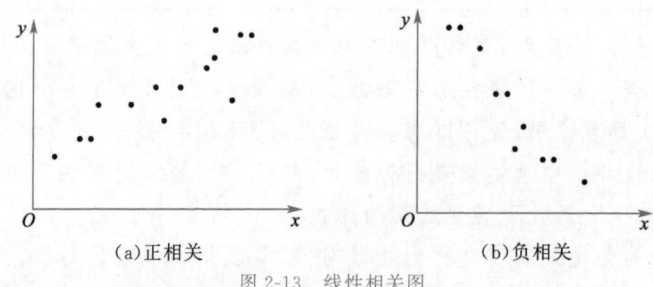

图 2-13 线性相关图

②散点分布大致呈一条曲线,称二者曲线相关,如图 2-14 所示。
③散点分布杂乱无章,称二者不相关,如图 2-15 所示。

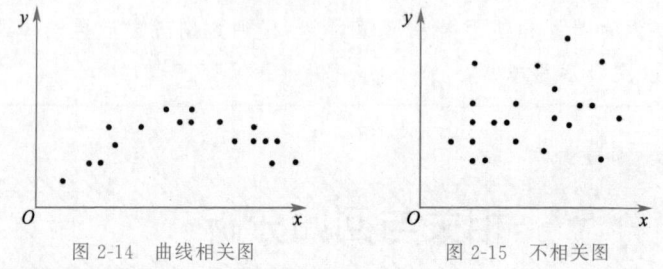

图 2-14 曲线相关图　　　　图 2-15 不相关图

④当一个变量增加,另一个变量也呈增加的态势,称二者正相关,如图 2-13(a)所示。
⑤当一个变量增加,另一个变量反而呈减少的态势,则称二者负相关,如图 2-13(b)所示。

(2)线性相关与相关系数

当两个变量线性相关时,用相关系数 $r$ 表示两个变量 $x$ 和 $y$ 之间的相关方向和密切程度。

在数学上,相关系数的计算公式为

$$r = \frac{\sigma_{xy}^2}{\sigma_x \sigma_y} = \frac{\sum (x-\overline{x})(y-\overline{y})}{\sqrt{\sum (x-\overline{x})^2 (y-\overline{y})^2}}$$

相关系数的取值范围为 $|r| \leqslant 1$。$|r|$ 越接近于 1,说明散点图上的点越集中在某一直线附近,两个变量之间的直线相关密切程度就越高;$|r|$ 越接近于 0,则直线相关密切程度就越低。

在实际应用中,利用相关系数来判断直线相关密切程度的一般标准为:

当 $|r|=0$ 时,说明两个变量之间不存在直线相关关系;

当 $0<|r| \leqslant 0.3$ 时,认为两个变量之间存在微弱直线相关;

当 $0.3<|r| \leqslant 0.5$ 时,认为两个变量之间存在低度直线相关;

当 $0.5<|r| \leqslant 0.8$ 时,认为两个变量之间存在显著直线相关;

当 $0.8<|r|<1$ 时,认为两个变量之间存在高度直线相关;

当 $|r|=1$ 时,说明两个变量之间存在完全直线相关关系,即成直线函数关系。

当相关系数 $r$ 很小甚至为 0 时,只能说明变量之间不存在直线相关,而不能说明它们之间不存在相关关系。

(3)相关系数的计算

在 Excel 中,有两种常用方法可以计算相关系数,那就是 CORREL 函数和"数据分析"

之"相关系数"。

CORREL 函数是常用的计算相关系数的方法,计算方便,但是 CORREL 函数仅能计算两个变量之间的相关系数,对于超过两个变量的相关系数只能用"数据分析"之"相关系数"进行计算。

**2.回归分析**

回归分析是确定两个或两个以上变量间相互依赖的定量关系的一种统计分析方法。回归分析按照涉及的变量多少,分为一元回归分析和多元回归分析;按照自变量和因变量之间的关系类型,可分为线性回归分析和非线性回归分析。

(1)最小二乘法原理

回归分析法的基本思路:当数据分布在一条直线(或曲线)附近时,找出一条最佳的直线(或曲线)来模拟它。

当所有点到该直线的竖直距离的平方和 $\sum(y-y')^2$ 最小时,得到的直线(或曲线)最佳,如图 2-16 所示,这就是最小二乘法原理(二乘就是平方)。

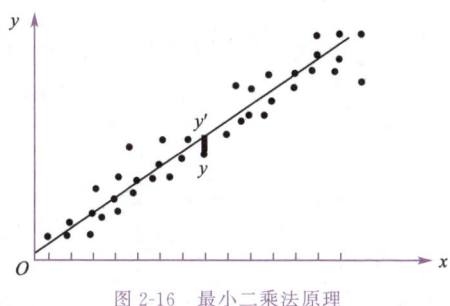

图 2-16　最小二乘法原理

归根结底,回归分析法就是根据最小二乘法原理,将变量之间的关系模拟成一个数学方程(也叫回归方程或趋势线方程),以此来推断变量之间的关系的一种统计方法,所以回归分析法也叫数学模型法。

(2)决定系数

当变量之间的关系可以用一个数学模型来模拟时,我们用决定系数($R^2$)来判定数学模型拟合的效果。

在数学上,决定系数 $R^2 = \dfrac{\sum(y-y')^2}{\sum(y-\overline{y})^2}$ ($y$ 是实际值,$y'$ 是模拟值)。

决定系数 $R^2$ 越接近于 1,说明数学模型的拟合效果越好。

对于一元线性回归来说,$r^2 = R^2$。

## 技能实施

**1.相关分析应用**

▶例 2-1　某店铺 10 款商品的年销售额与商品年促销费用数据见表 2-3,请分析商品的年销售额与年促销费用之间的相关关系。

表 2-3  某店铺十款商品的年销售额与商品年促销费用数据

| 商品编号 | 年销售额(万元) | 年促销费用(万元) |
|---|---|---|
| 1 | 162 | 2.3 |
| 2 | 138 | 2.2 |
| 3 | 264 | 2.7 |
| 4 | 339 | 2.1 |
| 5 | 156 | 1.7 |
| 6 | 208 | 1.9 |
| 7 | 332 | 2.9 |
| 8 | 179 | 1.7 |
| 9 | 752 | 3.9 |
| 10 | 354 | 3.6 |

步骤一：先打开 Excel 工作表，在"公式"之"插入函数"中找到"CORREL"函数，在函数参数设置窗口将两个变量值输入，如图 2-17 所示。

用Excel进行相关分析与回归分析

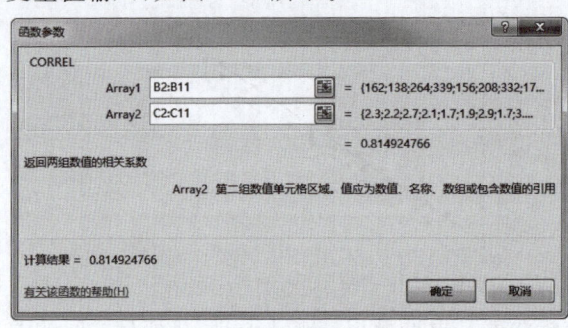

图 2-17  CORREL 函数参数设置

步骤二：设置完成后单击"确定"按钮，计算结果如图 2-18 所示。从计算结果中可以看出，$0.8<|r|<1$，说明"年销售额"和"年促销费用"这两个变量之间存在高度直线相关。

图 2-18  CORREL 函数计算结果

**例 2-2**  调查某店铺日售量与访客数、收藏人数、加购人数的数据见表 2-4，请计算各变量之间的相关系数。

表 2-4  某店铺销售情况调查表

| 日期 | 访客数(人) | 收藏人数(人) | 加购人数(人) | 销售量(件) |
|---|---|---|---|---|
| 2021/12/27 | 311 | 62 | 88 | 19 000 |

(续表)

| 日期 | 访客数(人) | 收藏人数(人) | 加购人数(人) | 销售量(件) |
|---|---|---|---|---|
| 2021/12/28 | 319 | 64 | 77 | 18 700 |
| 2021/12/29 | 500 | 67 | 92 | 18 000 |
| 2021/12/30 | 781 | 394 | 367 | 20 300 |
| 2021/12/31 | 3 210 | 190 | 159 | 20 800 |
| 2022/1/1 | 1 873 | 88 | 125 | 16 700 |
| 2022/1/2 | 1 366 | 145 | 154 | 15 500 |
| 2022/1/3 | 1 688 | 150 | 180 | 18 400 |
| 2022/1/4 | 1021 | 98 | 158 | 36 500 |
| 2022/1/5 | 1 731 | 123 | 159 | 31 800 |
| 2022/1/6 | 705 | 143 | 164 | 3 939 |
| 2022/1/7 | 859 | 129 | 146 | 2 397 |
| 2022/1/8 | 822 | 154 | 177 | 3 159 |
| 2022/1/9 | 703 | 151 | 161 | 2 118 |

步骤一：先打开Excel工作表，在"数据分析"中选择"相关系数"分析方法，并设置相关参数，在"输入区域"将表格中的分析变量输入，由于输入区域的第一行为标志，所以要将"标志位于第一行"前的复选框选中，并设置输出区域，如图2-19所示。

图2-19 相关系数参数设置

步骤二：设置完成后单击"确定"按钮，计算结果如图2-20所示。从结果中可以看出"销售量"与"访客数""收藏人数""加购人数"之间的相关系数大小，从而判断哪个变量对店铺销售量的影响最大。

| | 访客数（人） | 收藏人数（人） | 加购人数（人） | 销售量（件） |
|---|---|---|---|---|
| 访客数（人） | 1 | | | |
| 收藏人数（人） | 0.167882149 | 1 | | |
| 加购人数（人） | 0.106468416 | 0.968096135 | 1 | |
| 销售量（件） | 0.283395991 | -0.054529988 | 0.020987271 | 1 |

图2-20 相关系数计算结果

**2.回归分析应用**

(1)一元线性回归

如果在回归分析中只包括一个因变量和一个自变量，且二者的关系可用函数 $y=kx+b$ 来模拟，这种回归分析称为一元线性回归分析。一元线性回归可以用"数据分析"之"回归"来进行求解，如图2-21所示。

# 电子商务数据分析

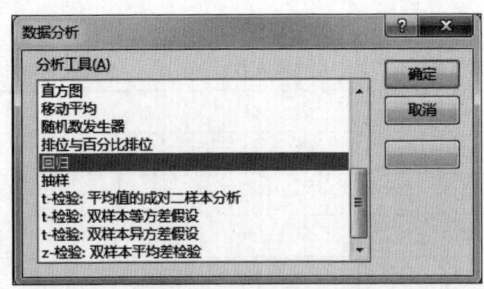

图 2-21 "数据分析"之"回归"

> **例 2-3** 根据表 2-3 的数据,对商品年销售额与年促销费用做回归分析。

步骤一:设置回归参数,将因变量放入"Y 值输入区域",将自变量放入"X 值输入区域",因为自变量和因变量的第一行都包含了标志,所以把"标志"选项选中,同时设置输出区域,如图 2-22 所示。

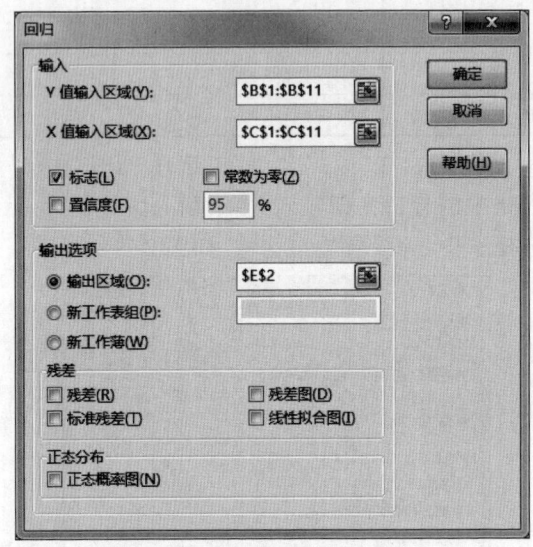

图 2-22 回归参数设置 1

步骤二:设置完参数后单击"确定"按钮,结果如图 2-23 所示。

| SUMMARY OUTPUT | | | | | | | | |
|---|---|---|---|---|---|---|---|---|
| 回归统计 | | | | | | | | |
| Multiple R | 0.814925 | | | | | | | |
| R Square | 0.664102 | | | | | | | |
| Adjusted R | 0.622115 | | | | | | | |
| 标准误差 | 112.0163 | | | | | | | |
| 观测值 | 10 | | | | | | | |
| | | | | | | | | |
| 方差分析 | | | | | | | | |
| | df | SS | MS | F | ignificance F | | | |
| 回归分析 | 1 | 198463.3 | 198463.3 | 15.81678 | 0.004079 | | | |
| 残差 | 8 | 100381.1 | 12547.64 | | | | | |
| 总计 | 9 | 298844.4 | | | | | | |
| | | | | | | | | |
| | Coefficients | 标准误差 | t Stat | P-value | Lower 95% | Upper 95% | 下限 95.0% | 上限 95.0% |
| Intercept | -195.374 | 126.6946 | -1.54208 | 0.161625 | -487.532 | 96.78458 | -487.532 | 96.78458 |
| 年促销费用 | 193.5094 | 48.65675 | 3.977032 | 0.004079 | 81.30677 | 305.7121 | 81.30677 | 305.7121 |

图 2-23 回归结果 1

回归结果中第一组数据的前 3 个数据分别为:Multiple R(相关系数)、R Square(决定系数)、Adjusted R Square(校正决定系数),都用于反映模型的拟合度;第 4 个数据是标准误差,反映拟合平均数对实际平均数的变异程度;第 5 个数据为观测值(数据的个数)。

第三组数据的第 1 个数据(−195.374)是回归直线的截距 $b$,第 2 个数据(193.509 4)也叫回归系数,其实就是回归直线的斜率 $k$。

(2)多元线性回归

如果在回归分析中包括一个因变量和多个自变量,且因变量和自变量的关系可用函数 $y=k_1x_1+k_2x_2+\cdots+k_nx_n+b$ 来模拟,这种回归分析称为多元线性回归分析。

事实上,一种现象常常与多个因素相关,所以,由多个自变量的最优组合来估计和预测因变量,比只用一个自变量进行估计和预测更有效,更有实际意义。

▶例 2-4 对某地区某品牌电子手表的需求量随商品价格与人均月收入变动的资料(表 2-5)进行回归分析,列出回归方程。

表 2-5　某地区某品牌电子手表的需求量随商品价格与人均月收入变动的资料

| 年份 | 商品价格(元/件) | 人均月收入(元) | 需求量(件) |
| --- | --- | --- | --- |
| 2011 | 89 | 2 300 | 5 800 |
| 2012 | 78 | 2 162 | 4 890 |
| 2013 | 70 | 2 431 | 6 200 |
| 2014 | 60 | 2 478 | 6 800 |
| 2015 | 69 | 2 603 | 7 100 |
| 2016 | 52 | 2 542 | 8 900 |
| 2017 | 45 | 2 488 | 9 000 |
| 2018 | 56 | 2 792 | 8 100 |
| 2019 | 32 | 2 900 | 9 990 |
| 2020 | 45 | 3 200 | 9 800 |

步骤一:设置回归参数,具体设置方法同[例 2-3]的步骤一,如图 2-24 所示。

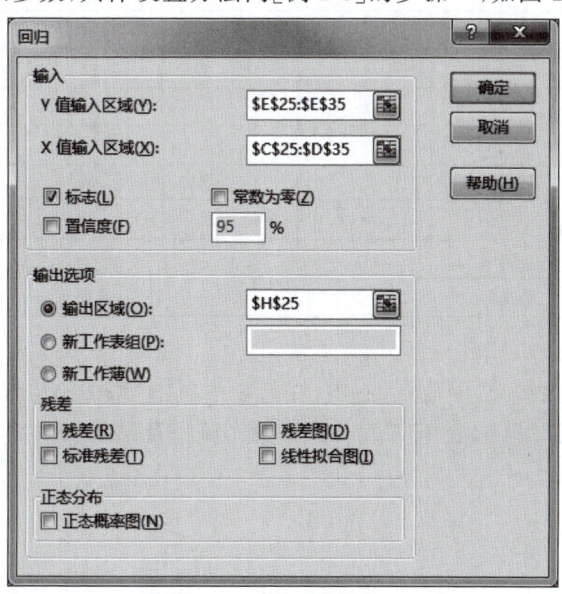

图 2-24　回归参数设置 2

步骤二:设置完参数后单击"确定"按钮,结果如图 2-25 所示。

| SUMMARY OUTPUT | | | | | | | | |
|---|---|---|---|---|---|---|---|---|
| 回归统计 | | | | | | | | |
| Multiple R | 0.952993 | | | | | | | |
| R Square | 0.908195 | | | | | | | |
| Adjusted R | 0.881965 | | | | | | | |
| 标准误差 | 604.3893 | | | | | | | |
| 观测值 | 10 | | | | | | | |
| | | | | | | | | |
| 方差分析 | | | | | | | | |
| | df | SS | MS | F | ignificance F | | | |
| 回归分析 | 2 | 25295555 | 12647778 | 34.62428 | 0.000234 | | | |
| 残差 | 7 | 2557005 | 365286.4 | | | | | |
| 总计 | 9 | 27852560 | | | | | | |
| | Coefficients | 标准误差 | t Stat | P-value | Lower 95% | Upper 95% | 下限 95.0% | 上限 95.0% |
| Intercept | 7141.883 | 3354.673 | 2.128936 | 0.070781 | -790.657 | 15074.42 | -790.657 | 15074.42 |
| 商品价格 | -71.265 | 17.20006 | -4.1433 | 0.004331 | -111.937 | -30.5933 | -111.937 | -30.5933 |
| 人均月收入 | 1.839477 | 0.975193 | 1.88627 | 0.101229 | -0.46649 | 4.145441 | -0.46649 | 4.145441 |

图 2-25 回归结果 2

根据结果可知,回归方程为:$y=-71.265x_1+1.8395x_2+7141.883$,其中 $x_1$ 代表商品价格,$x_2$ 代表人均月收入。

(3)利用 Excel 散点图和趋势线进行回归分析

对于初学者,我们还是建议大家用"先插入散点图,再添加趋势线"的方法求趋势线方程、相关系数和决定系数,最后根据决定系数的大小判定拟合效果的好坏,并根据趋势线方程做数据预测。

▷例 2-5 利用散点图对表 2-3 中商品的年销售额与年促销费用的数据做回归分析。

步骤一:选中表格中商品年销售额与年促销费用数据,单击"插入",选择"散点图",结果如图 2-26 所示。

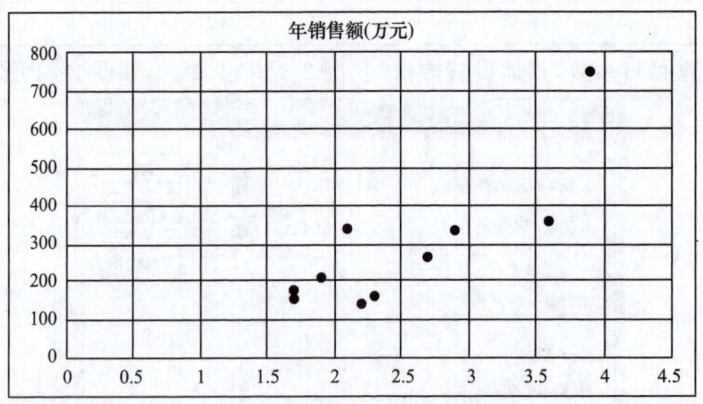

图 2-26 散点图

步骤二:添加趋势线。选中散点,右击,在列表中单击"添加趋势线",在"趋势线选项"中选中"线性""显示公式""显示 R 平方值",具体操作流程及结果如图 2-27~图 2-29 所示。

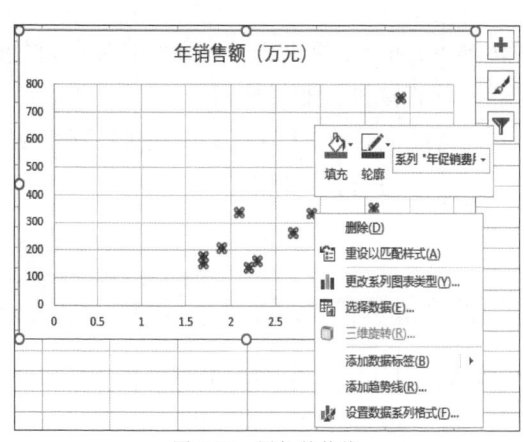

图 2-27 添加趋势线

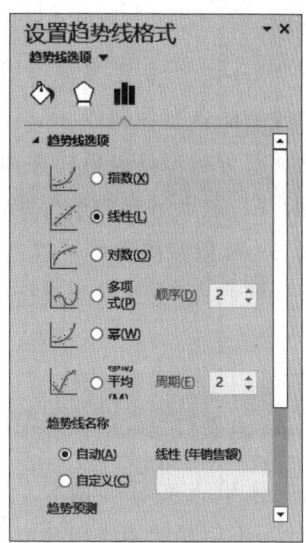

图 2-28 设置趋势线格式

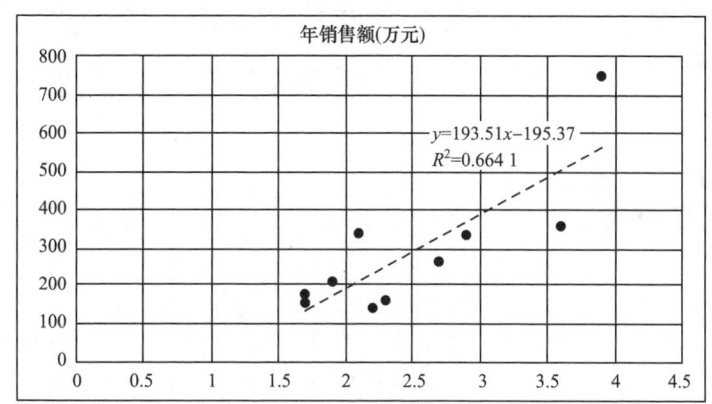

图 2-29 线性模型结果

从分析结果中可以看出 $R^2=0.664\,1$,拟合程度不够好,我们可以考虑将"线性"模型改成"多项式"模型,拟合结果如图 2-30 所示。

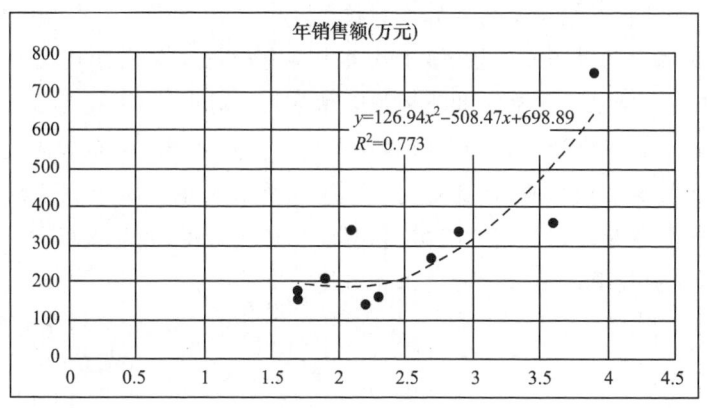

图 2-30 多项式模型结果

同样,指数模型的模拟结果为 $R^2=0.851\,1$,拟合程度明显提高,说明指数模型更适合模拟该组数据。

通过利用回归分析工具进行线性回归和利用 Excel 散点图和趋势线进行回归分析，我们发现两种方法各有优缺点。

利用回归分析工具进行线性回归的优缺点：优点是可以进行一元线性回归，也可以进行多元线性回归；缺点是只能进行线性回归，不能直接进行非线性回归。

利用 Excel 散点图和趋势线进行回归分析的优缺点：优点是不仅能进行线性回归，还能进行非线性回归；缺点是只能进行一元回归，不能进行多元回归。

## 技能训练

已知某水果店 2021 年前 6 个月销售额统计见表 2-6，请利用散点图模拟数据变化规律，并预测 2021 年 7 月的销售额。

表 2-6　　　　　　　　　某水果店 2021 年前 6 个月销售额统计

| 月份 | 1月 | 2月 | 3月 | 4月 | 5月 | 6月 |
| --- | --- | --- | --- | --- | --- | --- |
| 销售额（元） | 43 500 | 55 567 | 70 477 | 88 774 | 109 870 | 137 239 |

## 思政园地

### 电商大数据的"杀熟"套路

当前，电子商务经营者积累了大量的用户个人信息和交易记录等，并利用大数据对消费者进行个人画像，有目的地提供搜索结果，进行精准营销。但有些平台却利用大数据杀熟，老客户看到的价格反而比新客户要贵出许多，引发公众不满。调查发现，在机票、酒店、电影、电商、出行等多个价格有波动的平台都存在类似情况，且在在线旅游平台较为普遍。同时，还存在同一位用户在不同网站之间数据被共享这一问题，许多用户遇到过在一个网站搜索或浏览的内容立刻被另一个网站进行广告推荐的情况。

《中华人民共和国电子商务法》第十八条和第七十七条做出了明确规定，要求一是在针对消费者个人特征提供商品和服务搜索结果的同时，要一并提供非针对性选项，通过提供可选信息，保护消费者的知情权和选择权。二是电子商务经营者发送广告的，还应遵守《中华人民共和国广告法》的规定。三是明确违反本法第十九条规定搭售商品、服务的，由市场监督管理部门责令限期改正，没收违法所得，并处以罚款。因此，电子商务数据分析人员需要具备诚信经营的工作态度。

（资料来源：人民网）

## 任务 3　动态数列分析

时间序列分析是一种动态数据处理的统计方法,研究随机数据序列所遵从的统计规律,用于解决实际问题。例如,水果店通过对以往不同种类水果销售数据进行动态数列分析,预测未来不同时间段不同种类水果的销量情况,从而更好地制订库存计划。时间序列通常由四种要素组成:趋势、季节变动、循环波动和不规则波动。时间序列分析的主要用途体现在:根据对系统进行观测得到的时间序列数据,用曲线拟合方法对系统进行客观描述。当观测值取自两个以上变量时,可用一个时间序列中的变化去说明另一个时间序列中的变化,从而了解给定时间序列产生的机理。

### 技能知识

**1.动态数列的定义**

动态数列是指将总体在不同时间上的指标数值按时间先后排列而成的序列。为了方便,动态数列经常以表格的形式展现,见表2-7。

表2-7　　　　动态数列的形式

| 时间 | $t_0$ | $t_1$ | $t_2$ | $t_3$ | …… |
|---|---|---|---|---|---|
| 指标数值(水平值) | $a_0$ | $a_1$ | $a_2$ | $a_3$ | …… |

动态数列有两个基本要素:时间($t$)和水平值($a$)。

**2.动态数列的指标**

(1)发展速度指标

常用的发展速度指标有发展速度、总发展速度、平均发展速度。

①发展速度

如果要将两个不同时期的水平值进行对比,那么分析研究时期的水平值叫报告期水平;对比基础时期的水平值叫基期水平。发展速度=报告期水平值/基期水平值×100%。根据基期的不同,发展速度可分为以下三种:

- 定基发展速度:基期为某一固定时期(如$a_0$),计算公式为:$a_n/a_0 \times 100\%$。
- 环比发展速度:基期为上一期,计算公式为:$a_n/a_{n-1} \times 100\%$。
- 同比发展速度(年距发展速度):基期为上一年同期,计算公式为:报告期水平值/上年同期水平值×100%。

②总发展速度

总发展速度简称总速度。顾名思义,总发展速度就是一段时间以来总的发展速度,等于最终的水平值除以最初的水平值再乘以100%,即$a_n/a_0 \times 100\%$。

③平均发展速度

平均发展速度是对一段时间内发展速度的平均,计算公式为

$$\bar{x} = \sqrt[n]{\frac{a_n}{a_0}} \times 100\% = \sqrt[n]{\frac{a_1}{a_0} \times \frac{a_2}{a_1} \times \frac{a_3}{a_2} \times \cdots \times \frac{a_n}{a_{n-1}}} \times 100\%$$

数学上,我们把 $n$ 个数的乘积开 $n$ 次方根,叫作这 $n$ 个数的几何平均数。所以,平均发展速度＝环比发展速度的几何平均数。

(2)增长速度指标

增长速度是人们在日常社会经济工作中经常用来表示某一时期内某动态指标发展变化状况的动态相对数。增长速度是表明社会现象增长程度的相对指标,是报告期的增长量与基期发展水平的比率。其将对比的两个时期的发展水平抽象成为一个比例数来表示某一事物在这段对比时期内发展变化的方向和程度,分析研究事物发展变化规律。

$$增长速度＝(报告期水平值－基期水平值)/基期水平值×100\%＝发展速度－1$$

常用的增长速度指标有环比增长速度、同比增长速度、定基增长速度和平均增长速度。

①环比增长速度

环比增长速度是报告期比前一期的增长量与前一期水平值的比率,表明报告期比前一期水平值增长了百分之几。

$$环比增长速度＝(a_n－a_{n-1})/a_{n-1}×100\%＝环比发展速度－1$$

②同比增长速度

同比增长速度是报告期比上年同期的增长量与上年同期水平值的比率,表明报告期比上年同期增长了百分之几。

$$同比增长速度＝(报告期水平值－上年同期水平值)/上年同期水平值×100\%$$
$$＝同比发展速度－1$$

③定基增长速度

定基增长速度是报告期比固定基期的增长量与固定基期水平值的比率,表明报告期水平值比固定基期水平值增长了百分之几。

$$定基增长速度＝(a_n－a_0)/a_0×100\%＝定基发展速度－1$$

④平均增长速度

平均增长速度是反映某种现象在一个较长时期中逐期递增的平均速度,它是报告期增长量与基期发展水平值的比率。

$$平均增长速度＝平均发展速度－1$$

## 技能实施

**1.发展速度应用**

▷例 2-6 安徽省 2015—2020 年人均生产总值见表 2-8,请计算历年的定基发展速度、环比发展速度。

表 2-8　　　　安徽省 2015—2020 年人均生产总值

| 年份 | 2015 | 2016 | 2017 | 2018 | 2019 | 2020 |
| --- | --- | --- | --- | --- | --- | --- |
| 人均生产总值(元/人) | 39 692 | 43 686 | 49 092 | 56 063 | 60 561 | 63 426 |

根据定基发展速度计算公式,在 C4 单元格输入公式"＝C3/$B$3",然后向右拖动复制该公式到单元格 G4,计算结果如图 2-31 所示。

根据环比发展速度计算公式,在 C5 单元格输入公式"＝C3/B3",然后向右拖动复制该公式到单元格 G5，计算结果如图 2-31 所示。

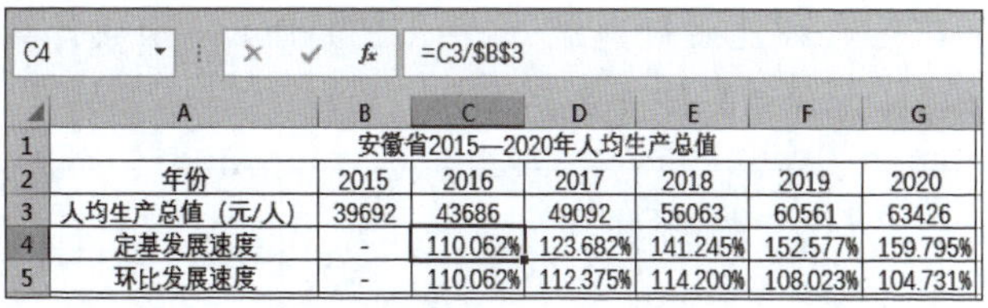

C4　=C3/$B$3

| | A | B | C | D | E | F | G |
|---|---|---|---|---|---|---|---|
| 1 | 安徽省2015—2020年人均生产总值 | | | | | | |
| 2 | 年份 | 2015 | 2016 | 2017 | 2018 | 2019 | 2020 |
| 3 | 人均生产总值（元/人） | 39692 | 43686 | 49092 | 56063 | 60561 | 63426 |
| 4 | 定基发展速度 | - | 110.062% | 123.682% | 141.245% | 152.577% | 159.795% |
| 5 | 环比发展速度 | - | 110.062% | 112.375% | 114.200% | 108.023% | 104.731% |

图 2-31　定基发展速度与环比发展速度的计算结果

注意：定基发展速度的基期不变，所以使用“$”固定 B3 单元格。

**例 2-7** 已知某企业 2015—2020 年销量额统计资料见表 2-9，请计算 2015—2020 年销售额的总发展速度。

表 2-9　　某企业 2015—2020 年销售额统计资料

| 年份 | 2015 | 2016 | 2017 | 2018 | 2019 | 2020 |
|---|---|---|---|---|---|---|
| 销售额(万元) | 43 500 | 55 567 | 70 477 | 88 774 | 109 870 | 137 239 |

根据总发展速度计算公式，在 B4 单元格输入公式“=G3/B3”，计算结果如图 2-32 所示。

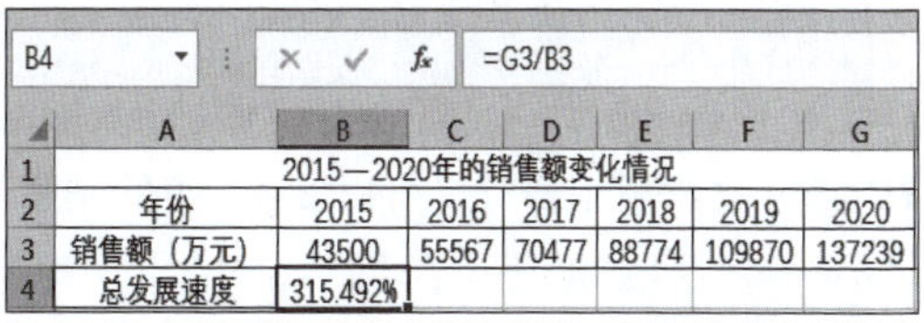

B4　=G3/B3

| | A | B | C | D | E | F | G |
|---|---|---|---|---|---|---|---|
| 1 | 2015—2020年的销售额变化情况 | | | | | | |
| 2 | 年份 | 2015 | 2016 | 2017 | 2018 | 2019 | 2020 |
| 3 | 销售额（万元） | 43500 | 55567 | 70477 | 88774 | 109870 | 137239 |
| 4 | 总发展速度 | 315.492% | | | | | |

图 2-32　总发展速度的计算结果

**例 2-8** 已知某公司 2011—2020 年的销售额发展速度见表 2-10，请计算该公司 10 年内的总发展速度。

表 2-10　　某公司 2011—2020 年的销售额发展速度

| 年份 | 2011 | 2012 | 2013 | 2014 | 2015 | 2016 | 2017 | 2018 | 2019 | 2020 |
|---|---|---|---|---|---|---|---|---|---|---|
| 环比发展速度 | 105% | 110% | 103% | 110% | 120% | 95% | 130% | 118% | 128% | 121% |

总发展速度的计算公式为 $a_n/a_0\times100\%$，但题目中并未给出对应时期的水平值，而是给出了历年的环比发展速度。环比发展速度的计算公式为 $a_n/a_{n-1}\times100\%$，而：

$$\frac{a_n}{a_0}=\frac{a_n}{a_{n-1}}\times\frac{a_{n-1}}{a_{n-2}}\times\cdots\times\frac{a_2}{a_1}\times\frac{a_1}{a_0}$$

所以，总发展速度等于环比发展速度的乘积。在 Excel 中，可用公式 PRODUCT 计算多个数据的乘积，该例子中可用“=PRODUCT(B3:K3)”计算该公司 10 年内的总发展速度，结果如图 2-33 所示。

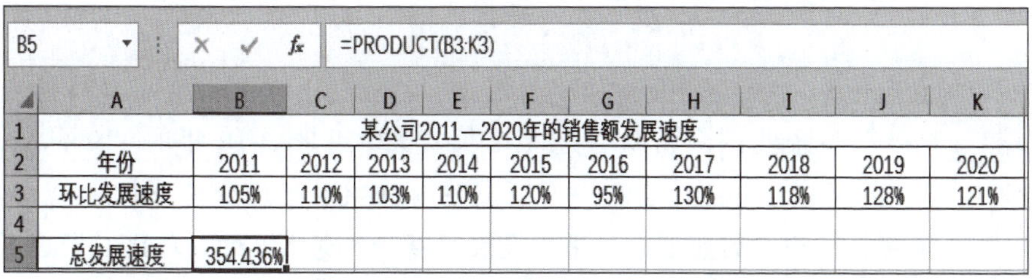

B5　=PRODUCT(B3:K3)

| | A | B | C | D | E | F | G | H | I | J | K |
|---|---|---|---|---|---|---|---|---|---|---|---|
| 1 | 某公司2011—2020年的销售额发展速度 | | | | | | | | | | |
| 2 | 年份 | 2011 | 2012 | 2013 | 2014 | 2015 | 2016 | 2017 | 2018 | 2019 | 2020 |
| 3 | 环比发展速度 | 105% | 110% | 103% | 110% | 120% | 95% | 130% | 118% | 128% | 121% |
| 4 | | | | | | | | | | | |
| 5 | 总发展速度 | 354.436% | | | | | | | | | |

图 2-33　用 PRODUCT 函数计算总发展速度

在 Excel 中,有一个函数可以计算 $n$ 个数的几何平均数,就是 GEOMEAN 函数,即平均发展速度＝GEOMEAN(环比发展速度)。用 GEOMEAN 函数计算[例 2-8]中某公司 10 年内的平均发展速度,计算结果如图 2-34 所示。

图 2-34  用 GEOMEAN 函数计算平均发展速度

如果已知总发展速度,要求平均发展速度,我们可以对总发展速度开 $n$ 次方根。在 Excel 中,可用公式"＝(总发展速度数值)^(1/$n$)"或"＝POWER(总发展速度数值,1/$n$)"计算平均发展速度,其中 1/$n$ 代表开 $n$ 次方根。

▶例 2-9  已知某企业 2015—2020 年销量额统计资料见表 2-9,请计算 2015—2020 年销售额的平均发展速度。

利用 Excel 中的 POWER 函数,参数一设置为总发展速度,参数二设置为 1/5。这里的 $n＝5$,而不是 6,因为 2015 年的销售额记作 $a_0$,所以 2020 年的销售额记作 $a_5$。计算结果如图 2-35 所示。

图 2-35  用 POWER 函数计算平均发展速度

也可以直接对总发展速度开 5 次方根,计算结果如图 2-36 所示。

图 2-36  对总发展速度开 5 次方根

**2.增长速度应用**

▶例 2-10  已知某企业的经济效益连年增长,2020 年是 2019 年的 110％,2019 年是 2018 年的 120％,2018 年是 2017 年的 115％。计算 3 年来的平均增长速度。

平均增长速度＝平均发展速度－1,平均发展速度＝GEOMEAN(环比发展速度),所以平均增长速度＝GEOMEAN(环比发展速度)－1,计算结果如图 2-37 所示。

```
    B4        ×  ✓  fx   =GEOMEAN(B2:D2)-1
        A          B       C       D       E
  1   年份        2018    2019    2020
  2   环比发展速度  115%    120%    110%
  3
  4   平均增长速度  14.927%
```

图 2-37　平均增长速度的计算结果 1

▶**例 2-11**　某公司 2016—2020 年固定资产投资额环比增长速度见表 2-11，请计算 5 年的平均增长速度。

表 2-11　　　　某公司 2016—2020 年固定资产投资额环比增长速度

| 年份 | 2016 | 2017 | 2018 | 2019 | 2020 |
|---|---|---|---|---|---|
| 环比增长速度 | 17% | 20% | 5% | 12% | 18% |

环比发展速度＝环比增长速度＋1，平均增长速度＝GEOMEAN（环比发展速度）－1，平均增长速度的计算结果如图 2-38 所示。

```
    B6        ×  ✓  fx   =GEOMEAN(B5:F5)-1
        A          B       C       D       E       F
  1   某公司2016—2020年固定资产投资额环比增长速度资料表
  2   年份        2016    2017    2018    2019    2020
  3   环比增长速度  17%     20%     5%      12%     18%
  4
  5   环比发展速度  117%    120%    105%    112%    118%
  6   平均增长速度  14.270%
```

图 2-38　平均增长速度的计算结果 2

## 技能训练

某企业 2020—2021 年各月销售额资料见表 2-12，请根据动态数列分析方法计算表中的发展速度与增长速度。

表 2-12　　　　某企业 2020—2021 年各月销售额资料　　　　　　　　单位：万元

| 月份 | 1 | 2 | 3 | 4 | 5 | 6 | 7 | 8 | 9 | 10 | 11 | 12 |
|---|---|---|---|---|---|---|---|---|---|---|---|---|
| 2020 年 | 230 | 253 | 176 | 105 | 72 | 52 | 41 | 36 | 71 | 144 | 248 | 266 |
| 2021 年 | 240 | 270 | 178 | 105 | 76 | 50 | 38 | 35 | 76 | 151 | 250 | 270 |
| 环比发展速度 | | | | | | | | | | | | |
| 同比发展速度 | | | | | | | | | | | | |
| 环比增长速度 | | | | | | | | | | | | |
| 同比增长速度 | | | | | | | | | | | | |

## 思政园地

### 咱村的"双十一"

2021年11月11日,安徽省淮南市寿县堰口镇江黄村"快递进村"邮快合作示范点,俞先生与妻子在整理"双十一"快递件。

今年41岁的俞先生,是安徽省淮南市寿县堰口镇江黄村"快递进村"邮快合作示范点的负责人。与他同龄的妻子和他一样,都因身患小儿麻痹症,身体行动不便,家庭享受国家低保政策。两个女儿出生后,俞先生靠骑三轮车拉客养家糊口。2016年,当地有了农村淘宝村级服务站,喜欢玩电脑的俞先生通过政府组织的免费电商知识学习培训,开始接触农村淘宝站运营工作。

2019年5月,俞先生在江黄村党总支书记的推荐下,在家里建起了江黄村电子商务服务站,让"快递进村"不再是梦想,实现"网货下乡"和"农产品进城"双向流通,增加农民收入,提高农民生活质量,加速城乡一体化发展。

两年多来,小小快递站成为村民们的"快乐驿站"。村里的留守老人在这里学习如何使用智能手机,学会网上购物。逢年过节,老人们把家乡的腊肉、鸡蛋等土特产通过快递寄给远方的孩子,或通过电商销售增加收入。年轻人则通过快递站从网上购物买菜,享受大城市同样的便捷生活。

寿县堰口镇江黄村曾是贫困村,2016年脱贫出列,全村3 400余人超过一半在外地务工创业。"快递进村"为俞先生一家带来生活新希望的同时,也方便外出务工人员与家乡留守老人和孩子物流互通、情感传递,为乡村振兴发展注入新活力。

(资料来源:新华网)

## 任务4 综合评价分析

随着数据分析的广泛开展,分析评价的对象变得越来越复杂,简单分析法的局限性越来越明显。实际中经常会出现从某几个指标看,甲单位优于乙单位;从另外几个指标看,乙单位优于丙单位;但从其他指标看,丙单位又优于甲单位的情况。那么,对这种情况来说,用简单的分析法就无法判断孰优孰劣了。因此,人们通过对实践活动的总结,逐步形成了一系列运用多个指标对多个因素进行评价的方法,这种方法称为多变量综合评价分析法,简称综合评价分析法。

### 技能知识

**1.综合评价分析法概述**

(1)综合评价分析法的定义

综合评价分析法是指运用多个指标对多个参评对象进行综合评价的方法。综合评价分析法的基本思想是将多个指标转化为一个能够反映综合情况的指标来进行分析评价。

(2) 综合评价要素

① 评价者。评价者可以是某个人或某团体。评价目的的给定、评价指标的建立、评价模型的选择、权重系数的确定都与评价者有关。因此,评价者在评价过程中的作用是不可轻视的。

② 被评价对象。随着综合评价技术理论的开展与实践,评价的领域也从最初的各行各业经济统计综合评价拓展到后来的技术水平、生活质量、小康水平、社会发展、环境质量、竞争能力、综合国力、绩效考评等方面。这些都能构成被评价对象。

③ 评价指标。评价指标是从多个视角和层次反映特定评价客体数量规模与水平的。它是"具体—抽象—具体"的辩证逻辑思维过程,是人们对现象总体数量特征的认识逐步深化、求精、完善、系统化的过程。

④ 权重系数。相对于某种评价目的来说,评价指标的重要性是不同的。权重系数确定得合理与否,关系到综合评价结果的可信程度。

⑤ 综合评价模型。所谓多指标综合评价,就是指通过一定的数学模型将多个评价指标值"合成"一个整体性的综合评价值。

(3) 综合评价分析法的步骤

① 确定综合评价指标体系,即包含哪些指标,这是综合评价分析的基础和依据。

② 收集数据,并对不同计量单位的指标数据进行标准化处理。

③ 确定指标体系中各指标的权重,以保证评价的科学性。

④ 对处理后的指标再进行汇总,计算出综合评价指数或综合评价分值。

⑤ 根据综合评价指数或综合评价分值对参评单位进行排序,并由此得出结论。

(4) 综合评价分析法的主要特点

① 评价过程不是逐个指标依次完成的,而是通过一些特殊方法将多个指标的评价同时完成。

② 在综合评价过程中,一般要根据指标的重要性进行加权处理。

③ 评价结果不再是具有具体含义的统计指标,而是以指数或分值表示被评价对象综合状况的排序。

2. 数据标准化处理

数据标准化是将数据按比例缩放,使之落入一个特定区域。在比较和评价某些指标时,经常会用到标准化数据,即去除数据的单位限制,将其转化为无量纲的纯数值,便于不同单位或量级的指标进行比较和加权。其中,最典型的就是0—1标准化。

0—1标准化也叫离差标准化,是对原始数据进行线性变换,使结果落到[0,1]区间。进行0—1标准化时,对一组数据中某一个数据标准化的公式为:

标准化值=(第 $n$ 个原始值-最小值)/(最大值-最小值)

3. 权重的确定

权重的确定有以下几种方法:

(1) 主观经验法

考核者凭自己以往的经验直接给指标设定权重,一般适用于考核者对考核客体非常熟悉和了解的情况。

### (2)主次指标排队分类法

这是比较常用的一种方法,也称 ABC 分类法。顾名思义,其具体操作分为排队和设置权重两步:排队是将考核指标体系中所有指标按照一定标准,如按照其重要性程度进行排列;设置权重是在排队的基础上,按照 A、B、C 三类指标设置权重。

### (3)专家调查法

这种方法是聘请有关专家,对考核指标体系进行深入研究,由每位专家先独立地对考核指标设置权重,然后对每个考核指标的权重取平均值,作为最终权重。

同样的指标,对不同的部门和人员来说,权重应不一样;不同来源的数据权重也是不一样的。考核实践中应综合运用各种方法科学设置指标权重。通常的做法是主要根据指标的重要性进行设置,并可根据需要适时进行调整。

## 技能实施

**例 2-12** 天猫商城综合体验星级中的单项得分是根据商家某基础单项指标在所处的主营类目中的综合排名计算得出的。在任一单项指标上,卖家的体验得分都是 5 档(5 分/优秀,4 分/良好,3 分/一般,2 分/较差,0 分/很差),5 分代表同类目中商家在该项服务上为优秀,好于绝大多数商家,0 分代表同行业水平中体验很差,远低于行业水平。例如,店铺 A 的物流到货时长为 1.5 天,系统根据当前行业的情况进行综合排名给出得分,店铺 A 物流到货时长在行业中排第 1 位,物流得分为 5 分。店铺综合体验总分是根据各单项得分与各单项权重计算得出。例如,店铺 B 经营生活电器类目,单项维度得分如下:商品体验 3 分,物流体验 5 分,售后体验 4 分,纠纷投诉 4 分,咨询体验 5 分。各项权重分别为:20%、25%、20%、20%、15%。请计算店铺的综合得分。

计算公式:

$$3\times 20\% + 5\times 25\% + 4\times 20\% + 4\times 20\% + 5\times 15\% = 4.2(分)$$

4.2 分就是该店铺综合体验总分。

**例 2-13** 某公司招聘 3 名培训人员,招聘过程分为笔试、试讲及面试,其中笔试成绩占比为 40%,试讲成绩占比为 30%,面试成绩占比为 30%。某岗位共有 9 名应聘者,具体考试成绩见表 2-13。请计算这 9 名应聘者的综合得分并进行排名。

表 2-13　　　　　　　　　　　应聘者成绩

| 应聘者 | 笔试成绩(分) | 试讲成绩(分) | 面试成绩(分) |
|---|---|---|---|
| 应聘者 1 | 75 | 60 | 80 |
| 应聘者 2 | 90 | 65 | 70 |
| 应聘者 3 | 70 | 50 | 60 |
| 应聘者 4 | 75 | 60 | 85 |
| 应聘者 5 | 82 | 90 | 70 |
| 应聘者 6 | 60 | 70 | 85 |
| 应聘者 7 | 95 | 50 | 80 |
| 应聘者 8 | 81 | 80 | 78 |
| 应聘者 9 | 78 | 85 | 85 |

步骤一：根据权重计算各应聘者综合得分，计算结果如图 2-39 所示。

```
E2            fx  =B2*0.4+C2*0.3+D2*0.3
    A       B       C       D       E       F
1  应聘者  笔试成绩 试讲成绩 面试成绩 综合得分 综合排名
2  应聘者1   75      60      80      72
3  应聘者2   90      65      70      76.5
4  应聘者3   70      50      60      61
5  应聘者4   75      60      85      73.5
6  应聘者5   82      90      70      80.8
7  应聘者6   60      70      85      70.5
8  应聘者7   95      50      80      77
9  应聘者8   81      80      78      79.8
10 应聘者9   78      85      85      82.2
```

图 2-39　应聘者综合得分

步骤二：根据排名计算函数 RANK.EQ，得出各应聘者综合排名，结果如图 2-40 所示。

```
F2            fx  =RANK.EQ(E2,E:E)
    A       B       C       D       E       F
1  应聘者  笔试成绩 试讲成绩 面试成绩 综合得分 综合排名
2  应聘者1   75      60      80      72       7
3  应聘者2   90      65      70      76.5     5
4  应聘者3   70      50      60      61       9
5  应聘者4   75      60      85      73.5     6
6  应聘者5   82      90      70      80.8     2
7  应聘者6   60      70      85      70.5     8
8  应聘者7   95      50      80      77       4
9  应聘者8   81      80      78      79.8     3
10 应聘者9   78      85      85      82.2     1
```

图 2-40　应聘者综合排名

步骤三：根据综合排名，得出最终应聘成功人员为应聘者 9、应聘者 5 以及应聘者 8。

▶例 2-14　某电商企业需进行店长评选工作，被测人员各项目得分资料见表 2-14，请用综合评价分析法计算各被测人员的综合得分（各项目的权重分别为 15%、15%、5%、5%、20%、20%、20%），并根据综合得分进行排序。

表 2-14　　　　　　　　　　　　　被测人员各项目得分资料

| 被测人员 \ 测评项 权重 得分 | 健康状况 15% | 业务知识 15% | 写作能力 5% | 创新能力 5% | 政策水平 20% | 工作作风 20% | 团队组织与管理 20% |
|---|---|---|---|---|---|---|---|
| 甲 | 82 | 80 | 81 | 79 | 76 | 78 | 80 |
| 乙 | 70 | 80 | 90 | 95 | 85 | 80 | 75 |
| 丙 | 75 | 89 | 70 | 80 | 82 | 90 | 90 |
| 丁 | 78 | 73 | 77 | 72 | 82 | 80 | 85 |
| 戊 | 80 | 80 | 83 | 85 | 76 | 78 | 77 |
| 己 | 78 | 84 | 83 | 83 | 80 | 78 | 79 |
| 庚 | 72 | 76 | 75 | 85 | 80 | 74 | 85 |
| 辛 | 85 | 80 | 85 | 79 | 83 | 81 | 80 |

步骤一：计算综合得分。考评项目较多，故可用 SUMPRODUCT 函数（数组乘积之和）计算各被测人员综合得分，计算结果如图 2-41 所示。

| 测评项<br>权重<br>被测人员 得分 | 健康状况<br>15% | 业务知识<br>15% | 写作能力<br>5% | 创新能力<br>5% | 政策水平<br>20% | 工作作风<br>20% | 团队组织与管理<br>20% | 综合得分 | 综合排名 |
|---|---|---|---|---|---|---|---|---|---|
| 甲 | 82 | 80 | 8 | 79 | 76 | 78 | 80 | 79.1 | |
| 乙 | 70 | 80 | 90 | 95 | 85 | 80 | 75 | 79.75 | |
| 丙 | 75 | 89 | 70 | 80 | 82 | 90 | 90 | 84.5 | |
| 丁 | 78 | 73 | 77 | 72 | 82 | 80 | 85 | 79.5 | |
| 戊 | 80 | 80 | 83 | 85 | 76 | 80 | 77 | 78.6 | |
| 己 | 78 | 84 | 83 | 83 | 80 | 79 | 80 | | |
| 庚 | 72 | 76 | 75 | 85 | 80 | 74 | 85 | 78 | |
| 辛 | 85 | 80 | 85 | 79 | 83 | 81 | 80 | 81.75 | |

图 2-41 被测人员综合得分

步骤二：根据计算结果，利用 RANK.EQ 函数计算综合排名，结果如图 2-42 所示。

| 测评项<br>权重<br>被测人员 得分 | 健康状况<br>15% | 业务知识<br>15% | 写作能力<br>5% | 创新能力<br>5% | 政策水平<br>20% | 工作作风<br>20% | 团队组织与管理<br>20% | 综合得分 | 综合排名 |
|---|---|---|---|---|---|---|---|---|---|
| 甲 | 82 | 80 | 81 | 79 | 76 | 78 | 80 | 79.1 | 6 |
| 乙 | 70 | 80 | 90 | 95 | 85 | 80 | 75 | 79.75 | 4 |
| 丙 | 75 | 89 | 70 | 80 | 82 | 90 | 90 | 84.5 | 1 |
| 丁 | 78 | 73 | 77 | 72 | 82 | 80 | 85 | 79.5 | 5 |
| 戊 | 80 | 80 | 83 | 85 | 76 | 78 | 77 | 78.6 | 7 |
| 己 | 78 | 84 | 83 | 83 | 80 | 79 | 80 | | 3 |
| 庚 | 72 | 76 | 75 | 85 | 80 | 74 | 85 | 78 | 8 |
| 辛 | 85 | 80 | 85 | 79 | 83 | 81 | 80 | 81.75 | 2 |

图 2-42 被测人员综合排名

**例 2-15** 某银行对 4 个分理处的业务能力进行测评，根据专家意见，评价从"职工数""营业面积""储蓄额""贷款额"4 个方面进行综合考量，权重分别为 20%、20%、30%、30%。请用综合评价分析法对 4 个分理处的业务能力进行综合评价。原始数据见表 2-15。

表 2-15  4 个分理处的业务能力测评数据

| 分理处 | 职工数（人） | 营业面积（平方米） | 储蓄额（万元） | 贷款额（万元） |
|---|---|---|---|---|
| 1 | 20 | 87 | 87 902 | 110 329 |
| 2 | 25 | 78 | 90 460 | 238 054 |
| 3 | 32 | 90 | 89 038 | 170 390 |
| 4 | 40 | 102 | 129 087 | 346 038 |

步骤一：标准化处理。根据题目给出的评价项目，发现各项目数据存在不一致性，首先需对数据进行标准化处理。根据 0—1 标准化公式得出标准化计算结果如图 2-43 所示。

图 2-43 标准化计算结果

步骤二：根据标准化计算结果及各项目权重，确定 4 个分理处的业务能力综合得分，如图 2-44 所示。

图 2-44 4 个分理处的业务能力综合得分

步骤三：根据综合得分，利用 RANK.EQ 函数对 4 个分理处的业务能力进行综合排名，结果如图 2-45 所示。

图 2-45 4 个分理处的业务能力综合排名

**例 2-16** 假设股市里只有 3 只股票 A、B、C（资料见表 2-16），运用综合评价分析法分析当前的股票价格指数。

表 2-16  股票资料

| 股票名称 | 基期价格 $p_0$ | 报告期价格 $p_1$ | 发行量(万股)$q$ |
|---|---|---|---|
| A | 1.5 | 30.5 | 450 |
| B | 2.5 | 48.9 | 7 800 |
| C | 2.2 | 19.7 | 3 600 |

电子商务数据分析

步骤一：确定权重。先用综合评价分析法计算报告期和基期的综合股价，计算时用各股票发行量占比作为其权重。权重计算结果如图2-46所示。

| 股票名称 | 基期价格$p_0$ | 报告期价格$p_1$ | 发行量（万股）q | 权重 |
|---|---|---|---|---|
| A | 1.5 | 30.5 | 450 | 0.037975 |
| B | 2.5 | 48.9 | 7800 | 0.658228 |
| C | 2.2 | 19.7 | 3600 | 0.303797 |

图2-46 权重计算结果

步骤二：计算报告期综合股价和基期综合股价，再用报告期综合股价除以基期综合股价，即为股价指数，如图2-47所示。

| 股票名称 | 基期价格$p_0$ | 报告期价格$p_1$ | 发行量（万股）q | 权重 | 报告期综合股价 | 基期综合股价 | 股价指数 |
|---|---|---|---|---|---|---|---|
| A | 1.5 | 30.5 | 450 | 0.037975 | 39.33037975 | 2.370886076 | 16.58889 |
| B | 2.5 | 48.9 | 7800 | 0.658228 | | | |
| C | 2.2 | 19.7 | 3600 | 0.303797 | | | |

图2-47 股价指数

### 技能训练

利用综合评价分析法计算表2-17中企业的综合得分，并求各企业的综合排名，其中劳动力人数、年产值、固定资产总值的权重分别为35％、45％、20％。

表2-17　　　　　　　　　　企业详细资料

| 企业名称 | 劳动力人数（人） | 年产值（万元） | 固定资产总值（万元） | 综合得分 | 综合排名 |
|---|---|---|---|---|---|
| 企业1 | 400 | 70 | 160 | | |
| 企业2 | 300 | 60 | 120 | | |
| 企业3 | 280 | 50 | 150 | | |
| 企业4 | 350 | 60 | 150 | | |
| 企业5 | 620 | 100 | 200 | | |
| 企业6 | 780 | 80 | 200 | | |
| 企业7 | 500 | 70 | 150 | | |

### 思政园地

**刷单拟列入严重违法失信名单，谁还在顶风作案？**

在大数据时代，吃喝玩乐、衣食住行都离不开手机，大家想吃东西或喝东西时，都会打开评论看一下里边对商家的评价才放心。然而这些所谓的评价真的可靠吗？那可不一定。2021年6月21日，青岛市中级人民法院一审宣判了一起非法"刷单""刷好评"

不正当竞争案,依法制裁虚假炒作信誉行为。某网络技术有限公司开发了一个小程序,通过该程序,某网络技术有限公司与某生活服务信息平台上的部分商户签订广告服务合同,在多个微信群发布任务,组织人员对特定商户在平台上的店铺及服务进行点赞、好评、店铺收藏、增加浏览量等,通过"刷单"、"刷好评"、虚假交易等方式,帮助其他经营者进行虚假或者引人误解的商业宣传,从中牟取利益。某生活服务信息平台发现后,认为某网络技术有限公司的上述行为未经授权,且破坏了该平台构建的评价体系,误导消费者,严重损害了平台声誉和市场竞争力,危及公平、诚信的市场竞争秩序,构成不正当竞争,因此诉至法院。法院经审理认为,被告某网络技术有限公司以营利为目的组织刷单炒信,提供针对某生活服务信息平台店铺的点赞、好评、人工店铺收藏、增加店铺访客量和浏览量等有偿服务,帮助其他经营者进行虚假的商业宣传,违背了公平、诚实信用原则及商业道德,被告某网络技术有限公司的上述行为造成了某生活服务信息平台相关数据不真实,影响了原告的信用评价体系,损害了原告合法权益,扰乱社会经济秩序,构成不正当竞争,应承担相应民事责任。

《中华人民共和国电子商务法》第八十五条规定:电子商务经营者违反本法规定,销售的商品或者提供的服务不符合保障人身、财产安全的要求,实施虚假或者引人误解的商业宣传等不正当竞争行为,滥用市场支配地位,或者实施侵犯知识产权、侵害消费者权益等行为的,依照有关法律的规定处罚。

(资料来源:人民网)

# 项目3

# 数据采集与处理

## 知识目标

- 掌握数据采集的主要步骤及要求
- 掌握数据的主要来源及用途
- 熟知数据采集的方法及工具
- 掌握常见的数据清洗方法

## 能力目标

- 能熟练使用数据采集工具
- 能够独立完成电子商务数据采集
- 能够根据数据处理目标对数据进行清洗、转化及排序

## 思政目标

- 熟悉《中华人民共和国电子商务法》《中华人民共和国网络安全法》
- 具备法律意识,能够遵守个人隐私和数据保密等法律法规,在数据采集过程中做到不侵权、不违法

## 引导案例

假设你有50副太阳镜,总共花了30美元购入。现在,你想把它们卖出去获利。如果使用最简单的基于成本定价,则每副太阳镜的零售价格应该是单位成本和一定利润之和,即成本+加成(一定利润)=实际售卖价格。然后你做相应的计算:材料成本为0.6(30/50)美元,其他管理成本共4.39美元,总成本为0.6+4.39=4.99美元。这是你第一次在网上卖东西,由于经验不足,你在成本的基础上加价95%进行定价,即网上的零售价是4.99×1.95≈9.73美元。

大多数卖家可能都曾是"故事中的你"。9.73美元的定价明显是不合理的。如果选择降价,产品的浏览量会提升,然而在电子商务领域,这是一个巨大的决策失误。于短期而言,你可能会通过低价销售来保持自身的产品竞争力,但从长远来看,价格战只会让你越来越处于弱势地位,越来越被动。

正确定价对电子商务卖家至关重要,大约90%的在线消费者会在购物前货比三家。作为一个电商卖家,我们如何才能设定商品的最优价格呢?了解竞争对手的定价,是设定最优价格的重要一环。首先,采集销售平台上各种太阳镜的价格、销售数量和卖家信息。其次,对数据处理后发现:最受消费者欢迎的价格是0.99美元,共售出4 502件,其次是1.99美元,共售出2 331件。而1.99美元以上的价格就不那么受欢迎了。让我们看看不同价格的卖家数量。卖家数量最多的三个价格是:0.99美元(24个卖家)、1.99美元(9个卖家)和4.99美元(24个卖家)。

分析结论:售价0.99美元的太阳镜市场需求最大(销售量最大),但增长空间很小(卖家数量多);1.99美元是一个比较合理的价格(市场规模第二,但卖家数量最少)。

定价对任何电子商务卖家和公司都是至关重要的,因此,要每小时或每天监控价格。可以使用数据采集工具从电子商务网站(如亚马逊、eBay、淘宝、京东等)定时抓取数据,从而进行价格监控。

数据化运营时代,数据能够直观地反映店铺的运营情况,电商从业人员必须学会采集和分析店铺数据。商品价格如何调整?店铺访客量怎么减少了?支付转化率怎么下降了?这些问题都可通过数据采集和分析找到原因,从而提出具有针对性的解决方案,提升和优化店铺运营方式。

## 项目分解

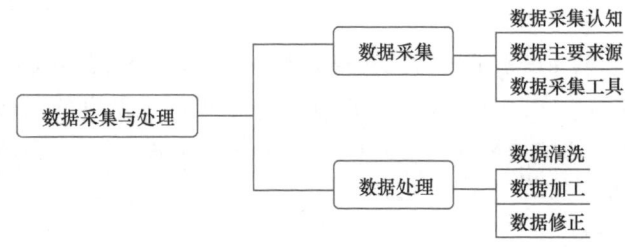

## 任务 1　数据采集

数据被誉为"未来的石油",电子商务数据则具备更广阔的应用场景。通过对数据进行处理,企业不仅可以发现企业内部、客户体验及营销手段的问题,还可以了解客户的内在需求。在电子商务行业中,数据采集是电子商务从业人员的必备技能。

### 技能知识

**1. 数据采集认知**

数据采集又称数据获取,是利用设备或技术手段从现实环境及网络获取数据并放入系统内部进行使用。本书主要讲解如何获取网络数据。随着网络更多地融入日常生活,人们的出行、医疗、饮食、购物、交易等均会产生大量的数据,当前每天产生的网络数据就可以达到 $2.5\times10^{18}$ 字节。随着 5G 时代的到来,数据规模将会呈现更大程度的井喷式增长。如何采集数据及应用数据是当前所有企业面临的迫切难题。

(1) 数据采集的基本要求

一个完整的数据采集系统包括:先进的检索设备、科学的方法、业务精通的数据采集员。数据是开展电子商务活动的基础。电子商务对数据采集的要求是及时、准确、适度和经济。

① 及时。所谓及时,就是迅速、灵敏地反映销售市场发展各方面的最新动态。有的数据是有时效性的,其价值与时间成反比。及时性要求数据流与物流尽可能同步。由于数据的识别、记录、传递、反馈都要花费一定的时间,因此,数据流与物流之间一般会存在时滞。尽可能地减少数据流滞后于物流的时间,提高时效性,是数据采集的主要目标之一。

② 准确。数据应真实地反映客观现实,失真度小。在电子商务活动中,由于买卖双方不直接见面,获得准确的信息就显得尤为重要。只有获得准确的信息才可能进行正确的市场决策。信息失真,有可能会失去一次商业机会、失去一个贸易伙伴、造成经济损失、做出错误的决策。因此数据应该尽量降低失真度,能够真实地反映客观现实。

③ 适度。数据要有针对性和目的性,不要无的放矢。在当今的信息时代,信息量越来越大,范围越来越广,不同的管理层次对数据提出不同的要求。数据过多、过滥也会使得营销人员无所适从。在这种情况下,数据的采集必须目标明确、方法恰当,数据采集的范围和数量都要适度。

④ 经济。数据采集要以最低的费用获得必要的数据。追求经济效益是一切经济活动的中心,也是数据采集的原则。我们没有力量,也不可能把网上所有的数据全部收集起来,数据的及时性、准确性和适度性都要求建立在经济性的基础上。此外,提高经济性,还要注意使获得的数据发挥最大的效用。

(2) 数据采集方法

根据需求不同,数据采集的方法也多种多样。在电子商务运营领域,数据采集的方法大致可以分为以下几类:

① 网页数据采集

在采集行业及竞争对手的数据时,电商平台上的一些公开数据,诸如商品属性数据(商品结构和标题、品牌、价格、销量、评价),可以直接进行摘录或使用火车采集器、八爪鱼采集器等爬虫采集工具进行采集。

淘宝、京东等电子商务平台提供类似生意参谋、京东商智等工具,对店铺及平台的市场数据进行网页呈现,同时提供数据下载功能。

② 系统日志数据采集

网站日志中记录了访客 IP 地址、访问时间、访问次数、停留时间、访客来源等数据。通过对这些日志信息进行采集、分析,可以挖掘电子商务企业业务平台日志数据中的潜在价值。

③ 数据库采集

每个电商平台都有自己的数据库,记录着访客在平台上的注册时间、用户名、联系方式、地址,以及订单的交易时间、购买数量、交易金额、商品加购等信息。通过数据库采集系统直接与企业业务后台服务器链接,可以将企业业务后台每时每刻产生的大量业务记录到数据库中,由特定的处理系统进行数据分析。

④ 报表采集

一些独立站点可能没有如每天咨询客户数、订单数等数据指标统计功能,可以通过每日、每周的工作报表进行相应的数据采集。

⑤ 调查问卷采集

在对用户需求、习惯、喜好、产品使用反馈等数据进行采集时,常常会用到调查问卷。数据采集人员可以设计具有针对性的问卷,采用实际走访、电话沟通、网络填表等方式进行信息采集。

(3) 数据采集的步骤

数据采集是一项烦琐而又有难度的工作,快速、准确地进行数据采集是数据分析人员的必备技能。

① 确定采集范围及人员分工

进行数据采集前,首先需要对数据采集目标进行分析,明确数据采集的指标范围和时间范围,其次明确这些数据需要从哪些途径及部门采集,最后确定参与部门和人员配备。

② 建立必要的数据指标规范,并完成数据采集

进行数据采集前,还需要用数据指标对数据进行唯一性标识,并且贯穿在之后的数据查询、分析和应用过程中。建立数据指标规范是为了使后续工作有可以遵循的原则,也为庞杂的数据分析工作确定了可以识别的唯一标识。比如,UV 如果不规范使用,后期数据分析时,就可能出现数据不完整或重复计算等现象,从而使结果产生偏差。

③ 数据检查

数据采集后还需要进行检查,确保数据的完整性、准确性、规范性。

• 完整性检查。检查记录数据是否完整。完成数据采集后,对数据进行复查或计算合计数据,并将其和历史数据进行比较。同时还要检查字段的完整性,保证核心指标数据完整。

• 准确性检查。在数据采集录入的过程中,可能会有个别数据出现录入错误,可以通过

平均、求和等操作与原始数据进行比对,如发现比对结果不匹配,则需要检查出相应的错误数据。

• 规范性检查。检查采集的数据中是否存在多个商品标识编码相同或同一数据出现多个数据指标等情况。

在进行数据检查的过程中,数据采集人员需要及时记录并通报出现的问题,避免在后续工作中出现同样的问题,降低工作效率。

**2. 数据主要来源**

数据主要来源包括电子商务平台、社交电商平台、O2O数据等。

(1) 电子商务平台

电子商务平台是一个为企业或个人提供线上交易洽谈的平台。企业、商家可充分利用电子商务平台提供的网络基础设施、支付平台、安全平台、管理平台等共享资源有效地、低成本地开展自己的商业活动。

企业需要电子商务平台数据来提升客户服务、帮助定价、改善产品及做竞品分析等;税务机关需要电子商务平台数据进行企业报税核准;采购部门或个人需要电子商务平台数据了解商品质量与性价比。

电子商务平台代表:阿里巴巴、慧聪网、天猫、京东、淘宝等。

(2) 社交电商平台

社交电商指基于社交关系,利用互联网社交媒介实现电子商务中的流量获取、商品推广和交易等其中一个或多个环节,产生间接或直接交易行为的在线经营活动。社交电商主要分为三种类型,分别为社交内容电商、社交分享电商以及社交零售电商。

① 社交内容电商

社交内容电商指内容驱动成交,受众通过共同的兴趣爱好聚合在一起形成社群,通过自己或者他人发表高质量的内容吸引海量用户访问,积累粉丝,然后引导用户进行裂变与成交,解决消费者购物前选择成本高、决策困难等相关痛点。

社交内容电商有两个优势:一是社交内容电商所面向的用户群体通常都有共同的标签,可以有针对性地进行营销,针对共同的痛点和生活场景输出的内容更容易激发大家的互动传播;二是用户因为共同的兴趣爱好或者需求痛点聚集在一起,通常价值观相近,忠诚度会更高,转化和复购的能力也较强。

社交内容电商分为平台和个人两类,典型代表有蘑菇街、抖音短视频等。

蘑菇街数据的主要采集内容包括博主、内容、粉丝信息、发帖时间、浏览量、评论数、点赞数等。

抖音短视频数据的主要采集内容包括发布者、视频介绍、视频回复、视频点赞等。发布者可以据此判断用户的喜好并对其进行分析。

② 社交分享电商

社交分享电商主要通过用户分享,基于微信等社交媒介进行商品传播,通过激励政策鼓励个人在好友圈进行商品推广,吸引更多的朋友加入。

社交分享电商典型的模式是拼团,主要特点是用户拼团砍价,借助社交力量把用户下沉,并通过低门槛促销活动迎合用户的心理,以此达成销售裂变的目标。

社交分享电商的优势是可以低成本地激活三、四线城市的增量人群。传统电商对于相对偏远的地区覆盖有限,这些地区用户对价格敏感,但更易受熟人圈子的影响。

社交分享电商的典型代表有拼多多、淘宝特价版、京东拼购等,主要分享途径为微信、微博与各类短视频。这里对微信、微博及拼多多做简单介绍。

• 微信。微信是腾讯公司推出的为智能终端提供即时通信服务的免费应用程序。它提供公众平台、朋友圈、消息推送等功能,用户可以通过摇一摇、搜索号码、附近的人、扫描二维码等方式添加好友和关注公众平台,同时将内容分享给好友或分享到微信朋友圈。

微信数据主要来源于公众号内容数据采集,可应用于舆情分析、新闻监控及趋势分析等,具有较为广泛的应用场景。

• 微博。微博是一种基于用户关系信息分享、传播以及获取的通过关注机制分享简短实时信息的广播式社交网络平台。

微博具有三个特性:便捷性、传播性、原创性。

微博数据主要包括博主信息、内容、发帖时间、转发数、点赞数、评论数及评价内容等。

• 拼多多。拼多多成立于 2015 年 9 月,是国内主流的手机购物 APP。用户通过发起和朋友、家人、邻居等的拼团,可以以更低的价格拼团购买商品。拼多多的模式旨在凝聚更多人的力量,让他们用更低的价格买到更好的东西,体会更多的实惠和乐趣。

拼多多的优势为创新的模式、优质低价的产品和精准的三、四线城市用户群定位。

拼多多的数据主要包括商品名称、价格、团购数量、商品图片等,其应用场景与电子商务平台类似。

③社交零售电商

社交零售电商可以理解为社交工具及场景赋能零售,是以自然人为单位通过社交工具或场景,利用个人社交圈的人脉进行商品交易及提供服务的新型零售模型。这种模式一般整合供应链多元品类及品牌,开发线上分销商城,招募大量个人店主,实行一件代发。

社交零售电商的典型代表有云集微店、洋葱 OMALL 等。以云集微店为例,它是一款在手机端开店的 APP,为分销商提供美妆、母婴、健康食品等上万种货源,并有商品文案、手把手培训、一件代发、专属客服等特色服务,是个人零售服务平台。

(3)O2O 数据

O2O 数据主要由 O2O 平台数据和展销平台数据组成。

当下典型的 O2O 平台按领域可分为:生活服务类,如饿了么、大众点评、美团、淘票票、河狸家等;购物类,如京东到家、唠街;服装类,如衣店通、店家、华洋信通等。O2O 平台数据常用于店铺选址、商品定价、竞品分析等场景。

展销平台的贸易方式为通过展览来推销商品,平台不直接参与销售,仅提供联系方式,有意向者可以自行联系商家。展销平台具有促进消费者对商家了解、促进产品的销售以及促进信息的交流等作用。展销平台对某一品类商品集中展示,对某一品类商品有长期需求的消费者可以通过展销平台了解各商品信息并进行比较。典型的展销平台包括工控展销网、中国名家艺术品展销网等。

**3.数据采集工具**

数据采集工具主要分为编程类及可视化采集工具两类。

编程类采集工具需要利用各类编程语言对网页内容进行抓取。主流的编程类采集工具有 Python、Java 和 PHP 等。编程类采集工具具有通用性和可协作性,爬虫语言可以直接作为软件开发代码当中的一部分协作使用。但是编程类采集工具的编码工作比较烦琐,针对不同类型的数据采集工作,需要定制化开发不同的程序代码,适合有较长时间进行系统性学习的人使用。

可视化采集工具具有学习简单、容易上手的特点。可视化采集工具有八爪鱼采集器、火车采集器等。这些可视化采集工具已经集成了很多常用的功能,也能支持复杂的网页结构类型,可以满足大部分用户的数据采集需求,且具有可视化的操作界面,是新手入门的较好选择。

目前用得比较多的数据爬取方法是用 Python 编程爬虫,但是对没有代码基础的同学来说,短期上手 Python 还是很困难的。因此,这里介绍两种零代码可视化数据采集工具——八爪鱼采集器和生意参谋,帮助一些没有爬虫基础的用户获取数据。

(1)八爪鱼采集器

八爪鱼采集器是较简单易用的采集器,适合新手使用。八爪鱼采集器主要有两种核心采集模式:模板采集模式、自定义采集模式。

模板采集模式内置上百种主流网站数据源,如京东、天猫、大众点评等热门采集网站,只需参照模板简单设置参数,就可以快速获取网站公开数据。自定义采集模式针对不同用户的采集需求,提供自动生成爬虫的自定义模式,可准确批量识别各种网页元素,还有翻页、下拉、ajax、页面滚动、条件判断等多种功能,支持不同网页结构的复杂网站采集数据,满足多种采集应用场景。

①八爪鱼采集器客户端界面介绍

在正式开始数据采集之前,用户可根据自身系统,下载安装合适的八爪鱼采集器客户端,并注册账号。登录后,八爪鱼采集器界面如图 3-1 所示。

图 3-1 八爪鱼采集器界面

• 输入框和【热门采集模板】

输入框和【热门采集模板】如图 3-2 所示。

图 3-2　输入框和【热门采集模板】

输入框:输入网址或者网站名称,开始数据采集。输入网址:进入自定义配置采集数据模式。输入网站名称:查找内置的相关网站模板,进入通过模板采集数据模式。

【热门采集模板】:展示热门的采集模板,单击网站图标,进入通过模板采集数据模式。

• 左侧边栏

左侧边栏如图 3-3 所示。可单击 按钮,隐藏左侧边栏。再次单击,则可展开。

图 3-3　左侧边栏

A.【＋新建】

【＋新建】如图 3-4 所示。

自定义任务:进入自定义配置采集数据模式。

模板任务:进入通过模板采集数据模式。

导入任务：自定义任务可以.otd形式导出、导入，便于与他人分享任务。导入任务后可直接使用。

图3-4 【+新建】

新建任务组：可添加新的任务组，便于在任务比较多时，分组管理任务。

B.【我的任务】

自定义任务和模板任务被创建和保存后，都会存储在【我的任务】中。如果【我的任务】界面为空，说明还没有创建任务。

在【我的任务】界面，可以对任务进行多种操作。

可以进行任务二次编辑(a)、多次启动采集(b)、按任务名搜索(c)、按条件筛选(d)，如图3-5所示。

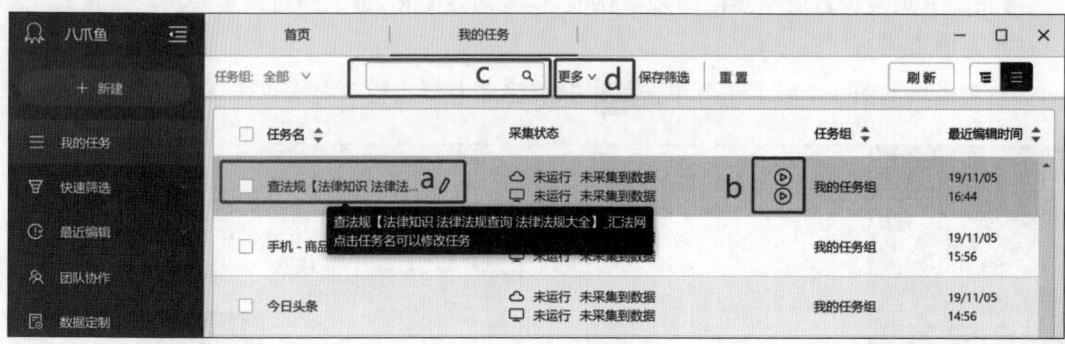

图3-5 【我的任务】操作1

任务选中状态下，可进行删除、导出任务、移动到分组（包含移动到新建任务组）等操作，如图3-6所示。通过导出任务，可与别人分享自定义任务。模板任务只可使用，不可导出。

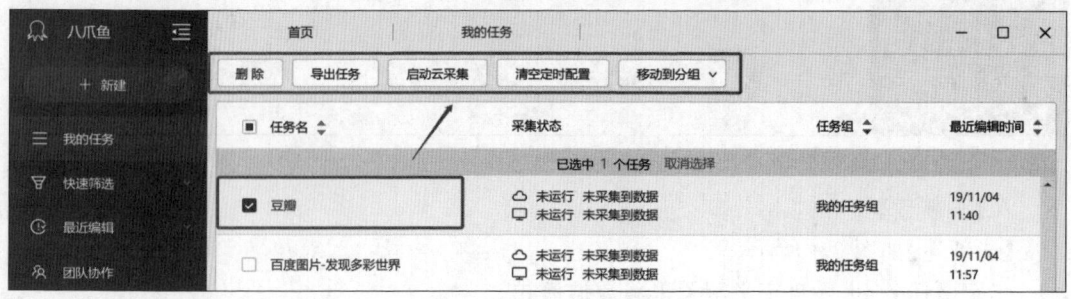

图3-6 【我的任务】操作2

如果任务启动采集并获取到数据，可通过如图3-7所示操作，查看此任务采集到的历史数据。

项目 3　数据采集与处理

图 3-7　【我的任务】操作 3

任务可按最近编辑时间排序（便于查找最近编辑任务），也可按任务组排序（便于分组管理），如图 3-8 所示。在按任务组排序时，鼠标移动到"我的任务组"后的图标区域，还可进行任务组重命名、删除、设置定时、设为默认任务组等操作。

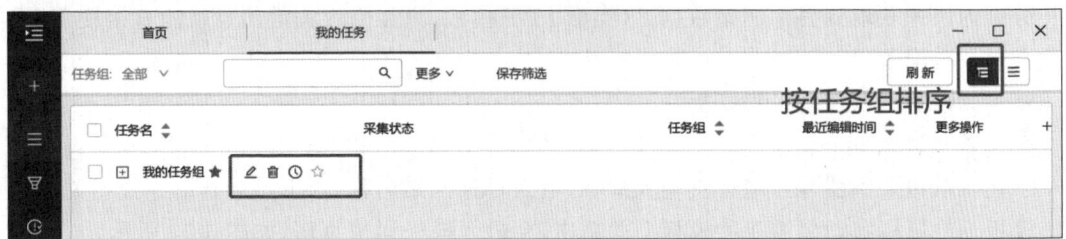

图 3-8　任务排序

C.【快速筛选】

查看云采集任务运行状态的快捷入口，如图 3-9 所示。

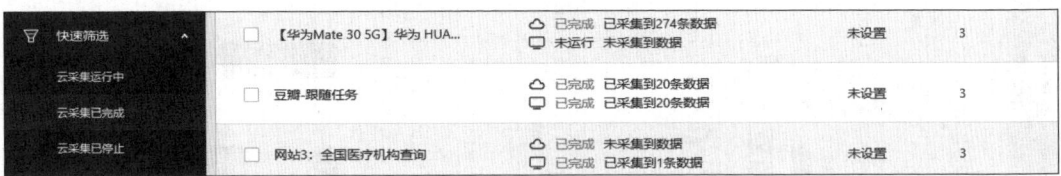

图 3-9　【快速筛选】

D.【最近编辑】

快速查找最近编辑的任务，如图 3-10 所示。

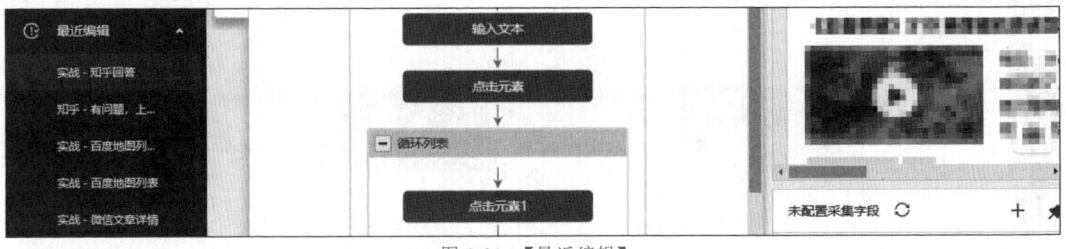

图 3-10　【最近编辑】

65

E.【团队协作】

提供团队协作平台,可统一管理团队成员的任务(查看/启动/复制)、数据(查看/导出/下载)、资源(云节点/代理 IP/验证码)等,促进团队协作,提升采集效率。

F.【人工客服】

使用软件过程中有任何问题,都可通过【人工客服】进行联系。

G.左侧边栏底部

设置:可进行一些全局设置,如打开流程图、自动识别网页、删除字段不需要确认等。

工具箱:放置八爪鱼采集器常用小工具,如正则表达式工具、定时入库工具等。

教程与帮助:提供详细的教程。

关于我们:展示软件版本号与声明。

② 使用模板采集数据

简易采集(使用模板采集数据)

对于大部分的卖家来说,直接自定义规则采集数据可能有一定的难度,在这种情况下,可以使用模板采集模式。采集模板是由八爪鱼官方提供的,目前已有 200 多个,涵盖主流网站的采集场景。模板数还在不断增加。

使用模板采集数据时,只需输入几个参数(如网址、关键词、页数等),就能在几分钟内快速获取到目标网站数据。(类似 PPT 模板,只需修改关键信息就能直接使用,无须自己从头配置。)

• 如何找到所需的采集模板

A.首页输入框

在八爪鱼采集器客户端首页输入框中,输入目标网站名称,八爪鱼会自动寻找相关的采集模板。将鼠标移动到需要的模板上并单击,会进入模板详情页面,如图 3-11 所示。

图 3-11 通过首页输入框寻找采集模板

注意,请确保输入的网站名称正确,否则可能无法查找到相关模板。

B.首页【热门采集模板】

单击首页【热门采集模板】中的模板,或者单击【更多>>】,进入采集模板展示页面。在该页面可通过选择【模板类型】或者搜索模板等多种方法,寻找目标模板,如图 3-12 所示。

图 3-12　通过首页【热门采集模板】寻找采集模板

如果没有找到想要的模板,可在进入采集模板展示页面后,单击右上角的【我想要新模板】,提交新模板制作需求,如图 3-13 所示。官方会评估需求,排期制作新模板。

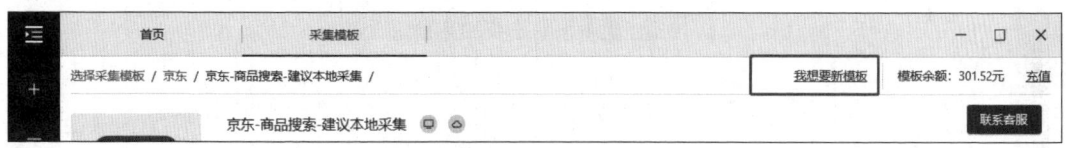

图 3-13　单击【我想要新模板】

- 采集模板如何使用

步骤一:进入模板详情页后,仔细查看【模板介绍】【采集字段预览】【采集参数预览】【示例数据】,确定此模板采集的数据是否符合需求,如图 3-14 所示。

注意:模板中的字段是固定的,无法自行增加字段。如果想要增加模板中的字段,请联系官方客服。

步骤二:确定模板符合需求以后,单击【立即使用】,然后自行配置参数,如图 3-15 所示。常见的参数有搜索关键词、页数、城市、URL 等。请认真查看【模板介绍】中的使用方法说明和参数说明,输入格式正确的参数,否则将影响模板的使用。

电子商务数据分析

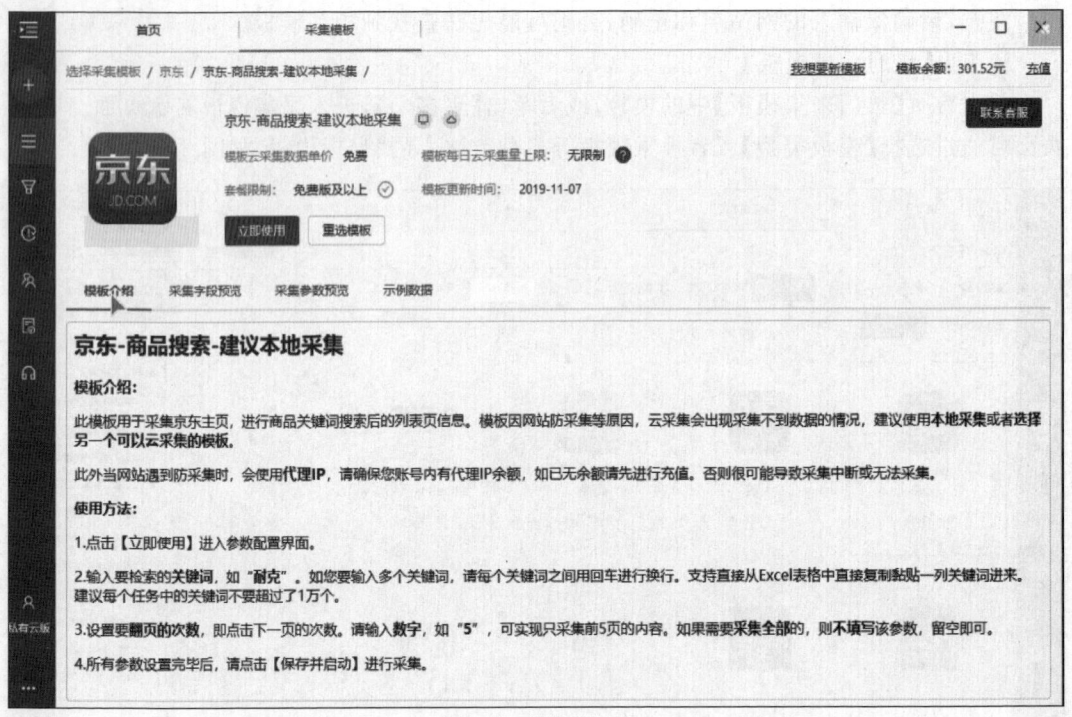

图 3-14 模板详情页

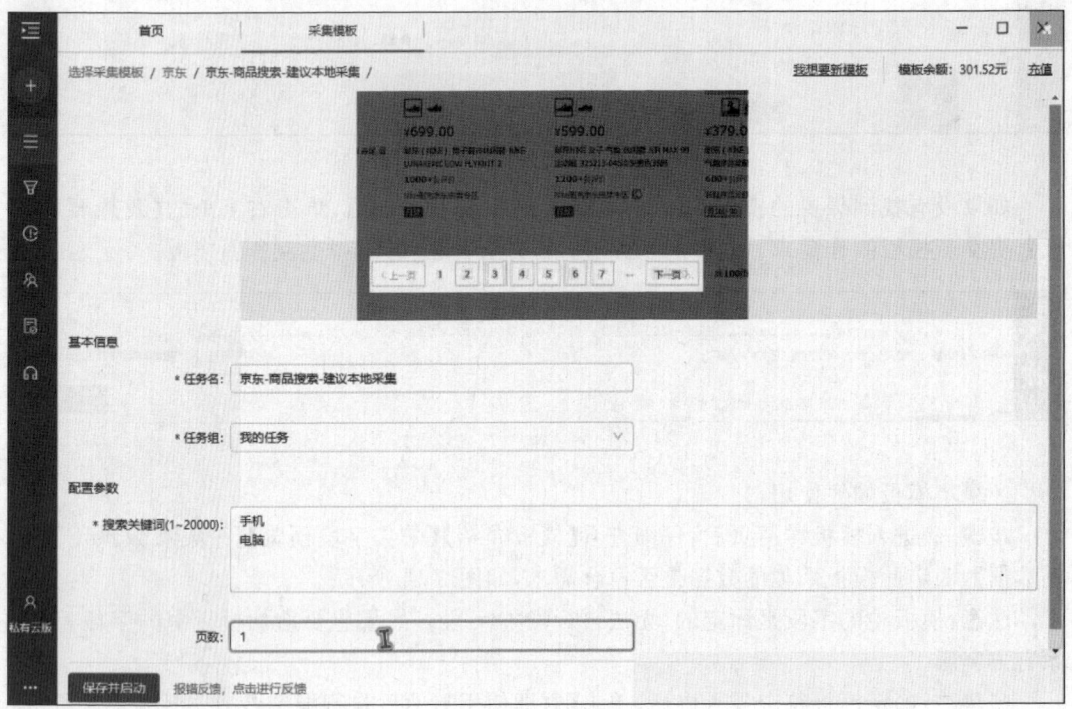

图 3-15 配置参数

步骤三：单击【保存并启动】，选择【启动本地采集】，如图 3-16 所示。八爪鱼自动启动 1 个采集任务并采集数据。

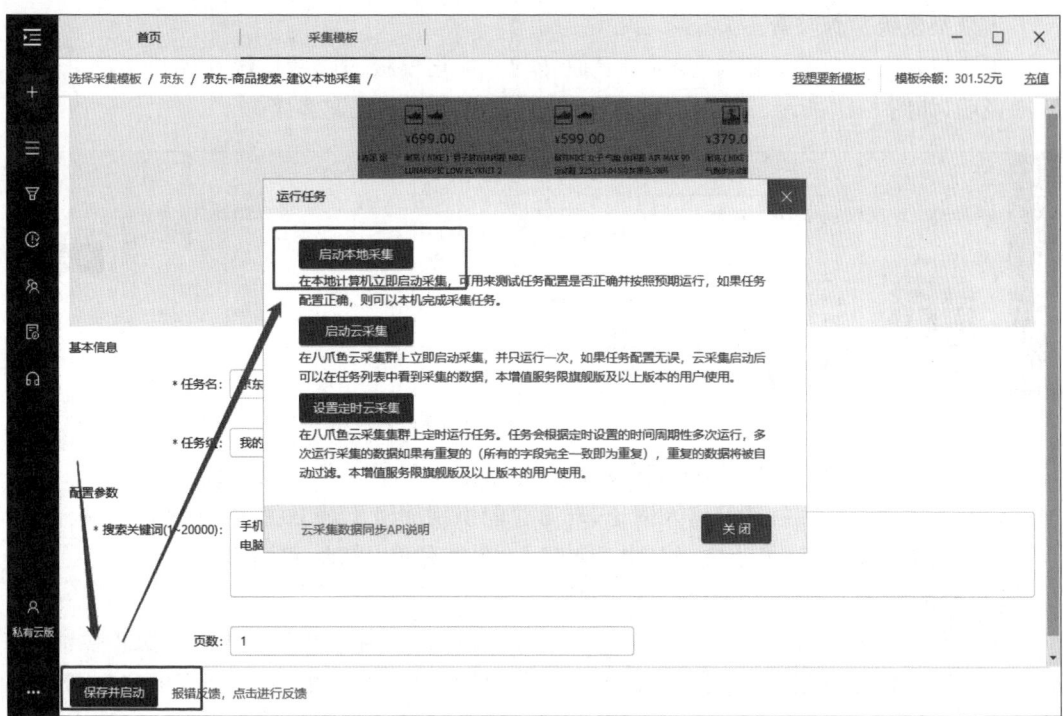

图 3-16　启动本地采集

步骤四：数据采集完成以后，可以需要的格式导出。这里以导出为 Excel 文件为例，数据如图 3-17 所示。

| 1 | 商品名称 | 商家店名 | 价格 | 评价人数 | 商品链接 | 当前时间 |
|---|---|---|---|---|---|---|
| 2 | 戴尔(DELL)成就3470 英特尔酷睿 | 戴尔京东自营官方旗舰店 | 3789.00 | 7.5万+条评价 | https://item.jd.com/ | 2019-10-21 16:57:49.552 |
| 3 | 京品电脑戴尔(DELL)成就3470 英 | 戴尔京东自营官方旗舰店 | 2889.00 | 2.6万+条评价 | https://item.jd.com/ | 2019-10-21 16:57:49.569 |
| 4 | 联想(Lenovo)天逸510S 英特尔酷 | 联想电脑京东自营旗舰店 | 2889.00 | 7万+条评价 | https://item.jd.com/ | 2019-10-21 16:57:49.591 |
| 5 | 京品电脑戴尔(DELL)灵越3670 英 | 戴尔京东自营官方旗舰店 | 4889.00 | 6.1万+条评价 | https://item.jd.com/ | 2019-10-21 16:57:49.602 |
| 6 | 京品电脑联想(Lenovo)小新Air14 | 联想电脑京东自营旗舰店 | 3999.00 | 5.5万+条评价 | https://item.jd.com/ | 2019-10-21 16:57:49.628 |
| 7 | 武极 i7 8700升9700/华硕GTX16 | 武极电脑DIY旗舰店 | 4689.00 | 7.8万+条评价 | https://item.jd.com/ | 2019-10-21 16:57:49.642 |
| 8 | RedmiBook 14 增强版 全金属超 | 小米京东自营旗舰店 | 4499.00 | 19万+条评价 | https://item.jd.com/ | 2019-10-21 16:57:49.662 |
| 9 | 联想（Lenovo）天逸510Pro英特 | 联想电脑京东自营旗舰店 | 4889.00 | 4.7万+条评价 | https://item.jd.com/ | 2019-10-21 16:57:49.674 |
| 10 | 荣耀MagicBook 2019 第三方Li | 荣耀京东自营旗舰店 | 3999.00 | 13万+条评价 | https://item.jd.com/ | 2019-10-21 16:57:49.692 |
| 11 | 戴尔(DELL)成就3670商用办公台 | 戴尔京东自营官方旗舰店 | 6889.00 | 1万+条评价 | https://item.jd.com/ | 2019-10-21 16:57:49.709 |
| 12 | Apple iMac【2019新品】27英寸 | Apple产品京东自营旗舰店 | 12899.00 | 3.9万+条评价 | https://item.jd.com/ | 2019-10-21 16:57:49.720 |
| 13 | 京品电脑机械革命(MECHREVO) | 机械革命京东自营官方旗舰店 | 4099.00 | 3.3万+条评价 | https://item.jd.com/ | 2019-10-21 16:57:49.743 |
| 14 | 硕扬 i7升八核/8G显卡16G内存 | 硕扬DIY电脑旗舰店 | 2549.00 | 3.6万+条评价 | https://item.jd.com/ | 2019-10-21 16:57:49.756 |
| 15 | 京品电脑联想(Lenovo)扬天M40 | 联想扬天京东自营旗舰店 | 2899.00 | 2.7万+条评价 | https://item.jd.com/ | 2019-10-21 16:57:49.777 |
| 16 | 京品电脑惠普（HP）战66 二代 | 惠普京东自营官方旗舰店 | 5199.00 | 6.8万+条评价 | https://item.jd.com/ | 2019-10-21 16:57:49.789 |
| 17 | 联想(Lenovo)天逸510 Pro台式机 | 联想电脑京东自营旗舰店 | 6989.00 | 4.7万+条评价 | https://item.jd.com/ | 2019-10-21 16:57:49.804 |
| 18 | 京品电脑联想(Lenovo)扬天M59 | 联想扬天京东自营旗舰店 | 2199.00 | 3.4万+条评价 | https://item.jd.com/ | 2019-10-21 16:57:49.821 |
| 19 | 戴尔DELL游匣G3 15.6英寸英特尔 | 戴尔京东自营官方旗舰店 | 6099.00 | 21万+条评价 | https://item.jd.com/ | 2019-10-21 16:57:49.835 |
| 20 | 宏碁（Acer）商祺SQX4270 140 | 宏碁京东自营旗舰店 | 1999.00 | 3.4万+条评价 | https://item.jd.com/ | 2019-10-21 16:57:49.855 |
| 21 | 荣耀MagicBook 2019 第三方Li | 荣耀京东自营旗舰店 | 3499.00 | 13万+条评价 | https://item.jd.com/ | 2019-10-21 16:57:49.869 |
| 22 | 武极 新i5 9400F/微星GTX1660- | 武极电脑DIY旗舰店 | 3589.00 | 5.5万+条评价 | https://item.jd.com/ | 2019-10-21 16:57:49.888 |
| 23 | 攀升 i5 9400F六核/华硕B365/G | 攀升DIY电脑旗舰店 | 3389.00 | 1.6万+条评价 | https://item.jd.com/ | 2019-10-21 16:57:49.903 |
| 24 | 戴尔DELL游匣G3 英特尔酷睿i5 | 戴尔京东自营官方旗舰店 | 5699.00 | 21万+条评价 | https://item.jd.com/ | 2019-10-21 16:57:49.916 |
| 25 | Apple MacBook Air 13.3 \| Core | Apple产品京东自营旗舰店 | 6299.00 | 二手有售20万+条 | https://item.jd.com/ | 2019-10-21 16:57:49.938 |
| 26 | 威龙远航 i7升八核E5 2450/16G | 威龙远航DIY电脑旗舰店 | 2099.00 | 2.8万+条评价 | https://item.jd.com/ | 2019-10-21 16:57:49.954 |
| 27 | Apple 2019款 MacBook Pro 13 | Apple产品京东自营旗舰店 | 10699.00 | 二手有售3.1万+条 | https://item.jd.com/ | 2019-10-21 16:57:49.976 |
| 28 | 神舟(HASEE)战神Z7M-CT5NA | 神舟电脑京东自营旗舰店 | 5399.00 | 12万+条评价 | https://item.jd.com/ | 2019-10-21 16:57:49.990 |
| 29 | 华为(HUAWEI)MateBook 13 笔 | 华为京东自营官方旗舰店 | 5399.00 | 2.7万+条评价 | https://item.jd.com/ | 2019-10-21 16:57:50.007 |

图 3-17　数据示例

通过采集模板创建并保存的任务会显示在【我的任务】中。在【我的任务】界面，可以对任务进行多种操作并查看任务采集到的历史数据。

- 采集模板是否收费

采集模板大部分是免费的，少部分是收费的。采集模板的收费情况在模板详情页中有详细说明，如图 3-18 所示。使用前请仔细阅读，如有疑问请咨询客服。

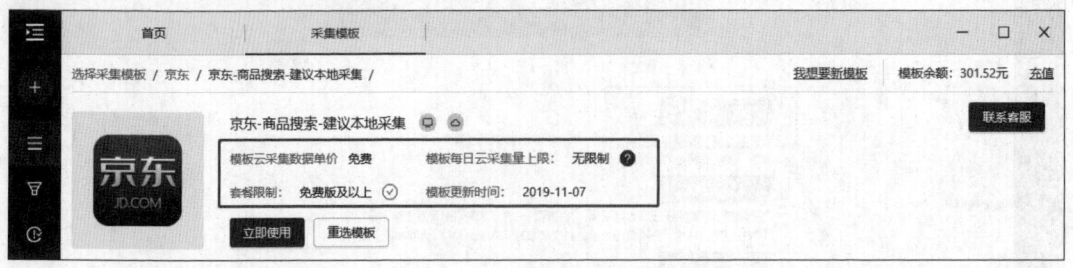

图 3-18　采集模板的收费情况

除了使用模板采集数据外，我们还可以通过自定义配置采集数据。自定义配置采集数据有两种方式：智能识别，只需输入网址，自动智能识别网页上的数据，自动生成采集流程；自己动手配置采集流程，灵活应对各类采集场景，包括翻页、滚动、登录等。

(2) 生意参谋

生意参谋是淘宝网官方提供的综合性网店数据分析平台，为淘宝/天猫卖家提供流量、商品、交易等网店经营全链条的数据展示、分析、解读、预测等功能，不仅是店铺和市场数据的重要来源渠道，而且是淘宝/天猫平台卖家的重要数据采集工具。生意参谋首页如图 3-19 所示。通过生意参谋，数据采集人员不仅可以采集自己店铺的各项运营数据（如流量、交易、服务、商品数据等），而且可以通过市场行情板块获取淘宝/天猫平台的行业销售经营数据。

图 3-19　生意参谋首页

下面分别介绍交易数据、流量数据、商品数据、服务数据的收集流程。

① 交易数据收集

步骤一：从生意参谋首页进入【交易】板块，如图 3-20 所示。

项目 3　数据采集与处理

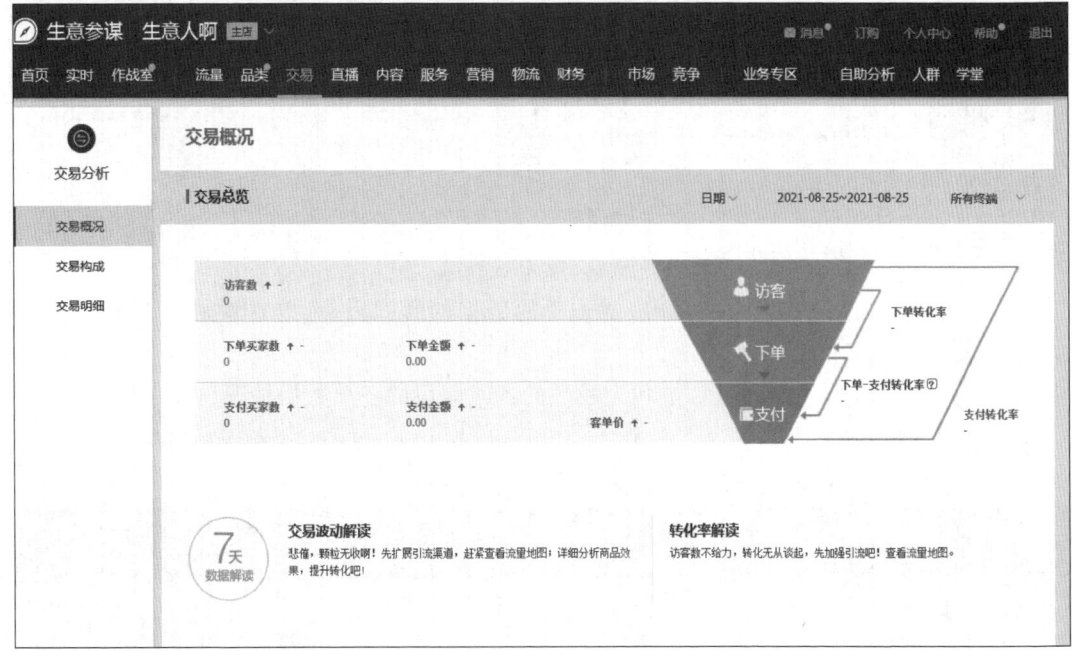

图 3-20　生意参谋【交易】板块

步骤二：在左侧列表中，单击【交易概况】，找到【交易趋势】，选择需要统计的周期，然后单击右侧的【下载】按钮，如图 3-21 所示。

图 3-21　交易趋势数据下载

② 流量数据收集

步骤一：进入生意参谋【流量】板块，如图 3-22 所示。

图 3-22　生意参谋【流量】板块

步骤二：选择【店铺来源】—【构成】，可以在右侧显示页面看到店铺的所有流量来源，如图 3-23 所示。

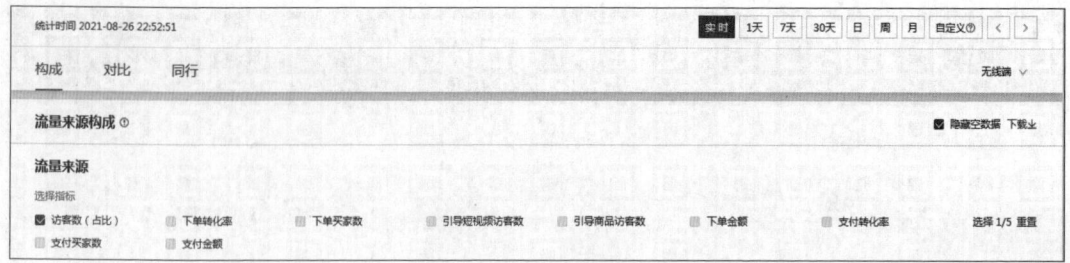

图 3-23　流量来源构成

步骤三:在页面的右上角,选择想要查看的数据的时间段,可以查看最近 1 天、7 天和 30 天的数据,以及实时的数据情况。

步骤四:还可以分别查看 PC 端和无线端的各时间段的各项数据情况。

③商品数据收集

步骤一:进入生意参谋,找到【品类】板块,如图 3-24 所示。

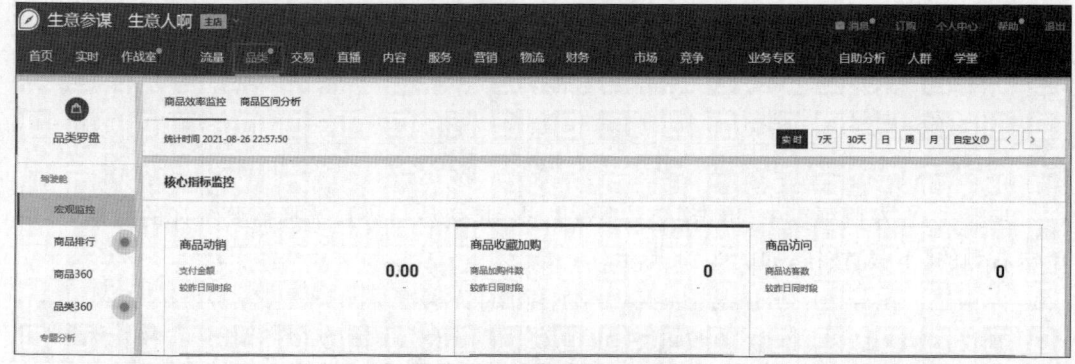

图 3-24　生意参谋【品类】板块

步骤二:页面最顶部是【核心指标监控】,在这里可以查询三大类核心数据指标。通过选择右上角的统计时间,可以按不同的时间维度对数据进行统计,如图 3-25 所示。单击【下载】按钮,可将统计的数据指标生成 Excel 工作表,导出到电脑中。

图 3-25　核心指标监控

步骤三：下拉至【商品排行】，标题栏可根据商品名称或 ID 等对具体某个商品的数据进行查询，也可根据商品类目分类进行查询，最多可选择五项指标同时展示，如图 3-26 所示。选择好需要采集的指标之后，单击右上角的【下载】按钮，可将数据工作表下载至电脑中。

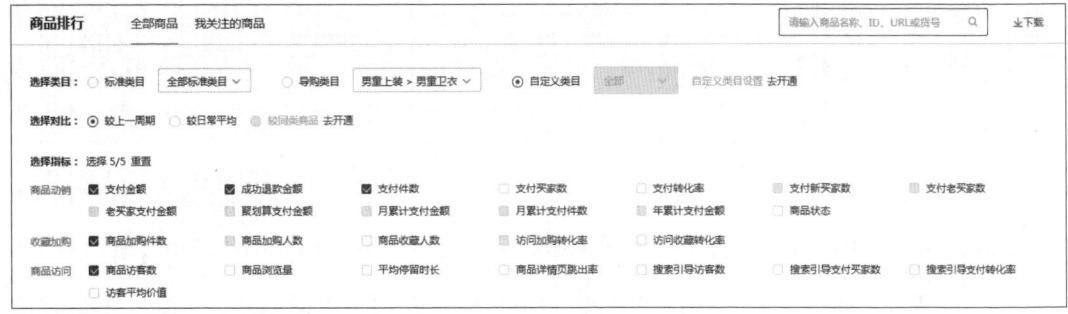

图 3-26　商品排行

④服务数据收集

步骤一：在生意参谋首页，单击【服务】，进入【服务洞察】中的【核心监控】页面，可以查看、下载客服团队概览数据和客服排名数据，如图 3-27、图 3-28 所示。

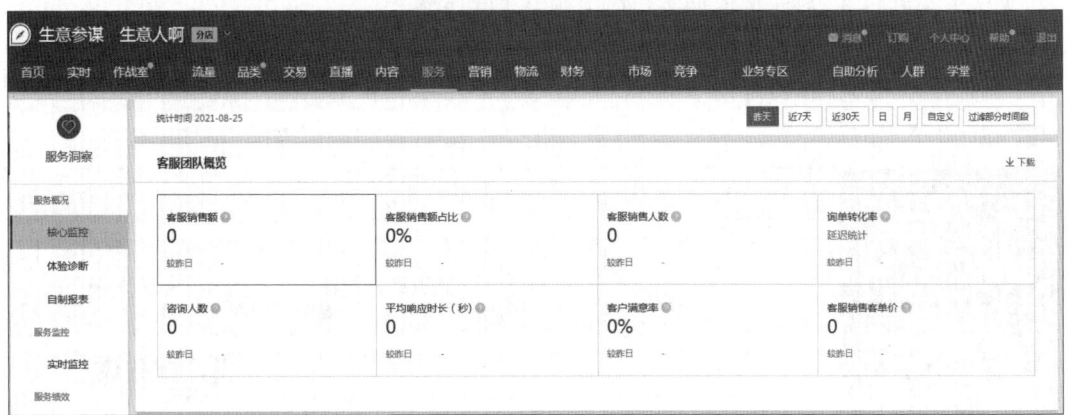

图 3-27　客服团队概览

图 3-28　客服排名

步骤二：在【服务绩效】模块，可以查看、下载店铺绩效数据、客服绩效数据和绩效明细数据等，如图 3-29、图 3-30 所示。

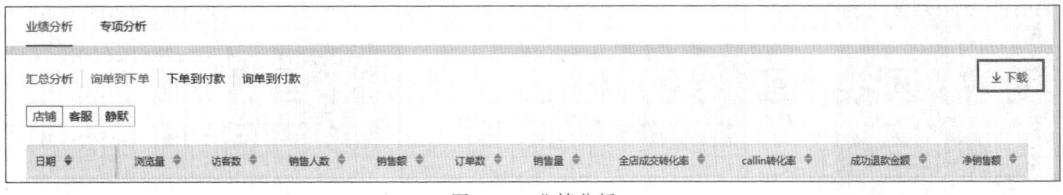

图 3-29　业绩分析

图 3-30 接待明细

## 技能实施

在京东搜索页输入商品关键词搜索,采集搜索后得到的多个商品列表数据。采集字段包括商品名称、商品描述、商品详情、价格、评论数、店铺名称、店铺链接等。采集结果可导出为 Excel、CSV、HTML、数据库等多种格式。

说明:这里使用的八爪鱼采集器版本为 V8.1.24。如果因网页改版造成网址或步骤无效,无法采集到目标数据,请依据实际情况调整采集步骤。

步骤一:打开网页

在首页输入框中输入目标网址,然后单击【开始采集】,如图 3-31 所示,八爪鱼会自动打开网页。

图 3-31 输入目标网址

特别说明:

a.打开网页后,如果开始自动识别,请单击【不再自动识别】或【取消识别】,因为本例不适合使用自动识别。

b.自动识别适用于识别网页上的列表、滚动和翻页,识别成功后直接启动采集即可获取数据。

c.打开网页后,需要登录京东账号,可以扫码登录,也可以输入账号和密码登录。

步骤二:批量输入多个关键词并搜索

(1)输入 1 个关键词并搜索

选中京东搜索框,在操作提示框中,单击【输入文本】,输入关键词并保存,如图 3-32 所示。选中【搜索】按钮,在操作提示框中,单击【点击该元素】,如图 3-33 所示,会出现关键词的搜索结果。

图 3-32　输入关键词

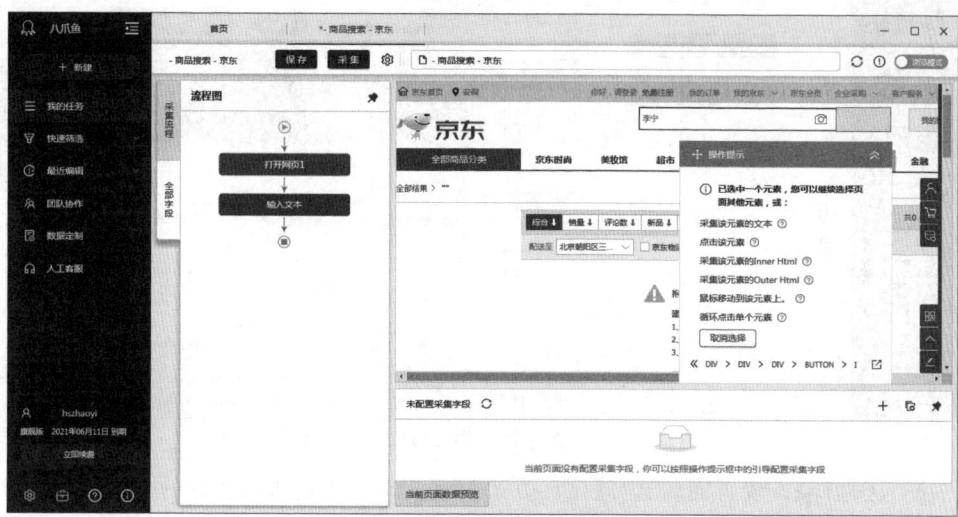

图 3-33　单击【点击该元素】

(2)批量输入多个关键词

①在【打开网页1】步骤后,添加一个【循环】,如图3-34所示。

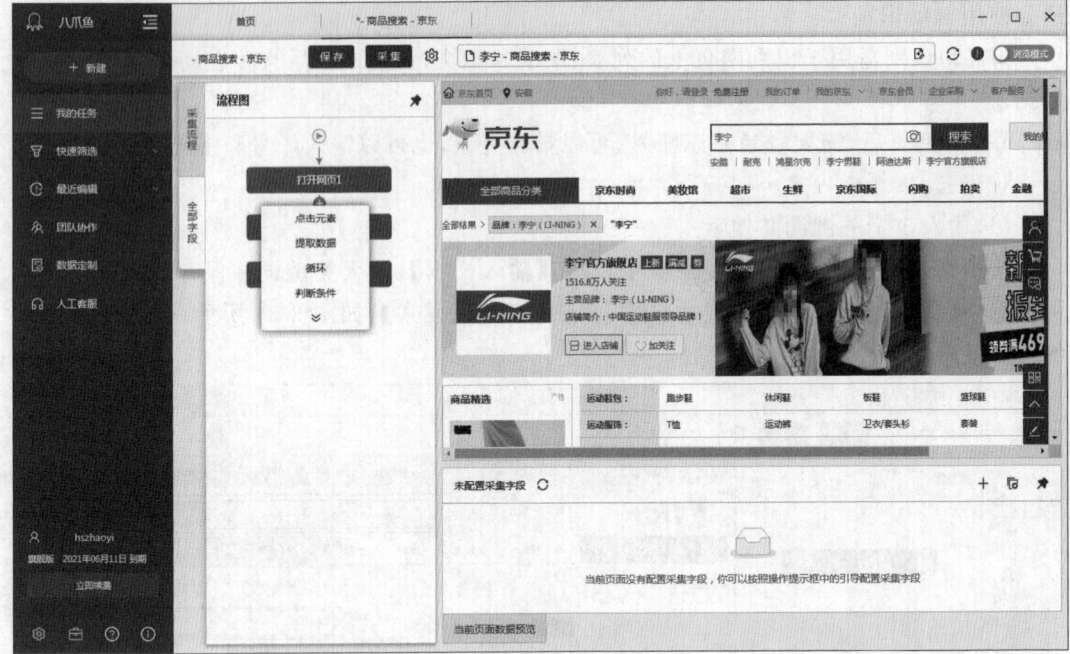

图 3-34　建立循环

②将【输入文本】和【点击元素】都拖入【循环】,如图3-35所示。

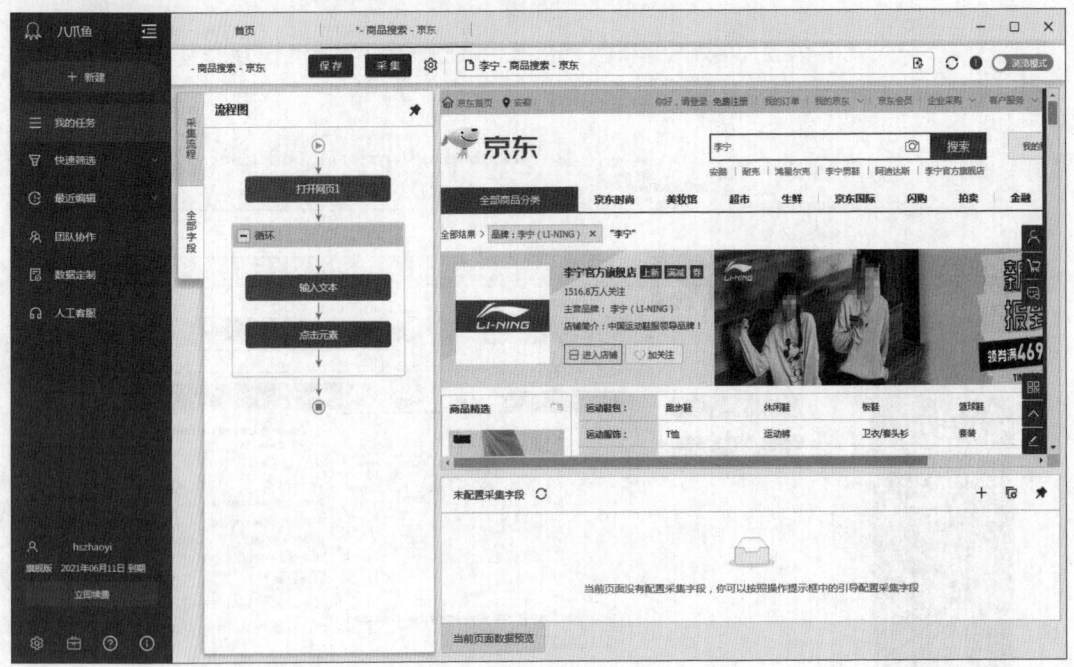

图 3-35　将【输入文本】和【点击元素】拖入【循环】

③进入【循环】设置页面。选择【循环方式】为【文本列表】,将准备好的关键词输入(可同时输入多个关键词,一行一个即可),然后单击【应用】,如图3-36(a)所示。

④进入【输入文本】设置页面,勾选【使用当前循环里的文本来填充输入框】前的复选框,然后单击【应用】,如图 3-36(b)所示。

(a)【循环】设置页面　　　　　　　　(b)【输入文本】设置页面

图 3-36　文本列表

特别说明:

a.示例中输入的关键词是"李宁"和"安踏",可根据自身需求进行替换。

b.一次最多输入 2 万个关键词。可先准备一个包含多个关键词的文档,然后将其复制并粘贴到八爪鱼中。

步骤三:创建【循环列表】,采集所有商品列表中的数据

(1)选中页面中 1 个商品列表(注意一定要选中整个列表,包含所有所需字段)。

(2)在操作提示框中,单击【选中子元素】,如图 3-37 所示。

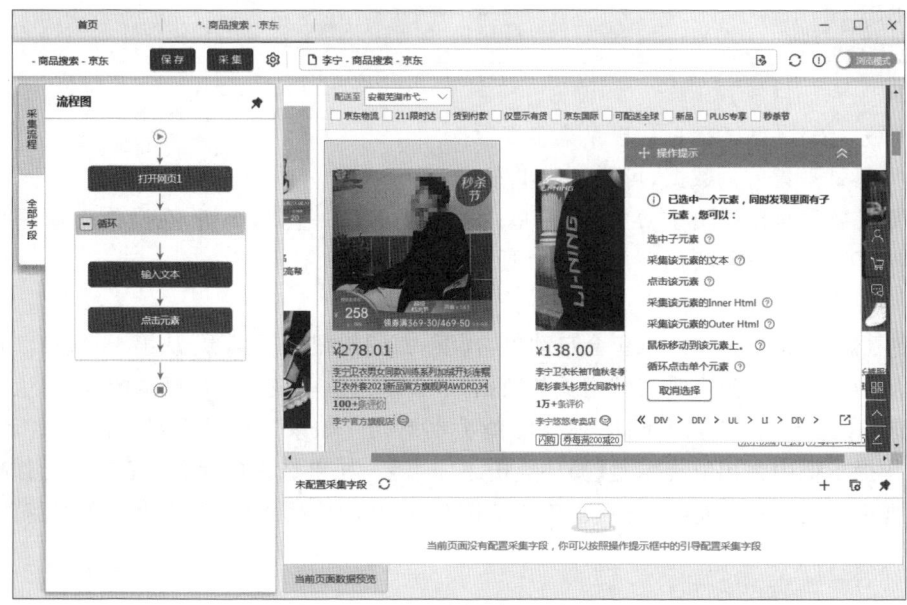

图 3-37　单击【选中子元素】

(3)继续单击【选中全部】。

(4)再单击【采集数据】。

特别说明:

a.经过以上连续4步,循环【提取数据】创建完成。循环中的项,对应着页面中所有商品列表,【提取数据】中的字段,对应着每个商品列表中的字段。

b.启动采集以后,八爪鱼就会按照循环中的顺序依次提取每个列表中的字段。

步骤四:编辑字段

在【当前页面数据预览】页面,可删除多余字段,修改字段名称(图3-38),移动字段顺序等。

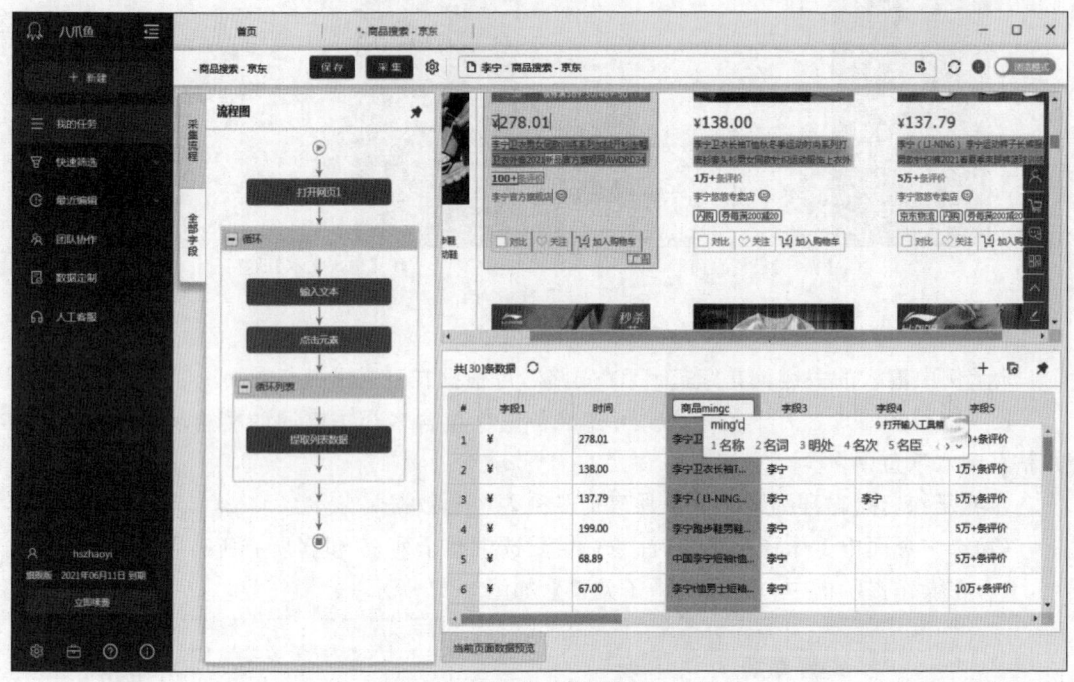

图3-38 修改字段名称

步骤五:创建【循环翻页】,以采集多页数据

如果只是采集一页数据,可跳过此步骤。

如果需要翻页以采集多页数据,则单击页面中的【下一页】按钮,在操作提示框中单击【循环点击下一页】,创建【循环翻页】,如图3-39所示。

特别说明:

a.创建【循环翻页】后,八爪鱼会自动单击【下一页】按钮进行翻页,从第1页、第2页……直到最后一页。如果只需采集特定页的数据,可在八爪鱼中设置循环翻页的次数。

b.选中的【下一页】范围不同,弹出的提示也不同。如果选中的是最里层的文字【下一页】,操作提示框中弹出的提示是【循环点击下一页】。如果选中的是整个【下一页】按钮,操作提示框中弹出的提示是【循环点击单个链接】。两者的作用相同,都是为了实现翻页。

项目3 数据采集与处理

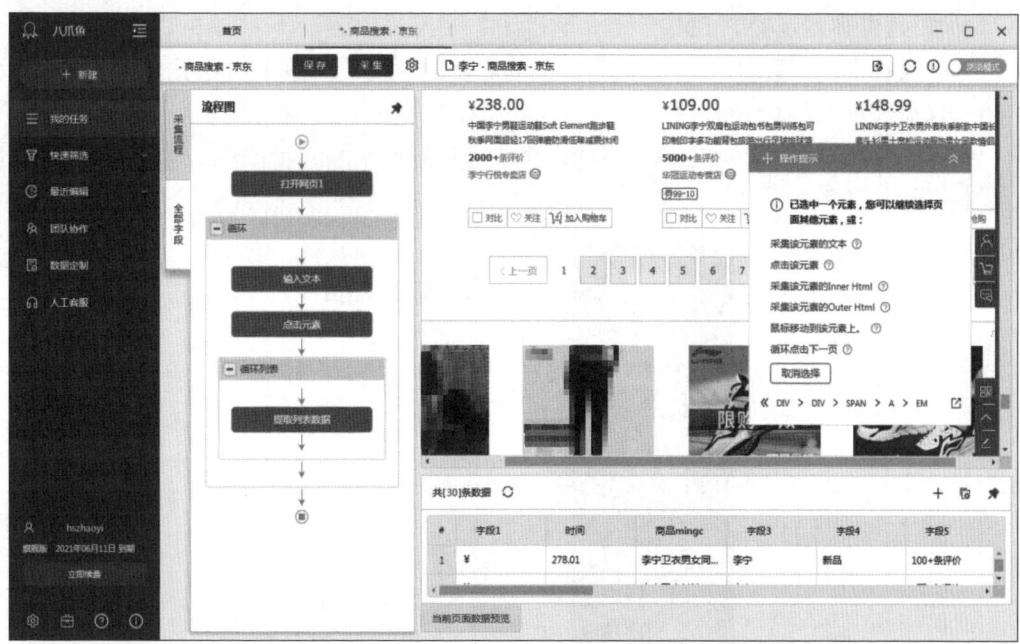

图 3-39 创建【循环翻页】

步骤六：设置滚动和修改【循环翻页】XPath

（1）设置滚动

单击搜索和翻页后，京东默认只显示前 30 个商品列表。向下滚动页面到底部，才会加载出全部 60 个商品列表，因此在八爪鱼中需设置滚动。

进入【点击元素】设置页面，点开【页面加载后】，勾选【页面加载后向下滚动】前的复选框，【滚动方式】选择【向下滚动一屏】，【滚动次数】为 6 次，【每次间隔】为 2 秒，设置后单击【应用】按钮，如图 3-40 所示。

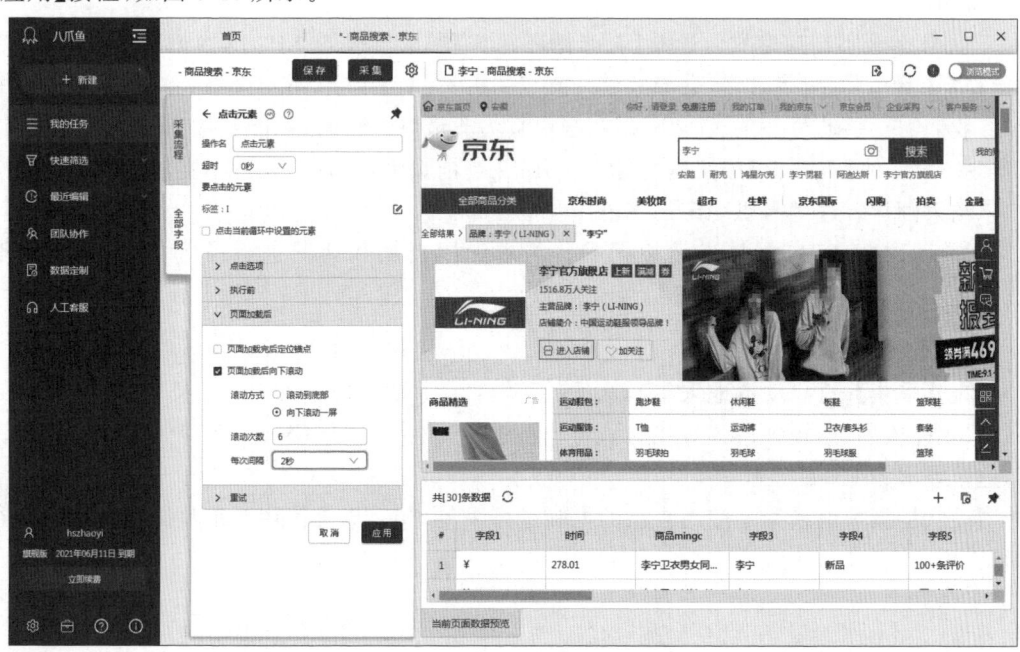

图 3-40 设置滚动

（2）修改【循环翻页】XPath

默认的【循环翻页】XPath 会在最后一页重复翻页，导致其他关键词无法输入并采集，因此需修改【循环翻页】XPath。

进入【循环翻页】设置页面，修改 XPath 为：//a[@class="pn-next"]/EM[text()="下一页"]，如图 3-41 所示。

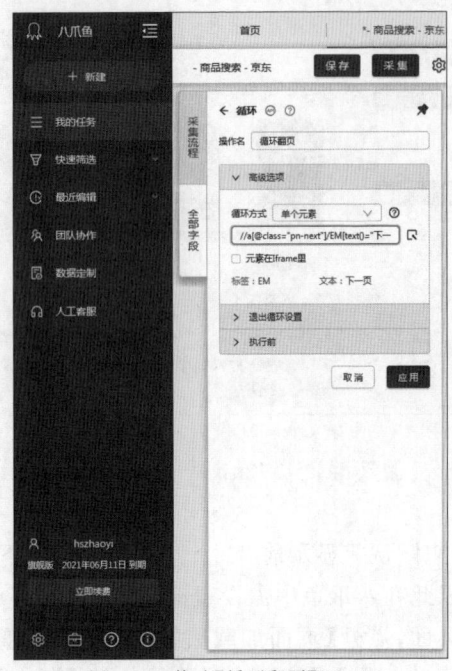

图 3-41　修改【循环翻页】XPath

特别说明：

a.为什么会不结束翻页？这是因为【循环翻页】默认生成的 XPath，在最后一页时，仍然能定位到【下一页】按钮，这就会导致其一直点击【下一页】按钮，不结束翻页。为了解决这个问题，我们需要手动写一条 XPath，使在当前页为非最后一页时，都能定位到【下一页】按钮，以实现不断点击【下一页】按钮进行翻页；同时在当前页为最后一页时，不定位到【下一页】按钮，以结束翻页。这里需要一定的 XPath 知识。

b.滚动次数和时间间隔，请根据采集需求和网页加载情况进行设置，并非是一成不变的。

步骤七：启动采集

单击【采集】→【启动本地采集】，八爪鱼开始自动采集数据。

采集完成后，选择合适的导出方式导出数据。支持导出为 Excel、CSV、HTML、数据库等，这里导出为 Excel 工作表。

特别说明：本地采集是使用自己的电脑进行采集，云采集是使用八爪鱼提供的云服务器进行采集。

## 技能训练

**1. 使用八爪鱼采集数据**

在淘宝首页输入商品关键词搜索,采集搜索后得到的商品列表页数据。关键词为华为、小米,也可根据需求进行更换,同时支持自动批量输入多个关键词。采集字段包括产品名称、店铺名称、产品价格、付款金额、商品链接、店铺链接等。采集结果导出为 Excel 工作表。

**2. 使用生意参谋收集数据**

收集店铺最近 7 天类目构成、价格带构成、资金回流构成数据,并根据数据类别整理表格。

## 思政园地

### 用户数据采集者须为数据安全担责

"谁受益谁担责"可以作为网络空间治理、网络法治建设一个比较重要的原则,其本质就是通过完善责任分配机制吸收多元主体共同参与网络综合治理,这是更好实现网络空间规范化、法治化的必要途径。

随着信息社会、大数据时代全面来临,用户数据的含金量越来越高。各类商家都倾向于采集尽可能多的用户数据,用于指导自身决策。问题是,虽然各类商家不约而同把用户数据看得非常重要,但是不少商家缺乏必要的网络安全防护意识和措施,面对入侵者一触即溃。

在我国《民法典》中有这样一条规定:"……侵权人逃逸或者无力承担责任,受害人请求补偿的,受益人应当给予适当补偿。"这条规定表达了这样一层意思:"谁受益谁担责"。某些发生在网上的侵权行为、犯罪行为都有一个比较突出的特点,就是责任主体虚无化、模糊化,带有一些不可确定性。无论是受害者还是监管执法部门要直接寻找责任主体寻求赔偿难度较大,甚至会成为不可能完成的任务。把责任落实到受益者,能够较好体现网络空间的公平正义,否则,网络空间将会被丛林法则主导。

《中华人民共和国电子商务法》中关于电子商务数据信息的相对完整和全面的规定,非常有助于中国法律体制中关于数据保护的法律制度的进一步完善。

第二十三条  电子商务经营者收集、使用其用户的个人信息,应当遵守法律、行政法规有关个人信息保护的规定。

第六十九条  国家维护电子商务交易安全,保护电子商务用户信息,鼓励电子商务数据开发应用,保障电子商务数据依法有序自由流动。

## 任务 2　数据处理

随着电子商务逐渐发展成熟,数据已经成为未来商业发展的"利器",利用数据处理提取有价值的信息,指导运营决策将会成为商家的必备技能。

### 技能知识

在数据分析中,海量的原始数据中存在着大量不完整、不一致、有异常的数据,严重影响数据分析的执行效率,甚至可能导致分析结果产生偏差,所以进行数据清洗就显得尤为重要。数据清洗完成后接着进行或者同时进行数据集成、变换、规约等一系列的处理,该过程就是数据预处理,也称数据处理。因此,数据预处理的主要内容包括数据清洗、数据加工和数据修正。数据预处理一方面是要提高数据的质量,另一方面是要让数据更好地适应特定的分析技术或工具。

**1. 数据清洗**

数据清洗从名字上看就是把"脏"的数据"洗掉",是发现并纠正数据文件中可识别的错误的最后一道程序,包括检查数据一致性、处理无效值和缺失值等。数据清洗就是将错误的数据纠正或删除,将缺失的数据补充完整,将重复的数据删除。

(1) 需要清洗的数据的主要类型

① 残缺数据

这一类数据主要是指一些应该有的但缺失的数据,如供应商的名称、分公司的名称、客户的区域信息等。

② 错误数据

错误数据产生的原因是业务系统不够健全,在接收数据输入后没有进行判断直接写入后台数据库造成的,比如数值数据输成全角数字字符、字符串数据后面有一个回车操作、日期格式不正确、日期越界等。

③ 重复数据

对于这一类数据(特别是二维表中会出现这种情况),要将重复数据记录的所有字段导出来,让客户确认并整理。

(2) 数据清洗的内容

① 一致性检查

一致性检查是根据每个变量的合理取值范围和相互关系,检查数据是否合乎要求,发现超出正常范围、逻辑上不合理或者相互矛盾的数据。例如,用1~7级量表测量的变量出现了0值,体重出现了负数,都应视为超出正常值域范围。SPSS、SAS和Excel等计算机软件都能够根据定义的取值范围,自动识别每个超出范围的变量值。具有逻辑上不一致性的答案可能以多种形式出现。例如,许多调查对象说自己开车上班,又报告没有汽车;调查对象报告自己是某品牌的忠实购买者和使用者,但同时又在熟悉程度量表上给了很低的分值。

发现不一致时,要列出问卷序号、记录序号、变量名称、错误类别等,便于进一步核对和纠正。

②无效值和缺失值的处理

由于采集、编码和录入误差,数据中可能存在一些无效值和缺失值,需要给予适当的处理。常用的处理方法有:估算、整例删除、变量删除和成对删除。

• 估算。一种办法是用某个变量的样本均值、中位数或众数代替无效值和缺失值。这种办法简单,但没有充分考虑数据中已有的信息,误差可能较大。另一种办法是根据调查对象对其他问题的答案,通过变量之间的相关分析或逻辑推论进行估计。例如,某一产品的拥有情况可能与家庭收入有关,可以根据调查对象的家庭收入推算拥有这一产品的可能性。

• 整例删除。整例删除是剔除含有缺失值的样本。由于很多列都可能存在缺失值,这种做法的结果可能导致有效样本量大大减少,无法充分利用已经收集到的数据,因此,整例删除只适合关键变量缺失,或者含有无效值或缺失值的样本比重很小的情况。

• 变量删除。如果某一变量的无效值和缺失值很多,而且该变量对于所研究的问题不是特别重要,则可以考虑将该变量删除。这种做法减少了供分析用的变量数目,但没有改变样本量。

• 成对删除。成对删除是用一个特殊码(通常是9、99、999等)代表无效值和缺失值,同时保留数据集中的全部变量和样本。但是,在具体计算时只采用有完整答案的样本,因而不同的分析因涉及的变量不同,其有效样本量也会有所不同。这是一种保守的处理方法,最大限度地保留了数据集中的可用信息。

采用这些处理方法可能对分析结果产生影响,尤其是当缺失值的出现并非随机且变量之间明显相关时。因此,在数据分析中应当尽量避免出现无效值和缺失值,保证数据的完整性。

(3)数据清洗的方法

数据清洗从数据的准确性、完整性、一致性、唯一性、适时性、有效性几个方面来处理数据的丢失值、越界值、不一致代码、重复数据等问题。数据清洗一般针对具体应用,因而难以归纳统一的方法和步骤,但是根据数据不同可以给出相应的数据清洗方法。

①解决不完整数据(值缺失)的方法

大多数情况下,缺失的值必须手工填入(手工清洗)。当然,某些缺失值可以从本数据源或其他数据源推导出来,这就可以用平均值、最大值、最小值或更为复杂的概率估计出的数值代替缺失的值,从而达到清洗的目的。

②错误值的检测及解决方法

用统计分析的方法识别可能的错误值或异常值,如偏差分析、识别不遵守分布或回归方程的值,也可以用简单规则库(常识性规则、业务特定规则等)检查数据值,或使用不同属性间的约束、外部的数据来检测和清洗数据。

③重复记录的检测及消除方法

数据集中属性值相同的记录被认为是重复记录,可以通过判断记录间的属性值是否相等来检测记录是否相等,相等的记录合并为一条记录(合并/清除)。合并/清除是消重的基本方法。

④不一致性（数据源内部及数据源之间）的检测及解决方法

从多个数据源集成的数据可能有语义冲突，可定义完整性约束用于检测不一致性，也可通过分析数据发现联系，从而使得数据保持一致。

**2. 数据加工**

一般情况下，数据经过清洗后，依然无法满足数据分析需求，还要经过进一步的加工处理，最终形成简洁、规范、清晰的样本数据。这个过程通常包括数据抽取、数据转换、数据计算。

（1）数据抽取

对数据库中现有字段进行整合加工，以形成分析所需要的新的字段，即为数据抽取。它包括字段拆分、字段合并、字段匹配。

①字段拆分

为了截取某一字段中的部分信息，将该字段拆分成两个或多个字段，即为字段拆分。

例如：将一个字段（A 列）拆分成三个字段（B 列、C 列、D 列），如图 3-42 所示。

图 3-42　字段拆分

②字段合并

字段合并是将若干字段合成为一个新的字段，或者将字段值与文字、数字等组合形成新的字段。

例如：图 3-43 中把文字（员工姓名）与数字（迟到指标）合并成新的内容。

图 3-43　字段合并

③字段匹配

从具有相同字段的关联数据库中获取所需数据，称为字段匹配。

字段匹配要求原数据库与关联数据库至少存在一个关联字段，根据关联字段实现批量查询匹配对应的数据。

例如：根据姓名字段，把图 3-44 所示的"员工职位表"匹配到图 3-45 所示的"员工个人信息（销售部）"中。

| | A | B | C | D | E | F |
|---|---|---|---|---|---|---|
| 1 | | | 员工职位表 | | | |
| 2 | 姓名 | 工号 | 部门 | 职务 | | |
| 3 | 黄雅玲 | A776477 | 销售部 | 销售代表 | | |
| 4 | 王伟 | A667708 | 销售部 | 销售代表 | | |
| 5 | 谢丽秋 | A520304 | 销售部 | 销售代表 | | |
| 6 | 王俊元 | A310882 | 销售部 | 销售代表 | | |
| 7 | 孙林 | A466074 | 销售部 | 销售代表 | | |
| 8 | 王炫皓 | A356517 | 销售部 | 销售代表 | | |
| 9 | 张三丰 | A277381 | 市场部 | 市场总监 | | |
| 10 | 李四光 | A254382 | 市场部 | 市场助理 | | |
| 11 | 王麻子 | A213541 | 市场部 | 市场助理 | | |
| 12 | 赵六儿 | A309752 | 市场部 | 市场助理 | | |
| 13 | | | | | | |

图 3-44　员工职位表

| | A | B | C | D | E | F | G |
|---|---|---|---|---|---|---|---|
| 1 | | | 员工个人信息（销售部） | | | | |
| 2 | 姓名 | 工号 | 出生年月 | 性别 | 工龄 | 职务 | 公式 |
| 3 | 黄雅玲 | A776477 | 12/8/1968 | 女 | 37 | 销售代表 | =VLOOKUP(B3,员工职位表!$B$3:$D$12,3,0) |
| 4 | 王俊元 | A310882 | 2/19/1952 | 男 | 45 | 销售代表 | =VLOOKUP(B4,员工职位表!$B$3:$D$12,3,0) |
| 5 | 谢丽秋 | A520304 | 8/30/1963 | 女 | 28 | 销售代表 | =VLOOKUP(B5,员工职位表!$B$3:$D$12,3,0) |
| 6 | 王炫皓 | A356517 | 9/19/1958 | 男 | 33 | 销售代表 | =VLOOKUP(B6,员工职位表!$B$3:$D$12,3,0) |
| 7 | 孙林 | A466074 | 3/4/1955 | 男 | 29 | 销售代表 | =VLOOKUP(B7,员工职位表!$B$3:$D$12,3,0) |
| 8 | 王伟 | A667708 | 7/2/1963 | 男 | 8 | 销售代表 | =VLOOKUP(B8,员工职位表!$B$3:$D$12,3,0) |
| 9 | | | | | | | |

图 3-45　员工个人信息（销售部）

（2）数据转换

不同来源的数据可能存在不同的结构，数据转换主要指将数据转变成规范、清晰又易于分析的结构。

①结构转换

在数据分析中，根据不同的业务需求，需要对数据（或抽样数据）进行结构转换。

结构转换主要指一维数据表与二维数据表之间的转换。

②行列转换

在进行数据分析时，常常要从不同的维度观察数据，例如从时间的维度查看汇总数据，或从地区的维度查看汇总数据，这就需要把行列数据进行转换（又称转置）。行列转换易于理解，这里不再举例。

（3）数据计算

有时候数据库中没有我们需要的字段，需要对现有字段进行计算之后才能获得。

①简单计算

简单计算包括对数据值进行加、减、乘、除等运算并产生新的字段。另外，还可以根据业务需求，进行关系运算与逻辑运算等数据计算得到新字段。

②日期、时间数据计算

在企业管理中，经常会涉及日期和时间数据的管理分析，这也是数据库中的一类重要数据。日期、时间数据可以进行简单计算，在分析员工工龄、财务账期、考勤管理等很多方面都有应用。

例如：利用上架日期和下架日期计算产品销售天数，得到一个新的字段，如图 3-46 所示。

D2　fx　=C2-B2

| | A | B | C | D |
|---|---|---|---|---|
| 1 | 商品名称 | 上架日期 | 下架日期 | 销售天数 |
| 2 | 时尚女士手链 | 2020/1/7 | 2021/8/1 | 572 |
| 3 | 爱心四叶草日韩手镯 | 2020/8/28 | 2021/2/8 | 164 |
| 4 | 男士紫檀木佛珠216颗开光 | 2019/5/29 | 2021/8/21 | 815 |
| 5 | 钛钢手镯手环 | 2020/3/8 | 2021/8/31 | 541 |
| 6 | 天然黑曜石 | 2019/8/10 | 2020/10/24 | 441 |

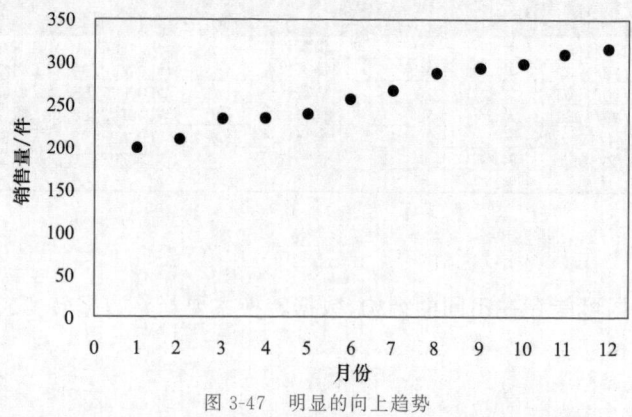

图 3-46　日期计算

3.数据修正

在一段较长的时间内,由于普通的、持续的、决定性等基本因素的作用,数据总体往往呈现逐渐向上或向下变动的趋势,如图 3-47 所示。

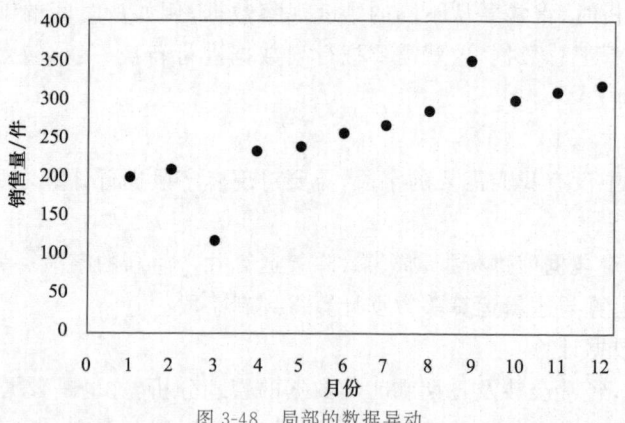

图 3-47　明显的向上趋势

在这样的趋势中,也不排除受一些偶然因素或不规则因素的影响,出现与整体趋势相差很大的极端数据,如图 3-48 中 3 月和 9 月对应的数据。

图 3-48　局部的数据异动

移动平均法是数据修正中常用的一种方法。移动平均法就是从时间数列的第一位数值开始,按一定项数求平均数,逐项移动,形成一个新的动态数列。例如,当产品需求既不快速增长也不快速下降,且不存在季节性因素时,移动平均法能有效地消除预测中的随机波动,是非常有用的。

移动平均法可以分为简单移动平均法和加权移动平均法。

(1)简单移动平均法

简单移动平均法的各元素的权重都相等。简单移动平均法的计算公式为

$$F_t=(A_{t-1}+A_{t-2}+A_{t-3}+\cdots+A_{t-n})/n$$

式中,$F_t$ 表示对下一期的预测值;$n$ 是移动平均的时期个数;$A_{t-1}$ 是前期实际值;$A_{t-2}$,$A_{t-3}$ 和 $A_{t-n}$ 分别表示前两期、前三期直至前 $n$ 期的实际值。

(2)加权移动平均法

加权移动平均法给固定跨越期限内的每个变量值以不相等的权重。其原理是:历史各期产品需求的数据信息对预测未来期内的需求量的作用是不一样的。除了以 $n$ 为周期的周期性变化外,远离目标期的变量值的影响力相对较低,故应给予较低的权重。

加权移动平均法的计算公式为

$$F_t=\omega_1 A_{t-1}+\omega_2 A_{t-2}+\cdots+\omega_n A_{t-n}$$

式中,$\omega_1$ 表示第 $t-1$ 期实际销售额的权重;$\omega_2$ 表示第 $t-2$ 期实际销售额的权重;$\omega_n$ 表示第 $t-n$ 期实际销售额的权重;$n$ 是预测的时期数;$\omega_1+\omega_2+\cdots+\omega_n=1$。

在运用加权移动平均法时,权重的选择是一个应该注意的问题。经验法和试算法是选择权重的最简单的方法。一般而言,最近期的数据最能预示未来的情况,因而权重应大些。例如,根据前一个月的利润和生产能力比起根据前几个月的利润和生产能力能更好地估测下个月的利润和生产能力。但是,如果数据是季节性的,则权重也应是季节性的。

## 技能实施

### 1.数据一致性处理

采集的数据,经常会出现同一字段的数据格式不一致的问题,如图 3-49 所示。这会直接影响后续的数据分析,所以必须对数据的格式做出一致性处理。

| | A | B | C | D | E | F | G | H | I | J | K | L |
|---|---|---|---|---|---|---|---|---|---|---|---|---|
| 1 | 姓名 | 性别 | 身高(cm) | 体重(kg) | 年龄 | 是否独生子女 | 月生活费 | 家庭成员数 | 家庭年收入(万) | 家庭住房面积(平方) | 每周课外学习时间 | 各科平均成绩 |
| 2 | 柴鹏程 | 男 | 187 | 70 | 20 | 是 | 800 | 6 | 60000 | 95 | | 66 |
| 3 | 陈昊 | 男 | 178 | 86 | 18 | 否 | 1000 | 5 | 6万 | 120 | 7小时 | 73 |
| 4 | 陈虎 | 男 | 178 | 83 | 17 | 是 | 1000 | 3 | 7万 | 80 | 4小时 | 84 |
| 5 | 陈健广 | 男 | 173 | 72 | 19 | 是 | 1000 | 3 | 100000 | 100 | 6 | 63 |
| 6 | 陈旭明 | 男 | 172 | 57 | 18 | 是 | 1000 | 4 | 50000 | 130 | 6 | 80 |
| 7 | 陈志伟 | 男 | 175cm | 61kg | 18 | 否 | 1000元 | 4 | 6万 | 200 | 17h | 82 |
| 8 | 陈子健 | 男 | 175 | 68 | 18 | 是 | 1500 | 5 | 100000 | 230 | 3.5 | 75 |
| 9 | 郭雨鑫 | 女 | 164 | 53 | 19 | 是 | 1000 | 3 | 60000 | 90 | 3 | 70 |
| 10 | 杭鑫业 | 男 | 175cm | 65kg | 19 | 是 | 1000元 | 3 | 5万 | 200 | 14h | 85 |
| 11 | 胡涛 | 男 | 165cm | 51kg | 19 | 否 | 1500元 | 4 | 3万 | 150 | 6h | 75 |
| 12 | 黄洁 | 女 | 159 | 58 | 20 | 否 | 600 | 6 | 50000 | 120 | 4 | 78 |
| 13 | 黄梦云 | 女 | 164 | 56 | 19 | 是 | 800 | 3 | 50000 | 100 | 3 | 75 |
| 14 | 简鑫 | 男 | 164 | 52 | 20 | 是 | 1200 | 3 | 70000 | 308 | 4 | 77 |
| 15 | 蒋英杰 | 男 | 175 | 75 | 18 | 否 | 1500 | 4 | 6万 | 300 | 8 | 85 |
| 16 | 柯有亮 | 男 | 172 | 72 | 20 | 否 | 1000 | 4 | 6万 | 120 | 7小时 | 80 |
| 17 | 李兰婷 | 女 | 170 | 48 | | 否 | 1200 | 4 | 60000 | 140 | 4小时 | 75 |
| 18 | 李小明 | 男 | 160 | 55 | 20 | 是 | 800 | 4 | 50000 | 180 | 5 | 73 |
| 19 | 李炎煜 | 女 | 165 | 60 | | 是 | 1000 | 3 | 50000 | 95 | 3 | 75 |
| 20 | 李永康 | 男 | 180 | 70 | 19 | 否 | 1000 | 5 | 100000 | 150 | 6 | 77 |
| 21 | 李玉宝 | 男 | 169 | 60 | 18 | 否 | 1000 | 5 | 7万 | 120 | 3 | 82 |
| 22 | 李煜东 | 男 | 172 | 68 | | 是 | 1500 | 4 | 3万 | 150 | 6 | 87 |
| 23 | 廖焕红 | 男 | 175cm | 60kg | 19 | 否 | 1000元 | 4 | 4万 | 100 | 25h | 80 |
| 24 | 廖云涛 | 男 | 170 | 55 | 18 | 否 | 1000 | 4 | 8万 | 300 | 8 | 75 |

图 3-49 数据格式不一致的资料

下面就以图 3-49 所示的数据为例,将"身高"这个字段中的数据去掉字符"cm"。
打开工作表。

(1)选择"身高"所在的 C 列,如图 3-50 所示。

| 姓名 | 性别 | 身高（cm） | 体重（kg） | 年龄 | 是否独生子女 | 月生活费 | 家庭成员数 | 家庭年收入（万） | 家庭住房面积（平方 | 每周课外学习时间 | 各科平均成绩 |
|---|---|---|---|---|---|---|---|---|---|---|---|
| 柴鹏程 | 男 | 187 | 70 | 20 | 是 | 800 | 6 | 60000 | 95 | 4 | 66 |
| 陈昊 | 男 | 178 | 86 | 18 | 否 | 1000 | 5 | 6万 | 120 | 7小时 | 73 |
| 陈虎 | 男 | 178 | 83 | 17 | 是 | 1000 | 3 | 7万 | 80 | 4小时 | 84 |
| 陈健广 | 男 | 173 | 72 | 19 | 是 | 1000 | 3 | 100000 | 100 | 6 | 63 |
| 陈旭明 | 男 | 172 | 57 | 18 | 是 | 1000 | 4 | 50000 | 130 | 6 | 80 |
| 陈志伟 | 男 | 175cm | 61kg | 18 | 否 | 1000元 | 4 | 6万 | 200 | 17h | 82 |
| 陈子健 | 男 | 175 | 68 | 18 | 是 | 1500 | 5 | 100000 | 230 | 3.5 | 75 |
| 郭雨鑫 | 女 | 164 | 53 | 19 | 是 | 1000 | 3 | 60000 | 90 | 3 | 70 |
| 杭鑫业 | 男 | 175cm | 65kg | 19 | 是 | 1000元 | 3 | 5万 | 200 | 14h | 85 |
| 胡涛 | 男 | 165cm | 51kg | 19 | 否 | 1500元 | 4 | 3万 | 150 | 6h | 75 |
| 黄洁 | 女 | 159 | 58 | 20 | 否 | 600 | 6 | 50000 | 120 | 4 | 78 |

图 3-50 选择 C 列

(2)选择"查找和选择"|"替换"命令,如图 3-51 所示。
(3)在"查找和替换"对话框的"查找内容"中输入"cm",设置"替换为"为空,单击"全部替换"按钮完成替换,如图 3-52 所示。

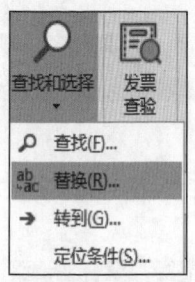

图 3-51 选择"查找和选择"|"替换"命令

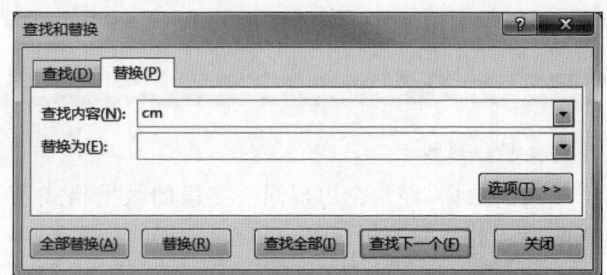

图 3-52 输入查找内容和替换内容

**2. 缺失数据处理**

数据清单中,单元格如果出现空值,就认为数据存在缺失。缺失数据的处理方法通常有以下 3 种:用样本均值(或众数、中位数)代替缺失值;将有缺失值的记录删除;保留该记录,在用到该值做分析时,将其临时删除(最常用方法)。

如何发现缺失数据?仅靠眼睛来查找缺失数据显然是不现实的,一般我们用"定位条件"来查找缺失数据的单元格。下面演示将图 3-49"年龄"字段中的空值均替换为"18"。

(1)选择"年龄"所在的 E 列。
(2)选择"查找和选择"|"定位条件"命令,如图 3-53 所示。

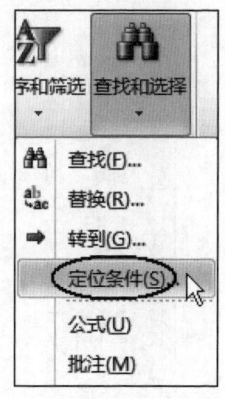

图 3-53 选择"查找和选择"|"定位条件"命令

(3)在"定位条件"对话框中,选中"空值"选项,如图3-54所示。

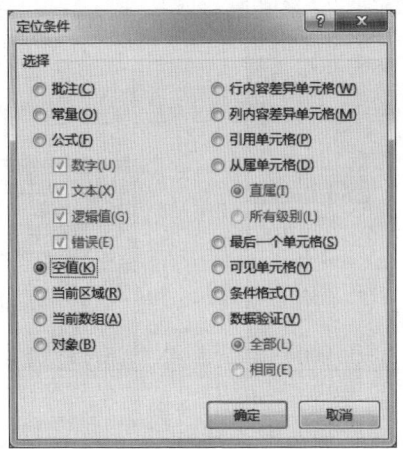

图 3-54　选择定位条件"空值"

(4)单击"确定"按钮后,E列所有的空白单元格呈选中状态,如图3-55所示。

(5)输入替代值"18",按 Ctrl+Enter 组合键确认,结果如图3-56所示。

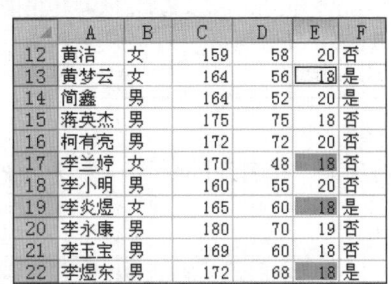

图 3-55　查找到所有空白单元格　　　　图 3-56　统一输入新的数据

**3.删除重复记录**

删除重复记录的操作极其简单,只需单击数据表的任意位置,再单击"数据"|"删除重复项"按钮即可,如图3-57所示。

图 3-57　删除重复记录

**4.数据转置**

操作方法:先复制好横行数据,然后在粘贴时单击"开始"|"剪贴板"组"粘贴"按钮下面的三角箭头,单击转置按钮即可,如图3-58所示。

**5.字段分列**

(1)选择如图3-59所示工作表的 A 列。

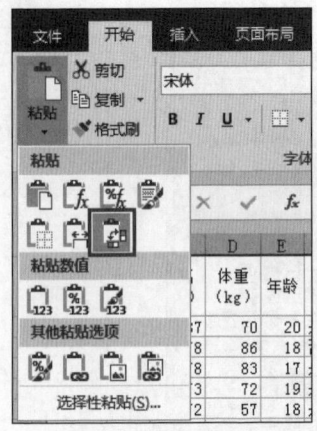

图 3-58 转置性粘贴　　　　图 3-59 选择 A 列

（2）单击"数据"|"分列"按钮，如图 3-60 所示。

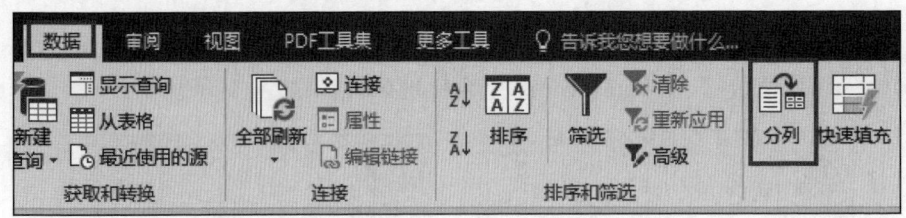

图 3-60 数据分列

（3）要将字段"姓名"中的第一个字分列出来，所以选中"固定宽度"选项，如图 3-61 所示。

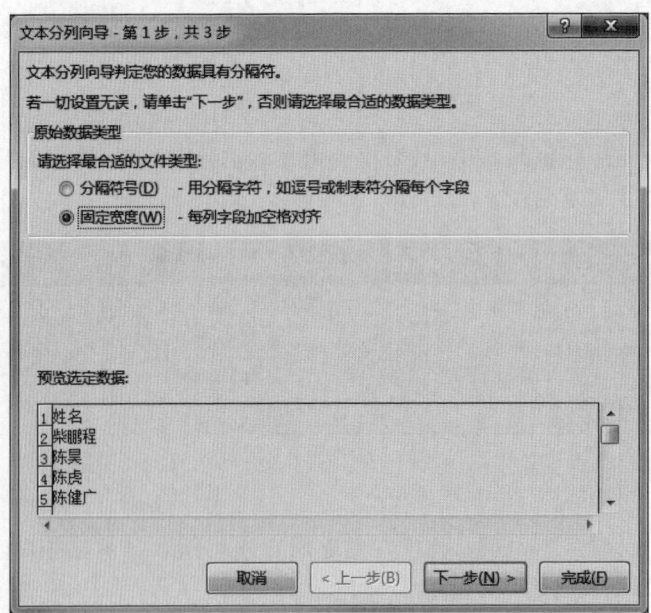

图 3-61 选中"固定宽度"选项

(4)单击"下一步"按钮,在刻度尺上用鼠标确定分列的位置,如图 3-62 所示。

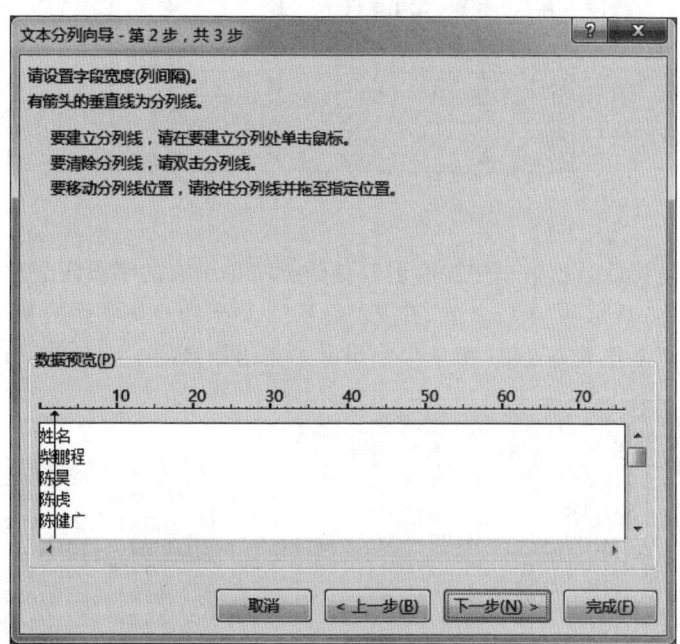

图 3-62　确定分列位置

(5)单击"下一步"按钮,确定目标区域的起点单元格 D1,如图 3-63 所示。

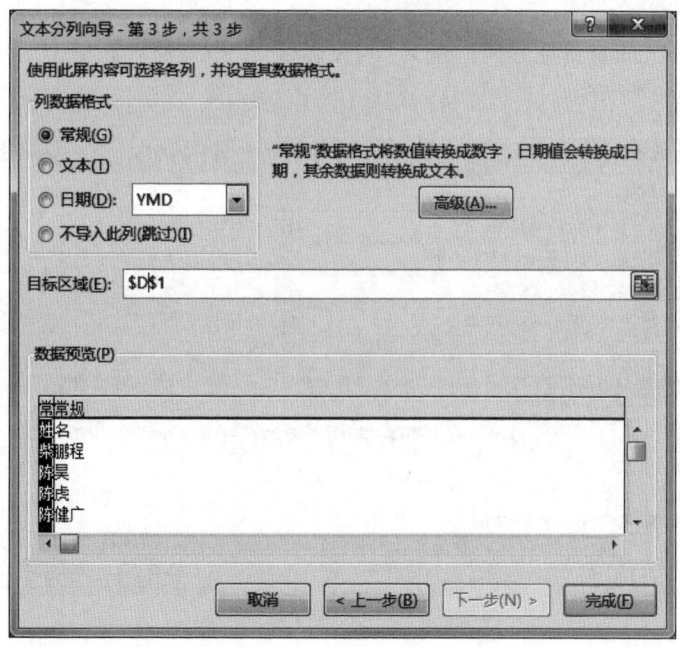

图 3-63　确定目标区域

(6)单击"完成"按钮,分列结果如图 3-64 所示。

| A | B | C | D | E |
|---|---|---|---|---|
| 姓名 | 性别 | 出生年月 | 姓 | 名 |
| 王希瑞 | 男 | 1970/12/20 | 王 | 希瑞 |
| 王雄军 | 男 | 1971/6/25 | 王 | 雄军 |
| 穆威 | 男 | 1971/12/13 | 穆 | 威 |
| 温永荣 | 男 | 1972/3/19 | 温 | 永荣 |
| 黄洁 | 女 | 1972/7/18 | 黄 | 洁 |
| 吴天虎 | 男 | 1972/9/28 | 吴 | 天虎 |

图 3-64 分列结果

**6.字段匹配**

字段匹配就是将原数据清单中没有但其他数据清单中有的字段匹配过来。

例如,如图 3-65 所示的"全校名单"工作表是某校 2021 级全体学生的基本信息,如图 3-66 所示的"四级名单"工作表是 2021 级学生中报考了英语四级的学生名单。

| | A | B | C | E |
|---|---|---|---|---|
| 1 | 姓名 | 学号 | 性别 | 身份证号码 |
| 2 | 艾城 | 2114120801 | 女 | 120102********6123 |
| 3 | 白有成 | 2114121501 | 男 | 130104********2817 |
| 4 | 毕程青 | 2114821524 | 男 | 141123********6436 |
| 5 | 蔡志涛 | 2114820832 | 女 | 151512********2585 |
| 6 | 曹峰 | 2114121601 | 男 | 211112********3116 |
| 7 | 曹志丽 | 2114140101 | 女 | 221202********5380 |
| 8 | 柴鹏程 | 2115141401 | 男 | 230104********7579 |
| 9 | 陈成晟 | 2115122719 | 女 | 310106********0048 |
| 10 | 陈楚宇 | 2114120802 | 男 | 322114********4953 |

图 3-65 "全校名单"工作表(局部截图)

| | A | B | C |
|---|---|---|---|
| 1 | 姓名 | 学号 | 性别 |
| 2 | 白有成 | 2114121501 | 男 |
| 3 | 曹峰 | 2114121601 | 男 |
| 4 | 曹志丽 | 2114140101 | 女 |
| 5 | 陈慧琴 | 2114140401 | 女 |
| 6 | 陈健广 | 2115141404 | 男 |
| 7 | 陈岚玲 | 2114140102 | 女 |
| 8 | 陈晴云 | 2114140201 | 男 |
| 9 | 陈旭明 | 2115141405 | 男 |
| 10 | 程激武 | 2114121401 | 男 |

图 3-66 "四级名单"工作表(局部截图)

(1)将"白有成"的身份证号码匹配到"四级名单"工作表的单元格 D2,VLOOKUP 函数参数设置如图 3-67 所示。

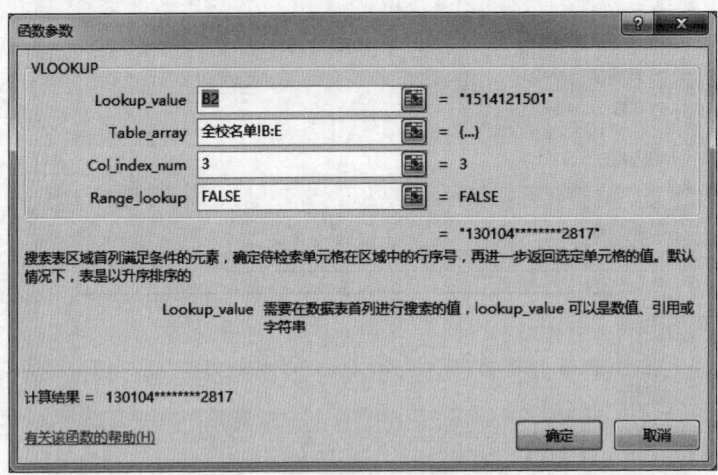

图 3-67 VLOOKUP 函数参数设置

（2）双击 E2 的填充柄完成填充，将所有人的身份证号码都匹配过来，结果如图 3-68 所示。

图 3-68　匹配结果

**7.数据抽取**

数据抽取是指利用原数据清单中某些字段的部分信息得到新字段。如图 3-69 所示，从 A 列的"成交日期"字段中，抽取出"年"（B 列）、"月"（C 列）、"日"（D 列）。

图 3-69　数据抽取

常用的数据抽取函数有 LEFT、RIGHT、MID、YEAR、MONTH、DAY、WEEKDAY。

**8.三项移动平均法**

▶例 3-1　计算如图 3-70 所示的表格中，商品销售额的三项移动平均数。

分析：选择单元格区域 A1:B13，单击"插入"|"散点图"|仅带数据标记的散点图按钮，如图 3-71 所示。

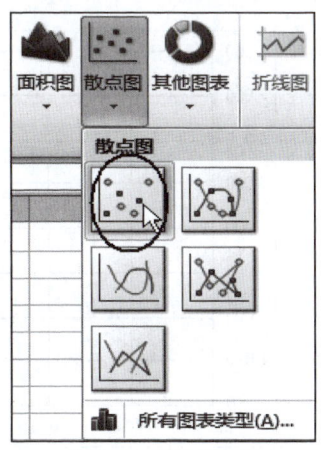

图 3-70　2004—2015 年销售额统计　　图 3-71　插入散点图

结果如图 3-72 所示,从散点图中可以直观地看出,第 3 个数值明显偏小,而第 6 个数值明显偏大,这可能是由不确定因素的影响造成的。

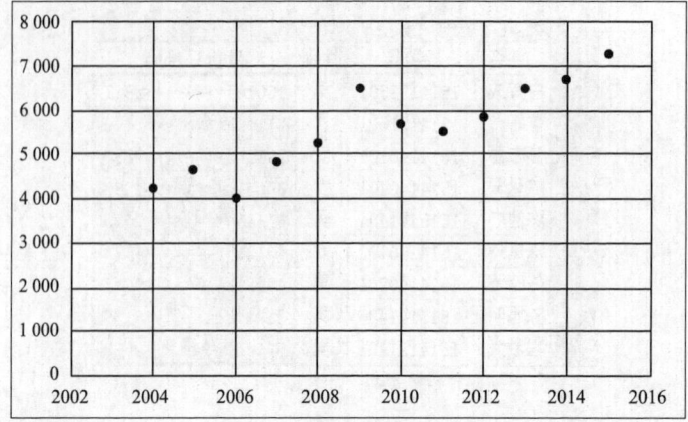

图 3-72 原始数据的散点图

三项移动平均法

在这种情况下,可以通过移动平均法对数据进行修正,尽量排除不确定因素对数据造成的影响。

(1) 计算前三项商品销售额平均数,如图 3-73 所示。

(2) 向下移动一行,计算三项移动平均数,直至最后一行也计算在内,如图 3-74 所示。

| | A | B | C |
|---|---|---|---|
| 1 | 年 份 | 商品销售额 | 三项移动平均数 |
| 2 | 2004 | 4205 | |
| 3 | 2005 | 4632 | =AVERAGE(B2:B4) |
| 4 | 2006 | 4000 | AVERAGE(numb |
| 5 | 2007 | 4800 | |
| 6 | 2008 | 5220 | |
| 7 | 2009 | 6500 | |
| 8 | 2010 | 5671 | |
| 9 | 2011 | 5490 | |
| 10 | 2012 | 5832 | |
| 11 | 2013 | 6503 | |
| 12 | 2014 | 6680 | |
| 13 | 2015 | 7270 | |

图 3-73 计算三项平均数

| | A | B | C |
|---|---|---|---|
| 1 | 年 份 | 商品销售额 | 三项移动平均数 |
| 2 | 2004 | 4205 | |
| 3 | 2005 | 4632 | 4279 |
| 4 | 2006 | 4000 | 4477.333333 |
| 5 | 2007 | 4800 | 4673.333333 |
| 6 | 2008 | 5220 | 5506.666667 |
| 7 | 2009 | 6500 | 5797 |
| 8 | 2010 | 5671 | 5887 |
| 9 | 2011 | 5490 | 5664.333333 |
| 10 | 2012 | 5832 | 5941.666667 |
| 11 | 2013 | 6503 | 6338.333333 |
| 12 | 2014 | 6680 | 6817.666667 |
| 13 | 2015 | 7270 | |

图 3-74 计算三项移动平均数

(3) 将三项移动平均数形成散点图,如图 3-75 所示。

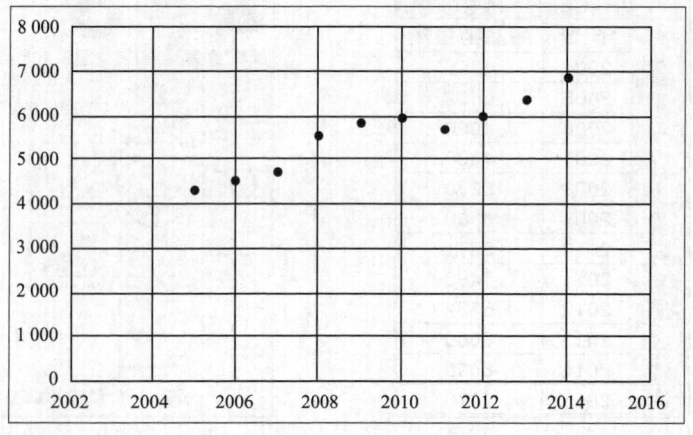

图 3-75 修正后的数据散点图

在 Excel 中,还可以用分析工具库完成移动平均数的计算。下面介绍利用数据分析功能计算三项移动平均数的方法。

(1)打开工作表,单击"数据"|"数据分析"按钮。

(2)在随后打开的"数据分析"对话框中选择"移动平均"选项,如图 3-76 所示。

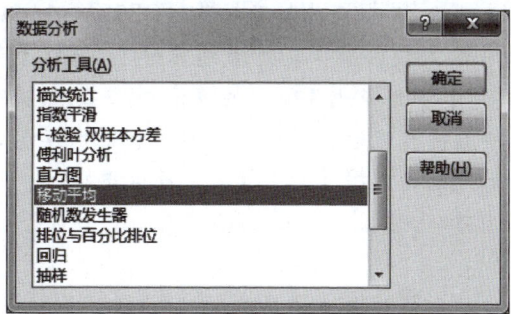

图 3-76　选择"移动平均"选项

(3)在"移动平均"对话框中设置各参数,如图 3-77 所示,最终结果如图 3-78 所示。

图 3-77　"移动平均"设置

图 3-78　最终结果

## 技能训练

使用数据处理方法对上一任务采集的数据进行处理,对价格、评论数进行数据清洗、加工和修正。

## 思政园地

**《政务数据——第3部分:数据清洗加工规范》**

《政务数据——第3部分:数据清洗加工规范》(DB52/T 1540.3—2020)是2020年12月20日实施的一项中华人民共和国贵州省地方标准,归口于贵州省大数据标准化技术委员会。本文件规范了贵州省政务数据的清洗加工工作,提高政务数据清洗加工工作的操作效率,提升剔除或改正数据资源中的脏数据的科学性,全面提升数据质量,降低数据治理成本,为后续政府数据共享开放应用提供支撑。

《政务数据——第3部分:数据清洗加工规范》部分内容如下:

1.数据抽取

(1)应具备全量抽取和增量抽取两种方式。

(2)抽取来源应能支撑抽取操作,使用生产库,或通过前置库等方式进行抽取。

(3)应支持结构、半结构和非结构等不同类型数据的抽取。

(4)抽取目的地的存储容量应能支持抽取来源的数据总量,数据抽取目的地的表结构应与抽取来源的表结构保持一致。

(5)增量抽取(更新)应确定增量更新的方式,抽取的数据应有字段可区分,如更新时间等。

2.数据过滤

数据过滤包括以下操作:

(1)将非结构化和半结构化数据转化为结构化数据。

(2)对噪声数据进行删除。

(3)对业务数据中不符合应用规则的数据进行删除。

(4)过滤删除掉的数据应存入问题数据库表,便于后续查证或重新使用。

3.数据转换

(1)应在数据检验通过后开始。

(2)开始前应检查需要转换的数据规则和字段是否一致。

(3)应实现对数据的格式、信息代码、值的冲突进行转换,典型业务数据转换规则见附录A。

(4)转换后的数据结构应与目标数据库的结构相兼容。

(5)数据向目标移动时,将其从源数据中移除,或数据复制到多个目标中。

(6)转换失败应立即停止,开始查找问题。

(7)长时间未转换结束,需仔细核查数据量、规则和字段是否一致,如有问题应立即停止。

(8)转换中查找到问题,应解决问题后再开始数据转换。

(资料来源:贵州省政府数据开放平台)

# 项目 4

## "人"数据分析

### 知识目标

- 熟悉企业店铺流量的主要来源
- 掌握用户画像的主要内容
- 熟悉网络客服的工作数据
- 掌握常见的客服绩效评估方法

### 能力目标

- 能利用平台或第三方工具分析流量变化趋势及原因
- 能够利用赤兔名品进行客服绩效管理

### 思政目标

- 树立法治意识,提升个人信息保护意识,谨防网络诈骗
- 培养家国情怀,培育和践行社会主义核心价值观

## 引导案例

**SheIn 的商业逻辑**

2021年中国全球品牌年度指数排行榜中,SheIn排名第11位,比腾讯高1位。SheIn是一家有着中国基因的出海企业,近期在美国的上述排名与亚马逊不分伯仲。据调查,美国高收入年轻人将其列为仅次于亚马逊的购物网站。数据显示,其网站流量在时尚与服饰分类中全球排名靠前,超过 Nike、Zara、Lululemon 等类似品类巨头,成功实现了引领以美国"Z世代"年轻人为主的一批新生代的时尚潮流。

其商业逻辑的第一步在于对时尚潮流的把握和引领,而这主要基于对时尚数据的抓取。SheIn会通过自建的网站、APP积累一手购买、搜索数据,同时通过对Facebook等外部网站和竞品官网进行爬虫,收集新的消费者偏好。这种海量信息收集的能力构建在对于网页爬虫工具的扎实使用上。

第二步,对收集到的内、外部数据进行分析,预测出新的流行产品类型和属性。SheIn充分利用消费者端的数据、竞品方的数据和营销数据,快速制定出新款商品的颜色、款式、搭配、场景、图案以及产品的定价等策略。公司还会根据数据体现的画像来设计一些爆款元素,并不断优化。

第三步,根据预测出的爆款,通过其强大的供应链系统,找到合适的设计、制造商进行设计和制造。

第四步,通过对其APP用户基本信息和各种动态的捕捉,运用算法进行个性的商品推荐。而后,就是对新增和存量用户的下一轮数据分析和产品生产及推送。

SheIn代表着未来商业的一类趋势,即数据分析与每一步的产品场景紧密结合。

把数据摆在企业文化的中心,成为很多高科技公司的宗旨。而如何去运用数据分析用户,并指导相应的市场、营销策略,才是智能时代保持领先竞争力的关键。

## 项目分解

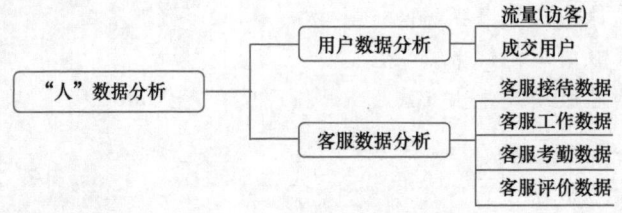

## 任务1 用户数据分析

互联网时代下,用户成为企业珍贵的资产,其有限的时间和专注度被头部企业所争夺。掌握用户对店铺的贡献与发展,做好用户的数据化分析,充分挖掘用户的潜在价值,是商家经营好线上店铺的必备技能。

## 技能知识

**1.流量(访客)**

流量是互联网企业实现业务增长和企业发展的核心要素,亦是互联网企业经营的"中间成果",如何高效地获取流量、有效地转化流量至关重要。流量是用户的来源,是基于用户访问的网页端产生的,包括设备、运营商、端口、时间等。这类数据描述了用户从哪里来,精准分析流量能够降低用户获取成本,提升用户获取效率。

(1)流量来源分析

用户流量的来源可以大致分为站内和站外两种,站内流量又分为付费流量和免费流量。

①站内流量分析

A.付费流量。付费流量是指第三方销售平台卖家通过付费方式获得的流量,它们在店铺流量中占比越大就意味着商家的成本越高,因此在使用这些流量前一定要明确引入流量的目的,制定推广策略,做好访客价值的估算。

以淘宝为例,付费流量来源主要分为直通车、超级推荐、钻石展位、淘宝客和超级直播。

a.直通车。直通车是商家用于实现产品精准推广的、按点击付费的效果营销工具,其推广原理是根据产品设置的关键词进行排名展示,按点击量进行扣费(Cost per Click)。如图4-1所示,PC端淘宝直通车的位置为每页自然搜索前3个,搜索结果页面的右侧"掌柜热卖"16个和下方5个。

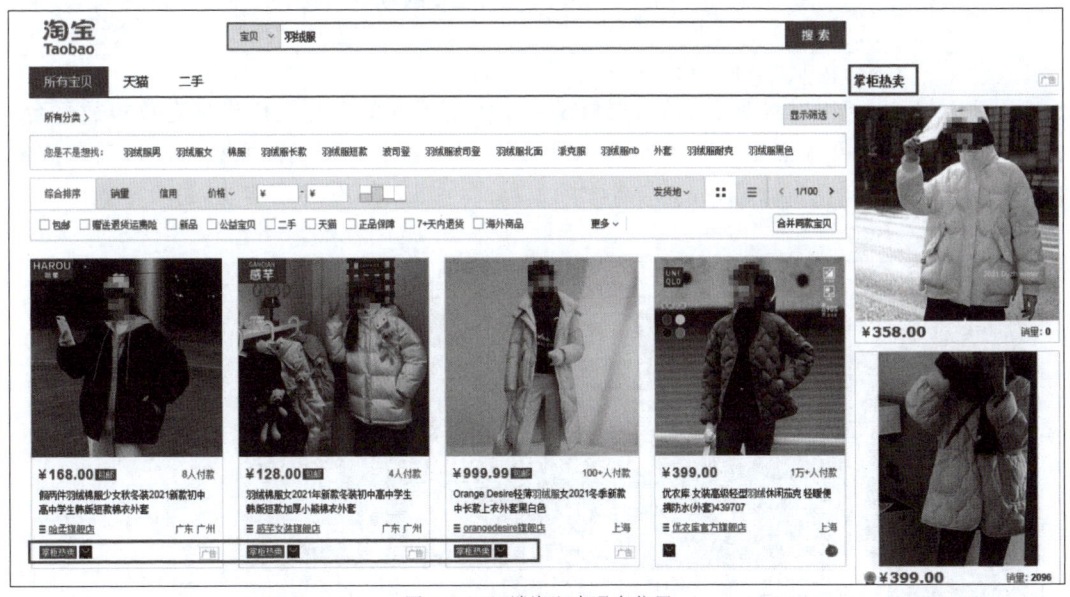

图4-1　PC端淘宝直通车位置

如图4-2所示,移动端淘宝直通车的位置则是在左上角带"hot"标志的,通常展示在第1,8,14,22,30……位置。

b.超级推荐。新品在初期,由于没有明确的买家标签,也不能捕捉到对应人群,因此系统无法根据标签来分配流量,这时产品的流量基础非常薄弱。超级推荐可以选择人群,提升商品的初期流量,等到具有一定基础之后,再开通直通车,一起组合推广。

## 电子商务数据分析

通过技术手段让产品在特定推荐渠道展现给消费者是商家都在谋略的重点。如图4-3所示，超级推荐是在手淘猜你喜欢等推荐场景中，穿插原生形式信息的推广产品。很显然，这种购物方式存在较大的升级空间，通过大数据，实时判断消费者的购物意图与消费习惯，基于人工智能算法，推送买家所喜爱的产品，打破了以人为中心的购物方式，实现了从"人找货"到"货找人"的转变。

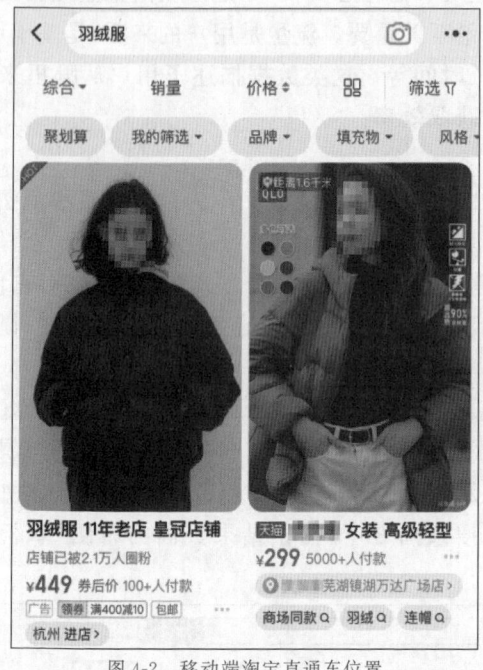

图4-2　移动端淘宝直通车位置　　　　图4-3　移动端猜你喜欢-逛逛发现页

c.钻石展位。如图4-4所示，钻石展位是阿里电商平台的图片类广告位竞价投放平台，依靠图片创意吸引买家点击而获取流量，按展示量进行收费。它是商家经营店铺获取流量的一种方式，分布在淘宝、天猫首页与各大频道页面，占据大量优质广告位，每天覆盖巨大的流量。

图4-4　PC端钻石展位

d.淘宝客。淘宝客推广是一种按成交计费的推广模式,即根据成交的笔数来给予佣金,利于帮助商家找到更多元的渠道来销售商品。淘宝客从淘宝客推广专区获取商品代码,任何买家经过推广(链接、个人网站、博客或者社区发的帖子)进入淘宝卖家店铺完成有效购买后,就可得到由卖家支付的佣金。佣金在淘宝订单确认收货时从店铺对应的支付宝中扣除,当然这些需要开通的时候绑定好代扣协议,宝贝实际成交金额是不包含邮费的,结算时候需要扣除。在淘宝首页,有淘宝客专区,比如,如图 4-5 所示的有好货。

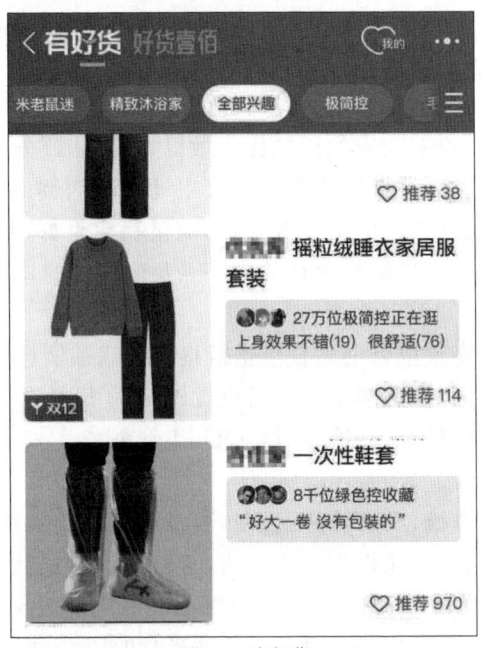

图 4-5 有好货

e.超级直播。随着店铺直播的火热,商家对于直播的商业化投入也在不断加大。数据显示,阿里巴巴电商平台针对直播场景推出的产品——超级直播(图 4-6),带来的有效观看增幅较大,助推商家预售爆发,尤其在美妆行业,品牌商家在超级直播产品上的营销投入增速超过 300%。

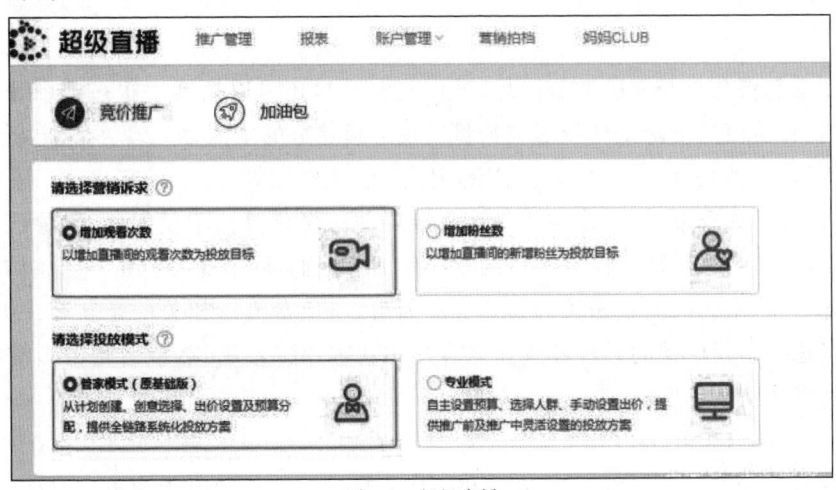

图 4-6 超级直播

B.免费流量。淘宝站内的免费流量是店铺生存和发展的基础,其中的搜索流量和类目流量也是每个商家发布产品时都可以获取的。更重要的是,自然搜索引来的流量非常精准。流量精准就意味着店铺的转化率高,进而就可以获得更多利润,而且维护好的话,自然搜索流量就会像开源之水,源源不绝,对于店铺的长期发展是非常重要的。

a.淘内免费流量。店铺综合权重(店铺层级、DSR、动销率)、宝贝自身权重(新品期权重、点击率、转化率、收藏加购率)从权重的层面影响着免费流量的获取,标题关键词优化(选词、组词)从关键词搜索层面影响着免费流量的获取,精准标签(包括完善产品的属性、促进老顾客回购)从消费者标签层面影响着免费流量的获取。

淘宝平台还会举办一些免费的促销活动,如淘金币、淘抢购、淘宝试用、淘宝清仓、天天特价等。免费流量占比高,说明商家的标题优化做得好,店铺评分、商品排名等比较优秀。

b.自主访问流量。自主访问流量是淘宝买家主动访问店铺时产生的流量,来源包括购物车、宝贝收藏、淘宝首页、已买过的店铺等入口,流量稳定性好、成交转化率高。提升这类流量的关键在于做好店铺或宝贝链接地址的推广以及回头客的口碑营销。

②站外流量分析

站外流量是指访客从淘宝以外的途径点击链接进入店铺所产生的流量。随着淘宝对店铺站外的流量越来越重视,获取更多站外流量也逐渐成为卖家关注的焦点。站外流量主要来自各大知名网站,如百度、抖音、微博、微信、QQ、小红书等。

(2)流量趋势分析

流量是淘宝店铺的生命线,没有流量就意味着没有订单。然而,流量入口众多、类型各异,网店流量趋势出现了问题往往很难理清头绪,这时应该迅速找到问题的源头所在,才能提出解决方案。如图4-7所示,当商家发现店铺流量变动趋势异常时,应首先与本行业的情况进行对比,确认流量呈现下降趋势是否是本店铺自身的原因,如果确认是本店铺自身的原因,接下来要查看各种类型流量数据,分析不同类型流量的变动趋势,找出有问题的流量,然后思考可能导致这种类型流量出现波动的因素有哪些,找到关键点所在,再对症下药。

图4-7 网店流量趋势变动异常解决思路

流量变动趋势分析与问题的解决思路是一条主线,还可以拓展出很多的细分思路。例如,商家发现免费流量下降是导致店铺流量呈现下降趋势的主因,那么就深入分析与免费流量相关的因素,包括关键词、商品标题、店铺评分、市场变化等,仅市场变化这一项就又可以拓展出许多节点,如季节、天气影响或是淘宝推广动态变化等。不仅如此,流量趋势的变动可能不只是单个因素导致的,而是多个因素导致的。例如,店铺免费流量和自主访问流量都发生了变化,与自主访问流量相关的是老客户因素,与免费流量相关的是新客户因素,那么商家就要考虑是不是店铺的某种改变让老客户和新客户都不满意,或者是由店铺的整体风格或模特的变化引起的等。

(3)流量终端分析

从终端来分,流量主要分为PC流量和移动流量。由于移动电子商务的发展,越来越多的用户倾向于在移动端消费;与此同时,其中的私域流量成为当前商家竞争的重点。对店铺访客来源渠道的分析实质上是研究流量渠道,通过对流量渠道的细分,能够清楚地掌握店铺主要流量的来源,并做好相关的维护工作。当店铺发展到一定阶段后,固定的流量渠道可能已经不能满足店铺的发展需求了,那么就需要拓展其他的引流渠道。

2.成交用户

相对于流量(访客)分析,成交用户分析更有实践价值,成交用户分析也是指导客户运营、制定相应营销策略、提高转化率的主要依据。按照用户的能动性来划分,成交用户分析可以分为用户基本数据分析及用户行为数据分析。在此之前,我们需要了解用户画像。

(1)用户画像

用户画像即用户信息标签化,是大数据精细化运营和精准营销服务的基础。在大数据时代下,用户的一切行为是可追溯和分析的。用户画像通过分析用户的基础信息、特征偏好、社会属性等各维度的数据,刻画出用户的信息全貌,从中挖掘用户价值。它可以帮助数据"起死回生",提供个性化推荐、精准营销、个性化服务。如图4-8所示,用户信息充斥在网络中,将用户的每个具体信息抽象成标签,利用这些标签将用户形象具体化,可为用户提供有针对性的服务。

①用户画像分析的原因

A.精准营销:从粗放式到精细化运营的过程中,将用户群体切割成更细的粒度,辅以短信、推送、邮件、活动等手段,施以关怀、挽回、激励等策略。

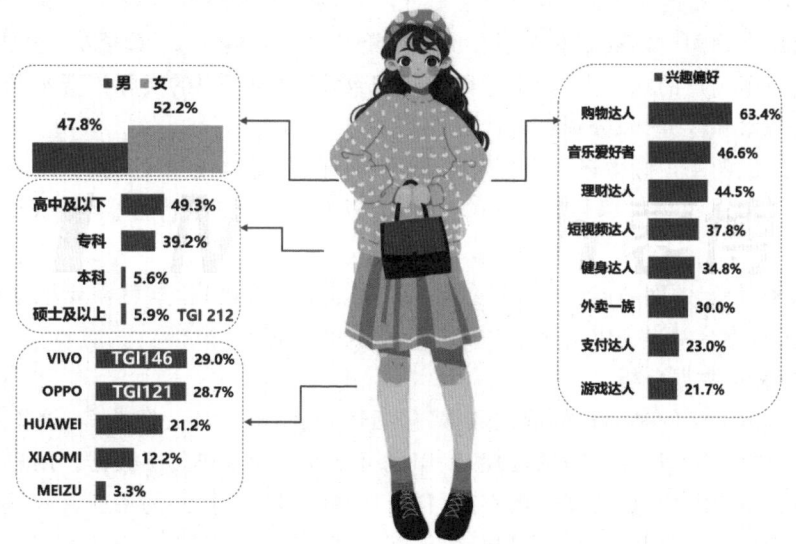

图4-8 用户画像

B.用户分析:用户画像也是了解用户的必要补充。产品早期,产品经理通过用户调研和访谈的形式了解用户。在产品用户量扩大后,调研的效用降低,这时候就可以辅以用户画像进行研究,包括新增的用户有什么特征,核心用户的属性是否变化等。

C.数据应用:用户画像是很多数据产品的基础,诸如耳熟能详的广告推荐系统,广告基于一系列人口统计相关的标签,如性别、年龄、学历、兴趣偏好、手机等来进行投放。

D.数据分析:用户画像可以理解为业务层面的数据仓库,各类标签是多维分析的天然要素。数据查询平台会和这些数据打通,最后辅助业务决策。

②用户画像的内容

如图4-9所示,用户画像一般按业务属性划分为多个类别模块,除了常见的人口统计、社会属性外,还有用户消费、用户行为等。人口统计包括基本属性和注册信息,社会属性包括家庭信息、公司信息和终端设备;用户消费包括消费属性、价值属性和消费周期;用户行为包括活跃属性、行为属性、偏好属性和风险等。

图4-9 用户画像的内容

A.以内容为主的媒体或阅读类网站、搜索引擎,或通用导航类网站的用户画像,往往会提取用户对浏览内容的兴趣特征,比如体育类、娱乐类、美食类、理财类、旅游类、汽车类等。

B.社交网站的用户画像,会提取用户的社交网络,从中可以发现关系紧密的用户群和社群中的KOL(关键意见领袖)。

C.电商购物网站的用户画像,一般会提取用户的网购兴趣和消费能力等指标。网购兴趣主要指用户在网购时的类目偏好,比如服饰类、箱包类、居家类、母婴类、洗护类、饮食类等。消费能力指用户的购买力,如果做得足够细致,可以把用户的实际消费水平和在每个类目的心理消费水平区分开,分别建立特征维度。

D.金融领域的用户画像还会包括风险画像,如征信、违约、还款能力、保险黑名单等。另外还可以加上用户的环境属性,比如当前时间、访问地点LBS特征、当地天气、节假日情况等。

当然,对于特定的网站或APP,还会有特殊关注的用户维度,这就需要把这些维度做到更加细化,从而能给用户提供更精准的个性化服务和内容。

(2)用户基本数据分析

用户基本数据指的是用户的静态数据,包括性别、年龄、地区、职业等,这类数据描述了用户是谁,主要靠基本信息填写来实现,我们也可以称之为用户属性数据。用户基本数据代表的是用户自身基本信息、特征和状态,包括天然特征和行为提醒的特征,一般是较为固定,不会轻易改变的。用户基本数据主要分为以下两种:

①基础属性:年龄、性别、城市、家庭、职业等

如图4-10～图4-12所示,以毒舌影视APP为例,从年龄分布情况来看,30～40岁的用户超过50%,为核心用户群体;其次是25～30岁的用户,占比为25%;24岁及以下的低龄用户占1/5左右,排在第三梯队。男性比例为51.82%,女性比例为48.18%。用户男女比例相对均衡,体现出用户观影需求受性别影响较小。从地域分布来看,广东比例最高,其次是山东、江苏;沿海一线城市的需求量较大,二线城市次之。

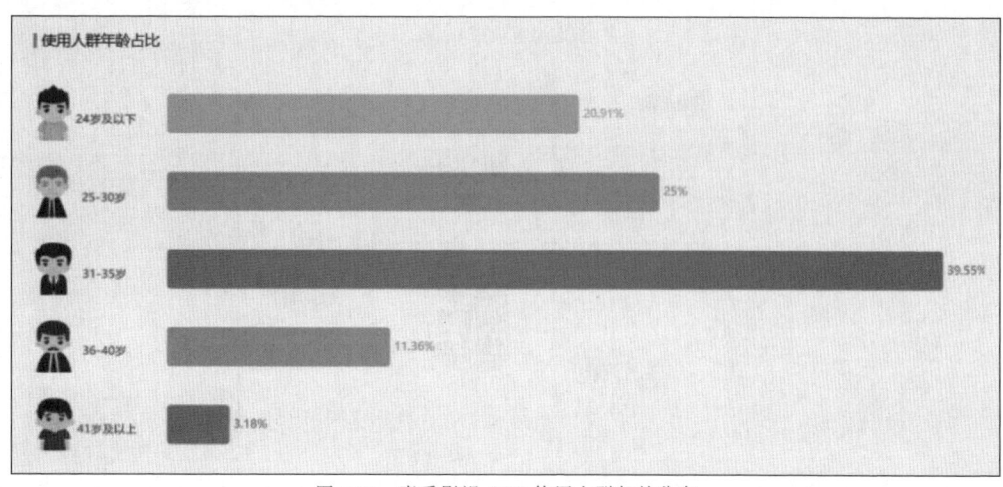

图 4-10　毒舌影视 APP 使用人群年龄分布

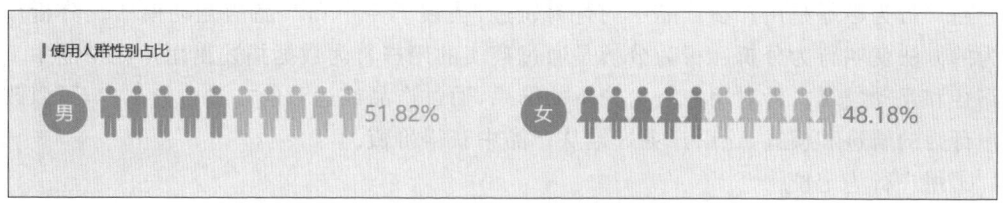

图 4-11　毒舌影视 APP 使用人群性别分布

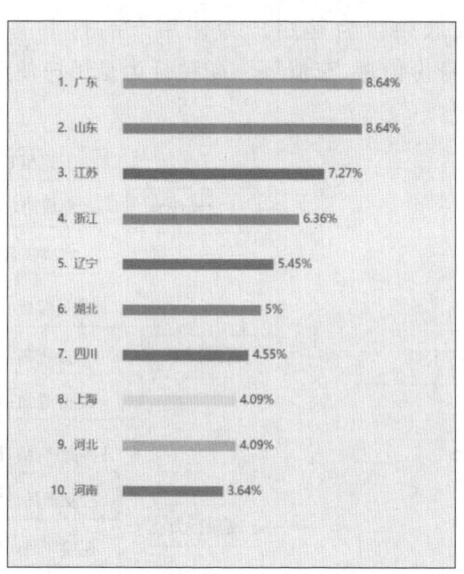

图 4-12　毒舌影视 APP 使用人群区域分布

　　从数据中可以看出毒舌影视 APP 用户多位于沿海地区一、二线城市，消费水平中等偏高，生活节奏较快。

　　②渠道属性：获客渠道、获客方式等

　　如图 4-13 所示，可以根据用户画像的不同属性，了解用户获得的不同渠道，从而为用户设计不同的运营渠道。

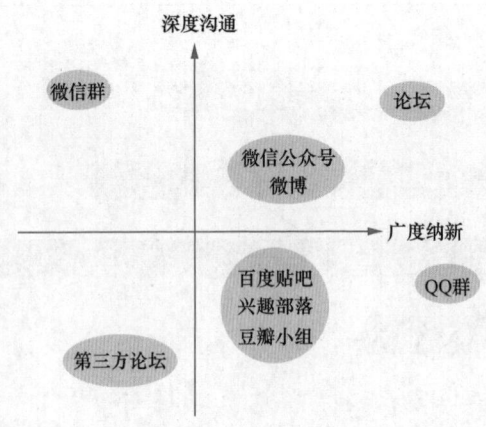

图 4-13 渠道属性

(3) 用户行为数据分析

用户行为数据是用户在产品中的行为轨迹，代表了用户和产品的互动模式。分析用户行为的方法就叫行为分析。行为分析是通过翔实的用户行为数据描述出用户在产品中真实的路径和互动情况。针对用户行为分析的结果，通过产品或运营的方式引导用户，可以改变用户行为的轨迹和模式，让用户更好地从产品中获得价值。

①用户行为定位

如图 4-14 所示，用户行为可分为三类关键行为：一是一次性行为；二是低频行为；三是高频行为。一次性行为或低频行为是用户为使用产品打下基础的重要行为，例如下载APP、完成用户注册、输入身份信息、充值等。高频行为是用户使用产品功能的核心行为，例如下订单、点赞、阅读、看视频等。

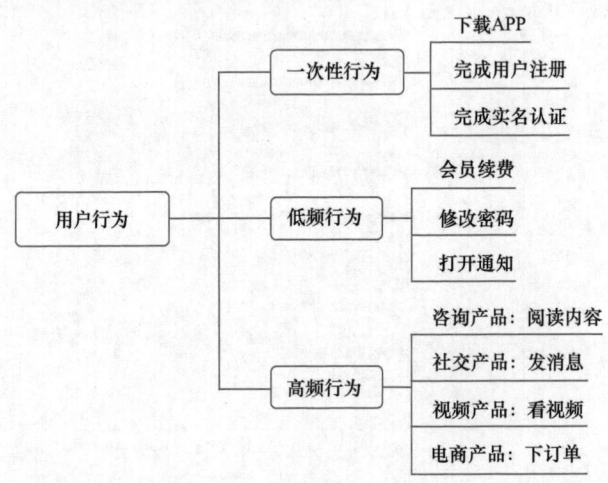

图 4-14 用户行为

在产品中，用户产生的行为很多，那么我们如何去定位行为呢？首先可以从数据中验证：在实际数据中，通过路径分析找到关键转化路径，通过比较行为频次找到高频行为，发现任何遗漏的行为。其次从业务出发：从关键转化路径中或高频的周期性行为中寻找并确认关键行为。

②用户行为分类

活跃情况:新用户或老用户、活跃频次。

付费情况:付费用户或未付费用户。

使用情况:是否使用某功能以及使用时长、使用频次等。

③用户状态演变下的行为数据分析

要对数据进行指标化处理,数据才能实现有效增长。那么指标怎么建立呢?我们可以从用户状态的演变切入,并根据对应的方法设置指标。用户状态的演变过程是潜在用户—注册用户—活跃用户—流失用户。因此,我们可以将演变环节分为潜在用户变为注册用户的拉新环节、针对注册用户和活跃用户的留存环节、针对活跃用户和流失用户的防流失和召回环节。

A.拉新环节。如图4-15所示,在从潜在用户变为注册用户的拉新环节,我们要做的是对拉新渠道及各渠道上采用的推广策略进行分析,通过数据指标评估渠道质量、优化渠道推广策略。这里的数据指标主要包括新增用户数、用户获取成本、新用户留存率。

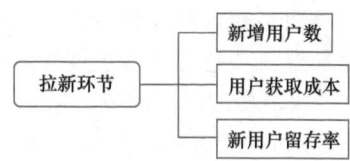

图4-15 拉新环节数据指标

B.留存环节。如图4-16所示,留存环节针对注册用户和活跃用户,可以设立的指标包括用户规模和质量、用户参与度以及用户画像。

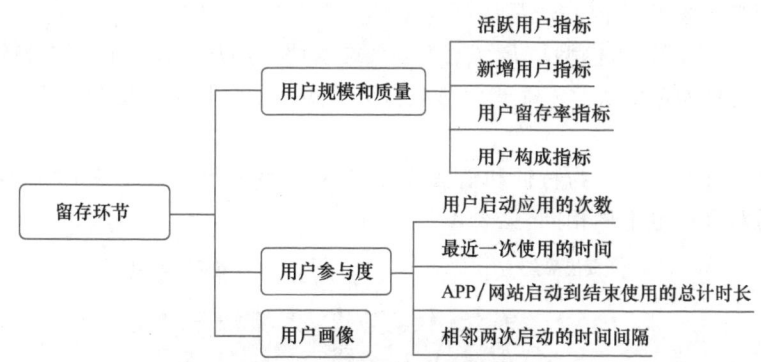

图4-16 留存环节数据指标

用户规模和质量包括衡量一个产品是否成功的活跃用户指标、衡量推广渠道效果的新增用户指标、反映用户质量和产品吸引力的用户留存率指标以及了解活跃用户健康度的用户构成指标。

用户参与度是衡量用户活跃度的重要指标,包括某统计周期内用户启动应用的次数、最近一次使用的时间、某统计周期内APP/网站启动到结束使用的总计时长以及相邻两次启动的时间间隔。

定义用户属性的指标都可以放在用户画像里,包括性别、年龄、学历、收入、支出、职业、行业、个人兴趣爱好、商业兴趣、社交关系等,数据越多,用户的轮廓就越清晰,相应制定的运营策略就越有针对性。

C.防流失和召回环节。如图4-17所示,这一阶段主要是对活跃用户流失原因进行分析及制订相应的召回方案,数据指标用来衡量工作效果。数据指标包括流失率、到达率、打开率、打开点击率、回流率。

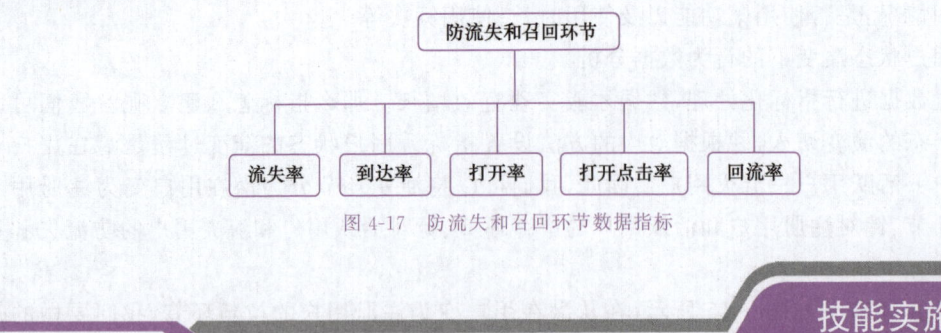

图4-17 防流失和召回环节数据指标

### 技能实施

RFM模型是衡量客户价值和客户创造利益能力的重要工具和手段。在众多的客户关系管理(CRM)分析模式中,RFM模型是被广泛提到的。该模型通过一个客户的近期购买行为、购买的总体频率以及消费金额这三项指标来描述该客户的价值状况。

R(Recency)是指用户距离上一次消费的时间间隔。R值越大,表示客户最近一次消费的时间距离现在越久。R指标反映了客户对品牌的熟悉度和回购频率。

F(Frequency)是指消费频率,即客户在一段时间内的消费次数。F值越大,表示客户在最近一段时间交易次数越多。F指标反映了客户对品牌的忠诚度及购买习惯是否养成。

M(Monetary)是指客户在一段时间内的消费金额。M值越大,表示客户消费能力越大。M指标反映了客户价值和产品认可度。

如图4-18所示,RFM模型从R、F、M三个维度评价用户的总体价值类型,根据单个类别客户的分值与总均值的关系(高于平均值得分为高,低于平均值得分为低),将客户分为8类。

每类客户具有不同的行为特征和消费特征,其对平台的价值程度各不相同,运营人员对每类人群的运营重点也不尽相同,见表4-1。

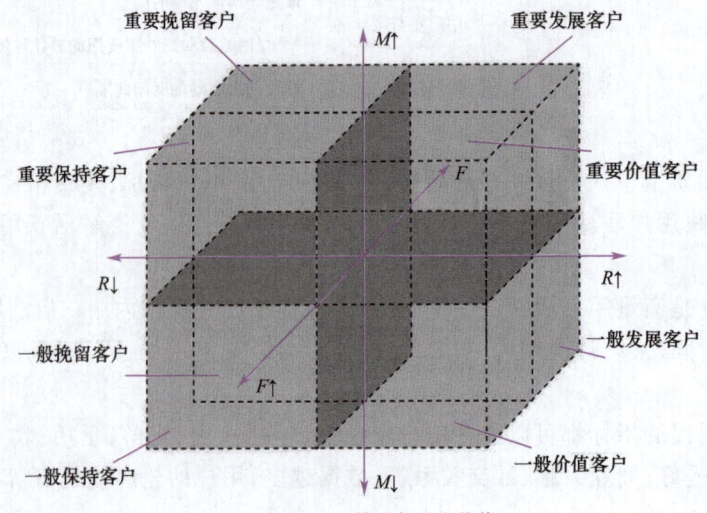

图4-18 RFM模型与用户价值

表 4-1　　　　　　　　　客户价值模型划分

| R | F | M | 用户类型 | 备注 |
|---|---|---|---|---|
| 高 | 高 | 高 | 重要价值客户 | 该类客户与企业交易频繁、交易量大,但长时间没有与企业进行交易,存在流失风险。该类客户是企业利润的潜在来源 |
| 低 | 高 | 高 | 重要保持客户 | 该类客户与企业交易频繁、交易量大,且最近一次交易时间间隔短,实际贡献价值很高,是企业优质客户群 |
| 高 | 低 | 高 | 重要发展客户 | 该类客户购买量较大,但是从购买频率和近期购买时间来看交易不频繁。这类客户有很高的潜在价值,可采取针对性营销手段吸引他们,提高其购买频率 |
| 低 | 低 | 高 | 重要挽留客户 | 该类客户最近一次交易时间间隔短、购买金额大,但是购买频率较低,具有很高的潜在价值 |
| 高 | 高 | 低 | 一般价值客户 | 该类客户购买频率较高,但长时间没有与企业交易,而且购买量很低,企业已很难从他们身上获取更多利润 |
| 低 | 高 | 低 | 一般保持客户 | 该类客户最近一次交易时间间隔短、购买频率高,属于活跃客户,但累计购买金额较小,购买能力有限,属于企业一般维持客户 |
| 高 | 低 | 低 | 一般发展客户 | 从购买频率、购买金额及近期购买情况来看,该类客户属于低价值客户,企业应将其作为一般发展客户 |
| 低 | 低 | 低 | 一般挽留客户 | 该类客户最近一次交易时间间隔短,但是购买频率和购买金额相对水平较低,无法立即给企业带来较大利润 |

RFM 模型可以使用 Excel 实现,具体操作流程如下:

说明:原始数据为原牧纯品订单情况,限于篇幅,这里仅展示部分数据,见表 4-2。

用Excel实现RFM模型

表 4-2　　　　　　　　原牧纯品订单情况(部分数据)

| 创建时间 | 商品名称 | 买家 | 交易状态 | 交易金额(元) |
|---|---|---|---|---|
| 2020-09-01 | 原牧纯品 180 羔羊肉串新鲜冷冻清真烧烤食材 240 g 10 串/袋孜然味 | mor | 交易成功 | 18 |
| 2020-09-01 | 原牧纯品绿鸟乌骨鸡 700 g 冷冻生鲜黑乌鸡炖汤滋补(赠美味汤包) | zzp | 交易成功 | 13 |
| 2020-09-01 | 原牧纯品绿鸟童子鸡 600 g 生鲜冷冻农家散养鸡整只(赠美味骨汤包) | mor | 交易成功 | 61 |
| 2020-09-01 | 原牧纯品牛肉片 220 g/袋牛肉卷肥牛卷内蒙古涮牛肉火锅食材清真 | ddr | 交易成功 | 52 |
| 2020-09-02 | 原牧纯品绿鸟牧鸡 900 g 生鲜冷冻鸡肉整只红烧煲汤(赠美味骨汤包) | hul | 交易成功 | 54 |
| 2020-09-02 | 原牧纯品绿鸟牧鸡 900 g 生鲜冷冻鸡肉整只红烧煲汤(赠美味骨汤包) | qwk | 交易成功 | 68 |
| 2020-09-02 | 原牧纯品绿鸟乌骨鸡 700 g 冷冻生鲜黑乌鸡炖汤滋补(赠美味汤包) | ddr | 交易成功 | 55 |
| 2020-09-05 | 原牧纯品 180 羔羊肉串新鲜冷冻清真烧烤食材 240 g 10 串/袋孜然味 | mgs | 交易成功 | 38 |
| 2020-09-05 | 原牧纯品绿鸟童子鸡 600 g 生鲜冷冻农家散养鸡整只(赠美味骨汤包) | yiv | 交易成功 | 85 |
| 2020-09-05 | 原牧纯品绿鸟童子鸡 600 g 生鲜冷冻农家散养鸡整只(赠美味骨汤包) | zho | 交易成功 | 36 |

步骤一:利用 Excel 计算各用户 $R$、$M$、$F$ 值

(1)新建数据透视表:单击【插入】,选择【数据透视表】→【插入数据透视表】,如图 4-19 所示。

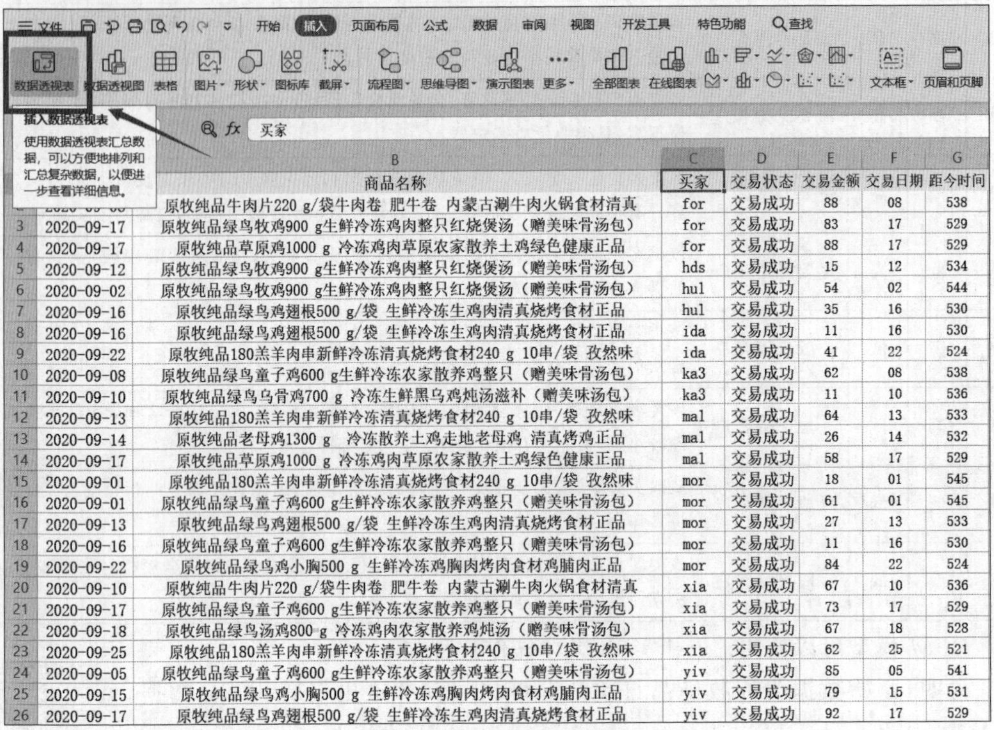

图 4-19　新建数据透视表

(2)选择分析数据,并选择放置数据透视表的位置:单击【插入数据透视表】后,弹出如图 4-20 所示的对话框,分析的数据为前面所选数据,放置数据透视表的位置选择【新工作表】,然后单击"确定"按钮。

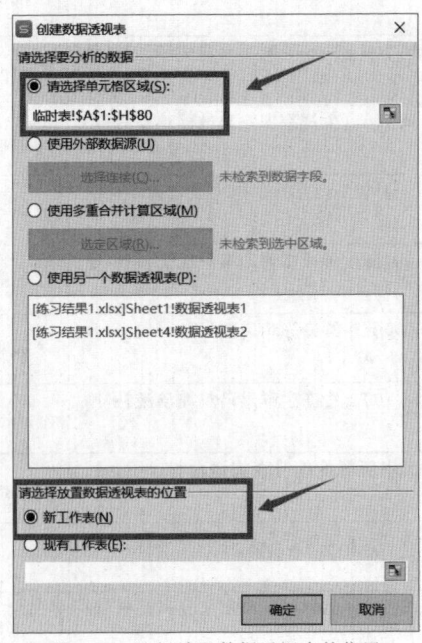

图 4-20　选择放置数据透视表的位置

(3)数据透视表字段选择:如图 4-21 所示,数据透视表【字段列表】中选中"买家"和"交易金额",使用鼠标拖曳的方式分别拖入【数据透视表区域】中的【行】和【值】字段,【值】字段中默认以计数的方式进行汇总,"买家"字段保持不变,"交易金额"字段修改为求和。

(4)计算各买家的 $M$ 值和 $F$ 值:通过数据透视表字段选择和字段汇总的设置,可得到如图 4-22 所示的结果,即各买家的 $M$ 值和 $F$ 值。

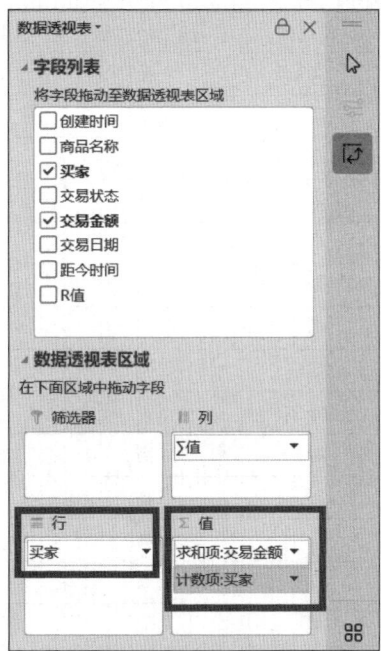

图 4-21　数据透视表字段选择

| 买家 | 计数项:买家 | 求和项:交易金额 |
|---|---|---|
| for | 3 | 259 |
| hds | 1 | 15 |
| hul | 2 | 89 |
| ida | 2 | 52 |
| ka3 | 2 | 73 |
| mal | 3 | 148 |
| mor | 5 | 201 |
| xia | 4 | 269 |
| yiv | 5 | 281 |
| zho | 5 | 192 |
| zzp | 5 | 309 |
| ddr | 8 | 445 |
| hll | 4 | 233 |
| lh0 | 2 | 113 |
| ljx | 4 | 192 |
| mgs | 5 | 253 |
| qwk | 5 | 382 |
| whh | 1 | 26 |
| xhd | 5 | 262 |
| zbz | 2 | 93 |
| zzx | 2 | 56 |
| zzx1 | 4 | 239 |
| 总计 | 79 | 4182 |

图 4-22　计算各买家的 $M$ 值和 $F$ 值

(5)计算各买家的 $R$ 值:在 H2 单元格输入公式(如图 4-23 所示),即可计算得到各买家的 $R$ 值。

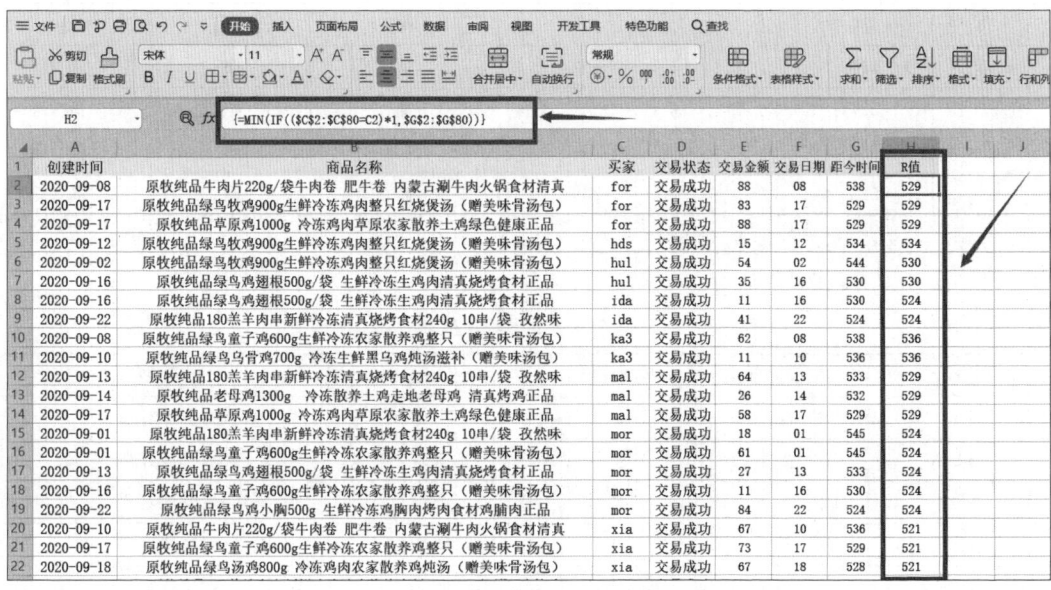

图 4-23　计算各买家的 $R$ 值

步骤二:对每个客户的 $R$、$M$、$F$ 值进行评分

(1)用 Excel 计算所有客户 $R$、$M$、$F$ 值的平均值,结果为:$R$ 平均值为 525.5,$M$ 平均值为 3.590 909 090 909 09,$F$ 平均值为 190.090 909 090 909。

(2)根据平均值对每个客户的 $R$、$M$、$F$ 值进行评分,等级为高或者低,见表 4-3。

表 4-3　　　　　　　　　　每个客户的 $R$、$M$、$F$ 值及评分

| 用户名 | $R$ 值 | $F$ 值 | $M$ 值 | $R$ 值评分 | $F$ 值评分 | $M$ 值评分 |
|---|---|---|---|---|---|---|
| for | 528 | 3 | 259 | 高 | 低 | 高 |
| hds | 533 | 1 | 15 | 高 | 低 | 低 |
| hul | 529 | 2 | 89 | 高 | 低 | 低 |
| ida | 523 | 2 | 52 | 低 | 低 | 低 |
| ka3 | 535 | 2 | 73 | 高 | 低 | 低 |
| mal | 528 | 3 | 148 | 高 | 低 | 低 |
| mor | 523 | 5 | 201 | 低 | 高 | 高 |
| xia | 520 | 4 | 269 | 低 | 高 | 高 |
| yiv | 520 | 5 | 281 | 低 | 高 | 高 |
| zho | 528 | 5 | 192 | 高 | 高 | 高 |
| zzp | 528 | 5 | 309 | 高 | 高 | 高 |
| ddr | 516 | 8 | 445 | 低 | 高 | 高 |
| hll | 516 | 4 | 233 | 低 | 高 | 高 |
| lh0 | 529 | 2 | 113 | 高 | 低 | 低 |
| ljh | 528 | 4 | 192 | 高 | 高 | 高 |
| mgs | 528 | 5 | 253 | 高 | 高 | 高 |
| qwk | 516 | 5 | 382 | 低 | 高 | 高 |
| whh | 530 | 1 | 26 | 高 | 低 | 低 |
| xhd | 516 | 5 | 262 | 低 | 高 | 高 |
| zbz | 527 | 2 | 93 | 高 | 低 | 低 |
| zzx | 532 | 2 | 56 | 高 | 低 | 低 |
| zzxl | 528 | 4 | 239 | 高 | 高 | 高 |

步骤三:对每个客户的类型进行定位

每个客户的类型定位见表 4-4。

表 4-4　　　　　　　　　　每个客户的类型定位

| 用户名 | $R$ 值评分 | $F$ 值评分 | $M$ 值评分 | 用户类型 |
|---|---|---|---|---|
| for | 高 | 低 | 高 | 重要发展客户 |
| hds | 高 | 低 | 低 | 一般发展客户 |
| hul | 高 | 低 | 低 | 一般发展客户 |
| ida | 低 | 低 | 低 | 一般挽留客户 |
| ka3 | 高 | 低 | 低 | 一般发展客户 |
| mal | 高 | 低 | 低 | 一般发展客户 |

（续表）

| 用户名 | R 值评分 | F 值评分 | M 值评分 | 用户类型 |
|---|---|---|---|---|
| mor | 低 | 高 | 高 | 重要保持客户 |
| xia | 低 | 高 | 高 | 重要保持客户 |
| yiv | 低 | 高 | 高 | 重要保持客户 |
| zho | 高 | 高 | 高 | 重要价值客户 |
| zzp | 高 | 高 | 高 | 重要价值客户 |
| ddr | 低 | 高 | 高 | 重要保持客户 |
| hll | 低 | 高 | 高 | 重要保持客户 |
| lh0 | 高 | 低 | 低 | 一般发展客户 |
| ljx | 高 | 高 | 高 | 重要价值客户 |
| mgs | 高 | 高 | 高 | 重要价值客户 |
| qwk | 低 | 高 | 高 | 重要保持客户 |
| whh | 高 | 低 | 低 | 一般发展客户 |
| xhd | 低 | 高 | 高 | 重要保持客户 |
| zbz | 高 | 低 | 低 | 一般发展客户 |
| zzx | 高 | 低 | 低 | 一般发展客户 |
| zzxl | 高 | 高 | 高 | 重要价值客户 |

通过 RFM 模型对客户进行划分，可以对不同的客户群体采用不同的管理策略，达到对不同的客户群体进行精准营销的目的，比如：

• 对于重要价值客户，需要重点关注并保持，提高其满意度，增加留存。

• 对于重要发展客户和重要保持客户，可以适当给予折扣或捆绑销售来提高客户的购买频率。

• 对于重要挽留客户，需要关注他们的购物习惯做精准化营销，以唤醒他们的购买意愿。

## 技能训练

1．使用生意参谋收集客户的订单数据，包括下单时间、下单次数、订单金额（最终成交金额）等。

2．利用 Excel 实现 RFM 模型，划分及分析用户价值、制订相应的客户运营方案。

## 思政园地

**谨防电信网络诈骗，公安部刑侦局来教老年人如何提高防骗意识**

近年来，电信网络新型违法犯罪来势凶猛、愈演愈烈，严重扰乱正常生活秩序，其中，冒充公检法、虚假短信链接等手段尤其危害老年人财产安全，成为影响老年人安全感和社会稳定的突出问题。为贯彻落实党中央、国务院关于开展打击治理电信网络新型违法犯罪工作的相关要求,开展加强老年人防范电信网络诈骗宣传教育活动,提高老年人识骗、防骗能力,从源头上有效遏制老年人电信网络诈骗案件的发生,切实维护老年人的切身利益,全国老龄办在全国范围内广泛开展"谨防电信网络诈骗,提高老年人防骗意识"主题宣传教育活动。

诈骗术那么多怎么防?牢记十二条!

1.接到"涉案"电话别慌张

若有人涉及案件,需要协助公安机关的调查,公检法相关人员会到事主的家、单位等地与其当面沟通,不会通过打电话的方式要求事主提供银行卡信息。

2.亲友借钱通过多渠道验证

遇到有人冒充亲友借钱,一定通过多种渠道进行验证,比如通过打电话、发微信甚至面谈等多道程序后再汇款。若借钱亲友暂时联系不上,要先冷静,不要贸然汇款,通过给其身边的人打电话核实,或者过几天再与其联系,得到本人确认前不汇款。

3.办带有芯片的银行卡

与磁条式银行卡相比,芯片卡的加密技术更加成熟。若不慎遇到不法分子假冒收银员,使用假的刷卡POS机刷银行卡,芯片卡可有效防止个人信息和存款被盗用。

4.银行卡设置复杂的密码

避免用生日、证件号码、电话号码等易被猜中或简单、有序的数字作为密码。

5.留心刷卡交易

在ATM机上交易时,要留心卡槽口有没有被改装过。在特约商户进行刷卡消费时,不要让卡片离开自己的视线。交易完成后,确认商户归还的卡为本人卡片。

6.开通短信通知

开通短信通知方便了解结算信息,即便被盗刷也能很快了解。保护个人信息安全,通过上门人员、银行员工等办卡,务必核实对方的身份。

7.给财产做"物理隔绝"

多在几家银行开卡,将存款分散存在多家银行,即使遇到电信网络诈骗,也可以将损失降到最低。

8.保持清醒的头脑

不贪图小利,不轻信他人谎言,牢记世上"没有免费的午餐"。要克服贪欲的心理,看好自己的钱袋子,凡是有人让你出钱的时候,一定要多一个心眼儿,不能轻易将自己的钱拿出来、送出去。

9.远离可疑人员

现在有些骗子常常主动与老年人打招呼、套近乎,同时表现得很热情,此时有的老年人就容易放松警惕。提醒老年朋友,千万不要和"陌生人"过于亲近,以免上当受骗。另外,独自外出时不要带贵重物品和首饰。

10.与亲人、朋友保持联系

凡是涉及钱的时候,不要相信骗子那些"不要告诉任何人"的话,自己拿不定主意时,一定找老伴、孩子或找自己信得过的邻居和朋友,向他们征求意见,商量对策,必要时及时报警。

11.警惕陌生公司的讲座和免费活动

不要参加所谓公司提供的讲座、免费旅游、免费茶话会及免费参观公司经营等活动,防止受其蒙蔽;不要盲目相信高额回报的宣传和所谓"公司实力",防止一叶障目。

12.在正规场所办理所需业务

老年人有病要到正规的医院去看,买药要到正规的药店去买,征婚要通过自己信得过的亲友和正规的婚介所去征,谋求工作要到正规的中介所去找。

(资料来源:澎湃新闻网)

## 任务 2 客服数据分析

随着企业越来越重视网络营销,企业和客户之间每天会制造大量的沟通数据,按照一定逻辑对数据进行系统统计、整理、分析,才能提升整体的服务质量和品牌效应。毕竟客户除了关心产品的价格和质量,还十分在意客户服务的附加价值。作为一名客服人员,应学会通过对话、评价等信息来挖掘问题,了解客服接待质量,防止客户因等待时间过长而流失,进而优化咨询流程、加强客服管理和销售过程等。客服数据具体可以划分为客服接待数据、客服工作数据、客服考勤数据及客服评价数据。

### 技能知识

要做好客服工作,或管理好客服人员,需看懂数据、发现问题,同时获取改进方法,才能用数据支持决策、提高服务水平。

**1.客服接待数据**

店铺客户约95%是因推广引流、活动设置、页面设计而来咨询的;约5%为二次回购老客户或指定旺旺、旺旺好友等来咨询的。通俗来讲,询单人数就是来店铺咨询的人数减去售后咨询人数。询单转化率就是经店铺咨询最终下单的人数占店铺咨询人数的百分比。

(1)影响询单人数的因素

如图4-24所示,影响询单人数的因素包括时间、活动、推广流量及页面设计等。

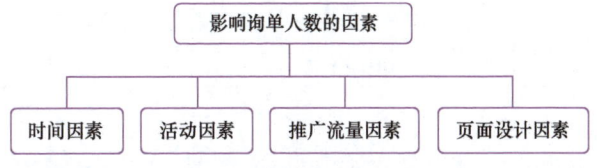

图4-24 影响询单人数的因素

①时间因素。时间因素包括类目的淡旺季、节假日、早晚咨询高峰等。淡旺季会直接关系到特定商品的询单人数,比如冬季,暖宝宝、蒸汽足浴盆的询单人数会呈现直线上升的趋势,而且季节性非常明显;节假日则是天然的促销点,很多应景的商品会比较热销;早晚这个时间也是影响比较大的,整体网购流量集中在19点之后,客服接待人数也会呈现上升趋势。

②活动因素。网络购物包括当前的直播间带货,都是比较看重性价比的,因为信息相对比较透明,因此,各个渠道、平台间的活动力度,会影响流量及商品的询单人数。

③推广流量因素。做了推广的店铺及商品自然会有更多的曝光,从而提升进店、咨询的人数。

④页面设计因素。商品主图、详情页的表现力、细致程度,会在一定程度上影响用户向客服咨询的积极性。

(2)询单转化率的重要性

商品交易总额的计算公式为

$$商品交易总额(GMV)=流量\times 转化率\times 客单价$$

其中,转化率主要取决于静默转化率和询单转化率,静默转化率=静默下单订单数/(访客数-询单人数)×100%,询单转化率=询单下单订单数/询单人数×100%。

从行业大盘数据来看,静默转化率基本恒定。因此,在流量不变的情况下,询单转化率是影响店铺业绩的重要因素。

(3)影响询单转化率的因素

买家既然产生了咨询,说明买家已经产生了购买意图,希望通过咨询获得一些决定性的有价值信息帮助他做出是否下单的决策,客服只要正确地引导,成交的概率将显著提升。从数据统计来看,如图 4-25 所示,询单转化率的高低与客服的回复速度、服务态度、专业知识、销售技巧、促销信息等都有一定关系,且一般呈现为正相关的关系,客服的回复速度越快、服务态度越好、专业知识越完备、销售技巧越高超、促销信息越有吸引力,用户在询单后实现购买的概率就会越大。

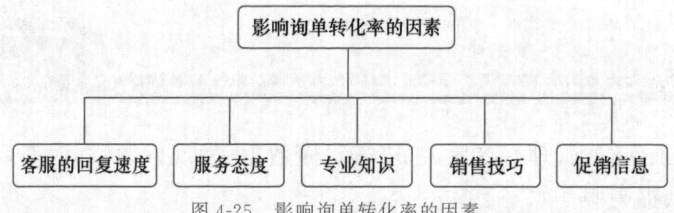

图 4-25 影响询单转化率的因素

随机抽取两类 GMV 水平相当的店铺做调查,图 4-26 为不同客服回复率的店铺询单转化率增长趋势图。B 类店铺 5 分钟客服回复率≤80%,A 类店铺 5 分钟客服回复率可达 100%。经过将近三个月的跟踪调查,结果显示,A 类店铺在运营后期慢慢与 B 类店铺拉开差距,询单转化率远超 B 类店铺。

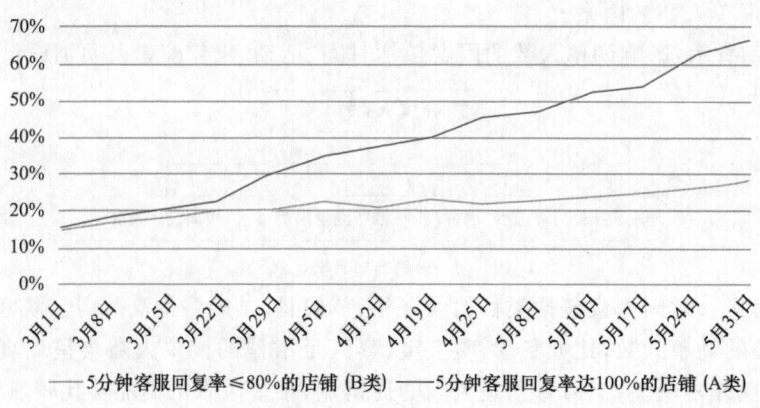

图 4-26 不同客服回复率的店铺询单转化率增长趋势图

**2. 客服工作数据**

在线客服数据统计功能可以帮助企业进行客服监督和绩效考核等。某个客服一段时间内的工作成果,如接待客户数、有效对话数、接待质量、售后数据等,都属于客服工作数据。

(1)客服工作量数据

新接待客户数:今日新接待进来的客户数量。

接待中客户数:当前接待中的客户数量。

有效会话数:接待过的客户会话中,存在一条或一条以上的人工客服消息(人工客服消息不包含自动回复和系统消息)。

消息总数:客户和客服之间成功发送的消息条目数量总和,不包含系统消息及自动回复。

(2)客服工作质量数据

要想提高客户的满意度,客服除了要耐心和礼貌,还需要快速回应。客服工作质量的指标包括:

①首次响应时间平均值

首次响应时间平均值是指所选周期内,所有人工客服第一次回应客户的平均响应时长。

②平均响应时长

平均响应时长=所有响应时长之和/响应次数。快速响应客户才能留下客户,才有机会促成成交,提升店铺的销售数据。响应客户需要注意几个方面:打字速度要快,要求在70字/分钟以上;快捷话术要准备齐全,但要注意一定要针对客户的提问,并且用词要让客户感受到轻松和热情;对产品一定要非常熟悉,如款式、材质、尺码、搭配等;及时了解和掌握店铺每期活动更新。

(3)客服售后数据

①售后综合指标

售后综合指标包括纠纷退款率、退款完结时长、退款自主完结率三项指标的综合评估数据,取值范围为近30天;三项数据对综合指标的影响占比约为3:2:1,综合指标以排名占比的形式展现与同行的对比。

而维护售后综合指标的方法包括:

a.积极处理新增退款,制定工作流程按照时间完成。

b.纠纷订单多次与客户沟通协商解决,在介入前完结订单。

c.适当做出让步,减少拒绝退款订单。

缩短退款完结时长的方法有:

a.控制售后订单首次响应时长,优先处理。

b.提醒客人(多种渠道,如电话、短信、旺旺消息等)及时操作订单退货或者修改。

c.缩短退货入库后的处理时长(包装上打印识别码加快入库匹配、系统实时入库更新、退款专员关注入库实况并及时退款)。

提升退款自主完结率的方法有:

a.特殊订单放宽条件,尽量减少介入纠纷。

b.介入后积极处理,与客户达成一致快速完结。

c.对于部分纠结客户申请特殊处理,避免影响整体数据。

②退款率

退款率的计算公式为

$$退款率＝90天周期内退款金额/交易金额\times100\%$$

优化退款率的方法有：

a.完善产品特点详情描述,避免产品描述不符;图片尽量减少色差。

b.完善尺码细节参数,提供试穿报告等。

c.加强商品质量管理,进行库存商品质检、上架前质检、出库质检、退货质检。

d.尽量避免因活动导致的退款,如活动差价、满返、买二免一等。

e.完善业务流程和系统,减少客户退款重拍次数。

f.客服了解清楚退款原因,按照不退不换、能补不退、能换不退等原则,适当与客户沟通,劝留、劝换、劝补偿。

③品质退款率

品质退款率的计算公式为

**品质退款率＝客户因描述不符、质量等商家的问题申请的退款(子订单数)笔数/店铺完结的退款总笔数×100%**

近90天品质退款率排名处于行业末尾10%的商家,将无法报名参与天猫国际营销活动,且影响国内活动申报资格。

优化品质退款率的方法有：

a.加强仓库发货检查流程。

b.客服严格按照流程联系客户进行修改。

c.客服做好安抚工作,引导客户申请和修改。

d.申请补偿政策,引导客户进行修改。

**3.客服考勤数据**

客服每天的上线时间、下线时间、登录时间、登录次数、在线时长等数据可以在生意参谋等插件中查看。

(1)客服在线时长考核

①登录时长:搜索的时间范围内从客服有登录到离线的总时长(登录时长＝下线时间－登录时间,即使下线时间不在查询时间范围内)。

②在线时长:搜索的时间范围内在线的时长。

③在线比:搜索的时间范围内,在线时长与登录时长的比率。

④忙碌时长:搜索的时间范围内,设置为忙碌的时长。

⑤离开时长:搜索的时间范围内,设置为离开的时长。

(2)客服历史登录记录

①开始时间:搜索的时间范围内,某状态(在线、忙碌、离开)的开始时间。

②结束时间:搜索的时间范围内,某状态(在线、忙碌、离开)的结束时间。

③状态:忙碌、在线、离开的显示。

④持续时长:搜索的时间范围内,状态持续的时长。

**4.客服评价数据**

通过客服评价数据可以了解客户对服务的真实评价。满意度统计能体现一定时间内,服务的平均客户满意度,以及各种评价的比例,清晰了解客户对哪些客服的问题处理进行了怎样的评价,帮助管理者进行员工考核,提升团队服务质量。

(1)评价概览(看客服)

一定时间内,客户对某个客服的服务评价如何?这些评价,来源于哪些客户?在哪个产品?评价时间、满意度、评价内容具体是什么?如果是小程序之类的平台,则比较关注:满意度平均评分是多少,有多少差评,发出邀请评价后有多少用户评价了,有评价的会话占全部会话的比例是多少。

(2)评价反馈(看客户)

查看客户都在反馈什么,有针对性地了解客户的问题和需求。查看一定时间内,这个客服有多少评价,包括满意度情况、聊天记录追踪等,能够对包括客服态度、接待效率、销售技巧等多方面的因素进行衡量和判定,从而提高客服的服务质量,提高网络口碑、店铺销售量。

## 技能实施

### 1.客服人员评价

某主营日用品的店铺对3名客服人员进行了考核,并重点考核了咨询成交转化率(咨询成交转化率=咨询并产生购买行为的客户总数/咨询总人数×100%)。表4-5是该店铺客服人员的成交转化率考核表。

表4-5　　　　　　　　　　客服人员的成交转化率考核表

| 考核指标 | 评分标准 | 分值(分) | 评定等级 |
| --- | --- | --- | --- |
| 成交转化率($X$) | $X \geqslant 51\%$ | 100 | A |
| | $45\% \leqslant X < 51\%$ | 90 | B |
| | $40\% \leqslant X < 45\%$ | 80 | C |
| | $35\% \leqslant X < 40\%$ | 70 | D |
| | $30\% \leqslant X < 35\%$ | 60 | E |
| | $25\% \leqslant X < 30\%$ | 50 | F |
| | $X < 25\%$ | 0 | G |

店铺对3名客服人员进行了绩效分析,统计了成交转化率、得分以及评定等级3个重要数据指标,具体见表4-6。

表4-6　　　　　　　　　　考核结果

| 客服编号 | 成交总人数(人) | 咨询总人数(人) | 成交转化率 | 得分(分) | 评定等级 |
| --- | --- | --- | --- | --- | --- |
| 甲 | 4 047 | 7 964 | 51% | 100 | A |
| 乙 | 289 | 1 984 | 15% | 0 | G |
| 丙 | 6 581 | 16 324 | 40% | 80 | C |

从3名客服人员的工作绩效来看,甲、丙客服的成交转化率较高,乙客服的成交转化率非常低,其工作绩效得分为0。在同一时间段内,成交转化率是考验客服工作质量的重要指标之一,成交转化率越大,客服人员对店铺的贡献越大。

所以,在下一阶段的运营中,店铺商家可以采取淘汰式客服激励机制,对于工作绩效较差的客服,也能在一定程度上起到激励作用。

**2.DSR 动态评分分析**

(1)DSR 动态评分的含义

DSR(Detailed Seller Ratings)动态评分其实就是店铺评分,是指在淘宝网交易成功后,买家可以对本次交易的卖家进行如下三项评分:宝贝与描述相符、卖家的服务态度、物流服务的质量。每项店铺评分取连续近 6 个月所有买家给予评分的算术平均值(每天计算近 6 个月的数据)。指标打分分值:1 分(非常不满意)、2 分(不满意)、3 分(一般)、4 分(满意)、5 分(非常满意)。

DSR 动态评分计算公式分为以下几种:

公式 1:DSR=总分数/总人数

公式 2:DSR=$(5a+4b+3c+2d+e)/(a+b+c+d+e)$,其中 $a\sim e$ 为各分值人数

公式 3:DSR=$5A+4B+3C+2D+E$,其中 $A\sim E$ 为各分值百分比

顾客放弃评分权利的结果是默认好评并全 5 分。所有店铺的评分都在 4.5~5.0 分,分数低于 4.5 分的店基本没有存在的必要。同一个客户每月最多给予买家 6 个有效评价,其余的全部无效。因此,若店铺要达到 1 钻 250 点信誉,最少需要有 50 个客户。也就是说,至少有 50 个客户参与评价(假设都是好评,同时去除重复购买的人)。

(2)DSR 增加分析

假设目前评分为 $A$,评价人数为 $B$,顾客评分为 $X$,评价后得分为 $C$,则:

评价前总分为:$A\times B$。

评价后总分为:$A\times B+X$,其中 $X$ 介于 1 到 5 之间。

又因为评价后总分也可记为 $C\times(B+1)$,所以得到:$A\times B+X=C\times(B+1)$,变形可以得到:$C-A=(X-C)/B$。

①$C-A$ 表示动态评分的增加,其中 $C$ 是评价后得分,$A$ 是评价前得分。

②动态评分不可能小于 4.5,也就是说 $A$ 与 $C$ 都是大于 4.5 的。

③若要求 $C-A$ 大于零,则 $X-C$ 必须大于零,其中 $C$ 是大于 4.5 的。因此,若要求店铺评分上升,顾客必须给 5 分,否则 DSR 动态评分一定下降。

④由于 $X\leqslant 5, C\geqslant 4.5$,所以 $X-C$ 最大值是 0.5。当店铺评价人数在 500 人以上时,每给一个好评最多增加 0.001(0.5/500=0.001)点信誉。反过来说,$X-C$ 最小值是-4,也就是说,顾客每给一个 1 分评价,至少需要 7 个以上的全 5 分才能抹平。

因此,客户给 4 分,需要 1 个 5 分才能抵消;客户给 3 分,需要 3 个 5 分才能抵消;客户给 2 分,需要 5 个 5 分才能抵消;客户给 1 分,需要 7 个 5 分才能抵消——以上是最保守数据,实际偏差有可能会达到 10 倍以上。

# 技能训练

1.使用生意参谋/赤兔名品等插件收集某店铺客服相关数据,利用 Excel 等工具及数据处理方法对客服的相关接待数据、工作数据、考勤数据及评价数据进行分析。

2.计算:把自己的 DSR 值(图 4-27~图 4-29)提升到行业平均水平,需要多少人打分;提升到竞争对手水平(图 4-30~图 4-32),需要多少人打分。给出营销建议。

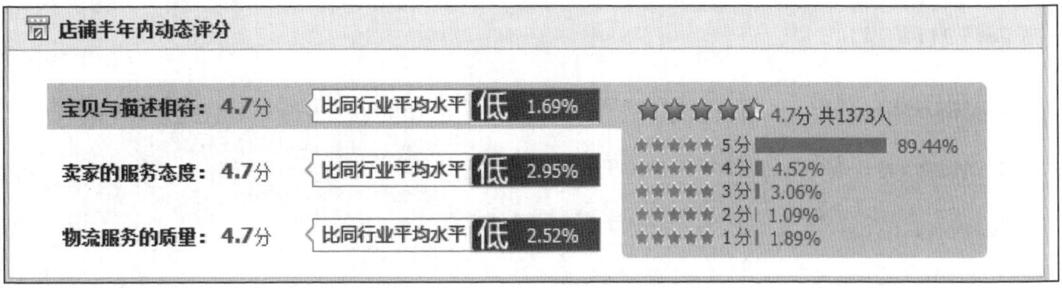

## 店铺半年内动态评分

宝贝与描述相符：4.7分　比同行业平均水平 低 1.69%　★★★★☆ 4.7分 共1373人
卖家的服务态度：4.7分　比同行业平均水平 低 2.95%　5分 89.44%
物流服务的质量：4.7分　比同行业平均水平 低 2.52%　4分 4.52%
　3分 3.06%
　2分 1.09%
　1分 1.89%

图 4-27　本店宝贝与描述相符

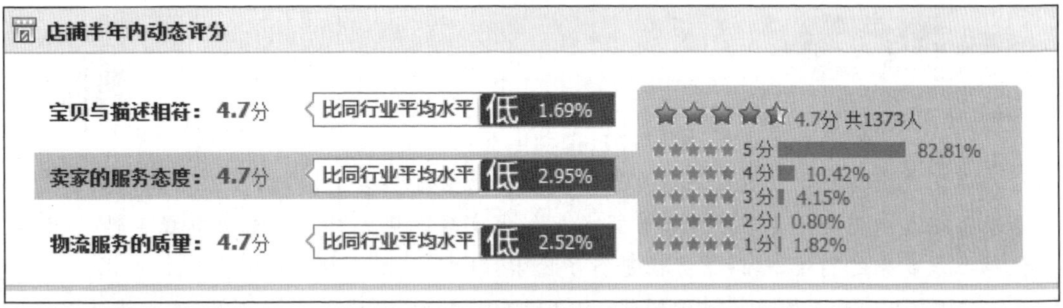

## 店铺半年内动态评分

宝贝与描述相符：4.7分　比同行业平均水平 低 1.69%　★★★★☆ 4.7分 共1373人
卖家的服务态度：4.7分　比同行业平均水平 低 2.95%　5分 82.81%
物流服务的质量：4.7分　比同行业平均水平 低 2.52%　4分 10.42%
　3分 4.15%
　2分 0.80%
　1分 1.82%

图 4-28　本店卖家的服务态度

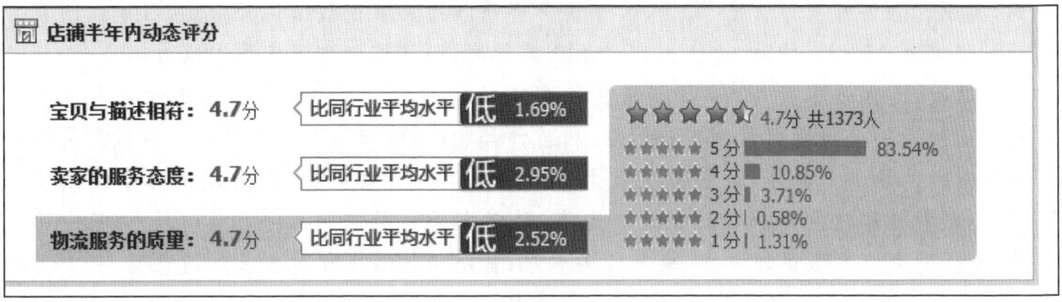

## 店铺半年内动态评分

宝贝与描述相符：4.7分　比同行业平均水平 低 1.69%　★★★★☆ 4.7分 共1373人
卖家的服务态度：4.7分　比同行业平均水平 低 2.95%　5分 83.54%
物流服务的质量：4.7分　比同行业平均水平 低 2.52%　4分 10.85%
　3分 3.71%
　2分 0.58%
　1分 1.31%

图 4-29　本店物流服务的质量

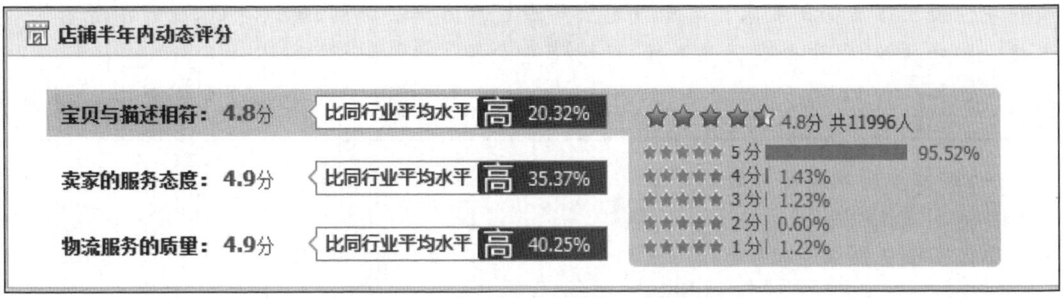

## 店铺半年内动态评分

宝贝与描述相符：4.8分　比同行业平均水平 高 20.32%　★★★★☆ 4.8分 共11996人
卖家的服务态度：4.9分　比同行业平均水平 高 35.37%　5分 95.52%
物流服务的质里：4.9分　比同行业平均水平 高 40.25%　4分 1.43%
　3分 1.23%
　2分 0.60%
　1分 1.22%

图 4-30　竞争对手宝贝与描述相符

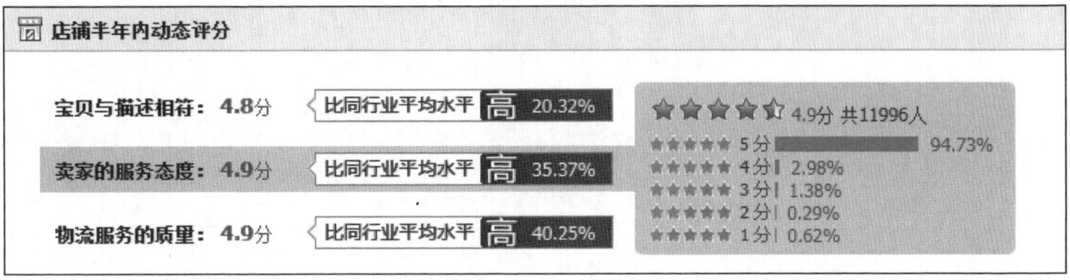

## 店铺半年内动态评分

宝贝与描述相符：4.8分　比同行业平均水平 高 20.32%　★★★★☆ 4.9分 共11996人
卖家的服务态度：4.9分　比同行业平均水平 高 35.37%　5分 94.73%
物流服务的质里：4.9分　比同行业平均水平 高 40.25%　4分 2.98%
　3分 1.38%
　2分 0.29%
　1分 0.62%

图 4-31　竞争对手卖家的服务态度

## 电子商务数据分析

| 店铺半年内动态评分 | | |
|---|---|---|
| 宝贝与描述相符：4.8分 | 比同行业平均水平 高 20.32% | 4.9分 共11996人 |
| 卖家的服务态度：4.9分 | 比同行业平均水平 高 35.37% | 5分 95.17%<br>4分 3.07%<br>3分 1.06% |
| 物流服务的质量：4.9分 | 比同行业平均水平 高 40.25% | 2分 0.22%<br>1分 0.48% |

图 4-32 竞争对手物流服务的质量

### 思政园地

**提升客服人员业务能力，推动电商行业良性、可持续性发展**

我国线上购物正以惊人的速度迅猛发展。随着业务量的激增，商家对客服人员的需求也在逐步扩大。某客服外包公司关于如何实现客服人员业务能力的稳定性，从而保障合作商家的利益，从以下方面进行了探索：

首先，组建专业的培训讲师团队，由高级客服主管、专业电商培训师、项目经理等组成，其中部分讲师同时认证了京东大学讲师资质和阿里官方认证讲师资质，目前团队累计认证讲师 35 名。同时，建立内部讲师选拔制度，激发培训讲师工作内驱力。

其次，为保证客服人员的业务能力匹配市场需求，在工作中，特别注重对客服人员的赋能提升。公司特别开设护苗计划、树苗计划和壮苗计划，为各个层次的客服人员提供针对性的培训。此外，自主研发线上学习平台——蚂蚁学院，系统提供客服在线学习、测试考核和线上线下培训等板块内容，动态掌握客服能力水平和客服上岗能力评估，更好地制订客服提能方案，提升业务水平、提高绩效达成和对外服务满意度。

电商大环境的发展趋势下，消费者和商家都在"质"和"量"两个方面对客服人员的稳定性提出了更高的要求。客服外包公司通过助力解决售前、售后难题，提升消费者的线上购物体验，促进电商行业良性、可持续性发展。

（资料来源：中华网）

# 项目5

# "货"数据分析

### 知识目标

- 熟悉销售数据分析的内容
- 掌握库存数据分析的方法
- 掌握竞争数据分析的方法

### 能力目标

- 能独立使用 ABC 分析法完成商品库存结构分析
- 能够独立完成竞店、竞品数据分析

### 思政目标

- 能够在数据分析过程中坚持正确的道德观
- 具备法律意识,遵守数据保密、知识产权等相关法律法规
- 培养学生诚信、务实、严谨的职业素养

## 引导案例

### 美团逆袭真相

2013年初,外卖与团购还相对小众。此时,以团购为核心业务的美团开始尝试开展外卖配送业务,因此组建了调研团队,一个团队负责研究美国的团购数据,另一个团队负责调查国内的两个竞争对手:家美食会和饿了么。

研究美国团购数据后,经过分析市场规模,美团推算出全国在校大学生在这个市场该有的订单量在150万单到200万单。在此基础之上,美团把校园市场、白领市场、社区市场等当时可以观测用户行为的所有市场列入调查范围,以人口、成本等要素为分析模型因素,最终测算出中国外卖市场的体量应该在每天1 000万单。

市场规模是足够的,接下来需要研究竞争对手。美团重点研究饿了么,采集饿了么网页上公开显示的订单信息,并对饿了么当时已经进驻的12个城市的订单量加以排序,得到的排序情况前五位依次是上海、北京、广州、杭州和福州。积累了足够团购经验的美团看到这个排序有些大惑不解,因为美团对于中国城市消费力的成熟度排名是非常熟悉的,在过往经验中,福州一般排在30名左右。由此反推,一个关键性的结论呼之欲出:饿了么起码有25个城市没有做成熟!而按当时饿了么进驻12个城市计算,起码空出了18个应该进驻而尚未进驻的空白城市,这正是美团的机会所在!

实际上,饿了么只是对现有外卖生意做了"线上化"升级,针对的仅仅是已经有外卖业务的餐厅。但美团对外卖的定义则更为超前,认为应该说服那些原本不做外卖的餐厅以及原本不吃外卖的用户加入,形成外卖生态系统。

因此,2013年下半年,美团决定一次性进驻30个城市,其中18个是饿了么的空白市场。此后5年,美团一路将自己的市场份额由0提高到60%左右,成为外卖行业的领军者。

美团通过分析竞争对手的情况,找准了竞争对手的空白市场,并抓住机会一举占领了市场,这充分说明了竞争对手分析的必要性。

## 项目分解

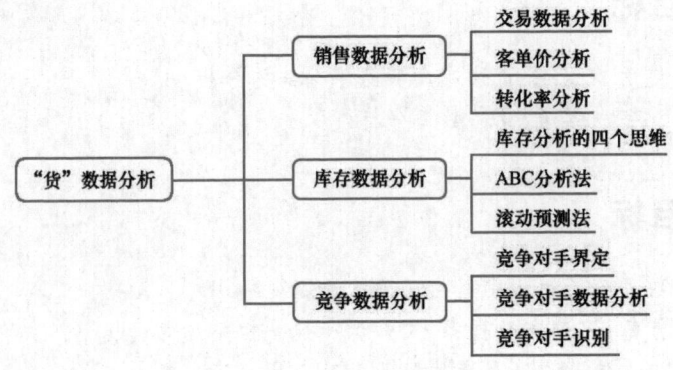

## 任务 1  销售数据分析

电子商务企业为什么要做销售数据分析？电子商务经营过程中的业务数据涉及销售数据、财务数据、人力数据、产品数据等多种类型，而销售数据在所有数据中的重要性毋庸置疑。电子商务企业分析销售数据，有助于发现企业经营中的问题，降低企业的销售成本，从而达到提高企业销售利润的目的。

### 技能知识

在电子商务数据分析中，围绕"货"的销售数据分析主要集中在交易数据分析、客单价分析和转化率分析方面。分析店铺从下单到支付整个流程的相关数据，可以帮助卖家及时了解店铺的整体销量和客单价情况，并提升商品转化率。与此同时，也可以对一些频繁异常的数据展开分析。

**1. 交易数据分析**

交易数据是指在电子商务交易过程中产生的各类数据，如交易成功金额、交易成功订单数、交易成功买家数、交易成功商品数、交易失败金额、交易失败订单数、交易失败买家数、交易失败商品数、退款金额、退款订单数、退款率等。结合数据本身，运用数据分析技术，对电子商务订单的交易数据进行初步分析，能够解决以下问题：本月/季度/年和上月/季度/年的销售情况如何？（如果上升，原因是什么？如果下降，原因是什么？）用户的消费行为是怎样的？怎样制定接下来的运营策略？

交易数据分析可以结合生意参谋中的交易模块从交易概况、交易构成、交易明细三个维度来观察网店的基本交易情况，从整体上掌握店铺的各项交易数据，从而对店铺的运营情况进行掌握和监控。下面将针对这三个维度进行具体介绍。

（1）交易概况

交易概况维度反映网店整体的交易情况，将"访客→下单→支付"整个流程呈现在经营者眼前，让经营者更加清楚地了解网店的转化；提供自己网店与同行网店的对比趋势图，让经营者更加了解同行竞争的优劣。

交易概况维度主要包括交易总览和交易趋势两个部分。通过交易总览，经营者可以了解任意天数的访客数、下单买家数、下单金额、支付金额、客单价以及各环节的转化率等数据；通过交易趋势，经营者可以了解任意天数的指标变动情况，还可以查看与同行的对比情况。

（2）交易构成

交易构成维度反映网店交易的所有订单的构成数据，主要围绕终端构成、类目构成、品牌构成、价格带构成、资金回流构成等五个方面进行分析，可以帮助经营者了解终端、类目、品牌、价格带、资金回流等各方面的交易数据，以便经营者有针对性地进行完善和优化。

交易构成维度通过终端构成，可以监控 PC 端与无线端的交易情况；通过类目构成，可以从产品类目的角度分析店铺各产品的交易情况;通过品牌构成,可以从品牌布局的角度了解店铺内部经营的各品牌的交易情况;通过价格带构成,可以了解店铺成交的每一阶段的价格分布情况;通过资金回流构成,可以知晓店铺未确认收货的时长与相关支付金额情况。与此同时,可以通过时间上的设置,从不同时间维度来了解店铺交易情况。

(3)交易明细

交易明细维度反映网店交易的某固定日期的交易情况,包括支付时间、支付金额、确认收货金额、商品成本、运费成本等。经营者通过交易明细维度,可以更好地管理每一个订单。

**2.客单价分析**

(1)客单价的概念与计算公式

客单价(Per Customer Transaction)是指在一定时期内,网店的每一个用户购买商品的平均金额,也就是平均交易金额。在网店经营中,店铺销售金额=访客数×转化率×客单价。结合公式不难看出,访客数、转化率和客单价是决定店铺销售数据的核心三要素。在日常运营中,访客数和转化率都相对较为稳定,因此提升客单价就成了各网店竞争的重中之重。

客单价的计算公式为

$$客单价 = 店铺销售金额 \div 成交用户数$$

需要注意的是,客单价总是随着时间的变化而变化的,所以在计算客单价的过程中要考虑"在一定时期内"这个限制条件。

(2)客单价与笔单价的区别

在理解客单价概念的基础上,还需要了解一个概念——笔单价。笔单价是指在一定时期内,网店的每一笔交易记录(一个订单号)对应的平均金额。笔单价的计算公式为

$$笔单价 = 店铺销售金额 \div 交易笔数(订单号数)$$

例如,某日在小王的淘宝店铺里共有 8 个用户,购买了共 1 200 元的商品。其中,有 6 个人只有 1 笔交易记录,另外两个人小 A 和小 B 分别有 2 笔、4 笔交易记录。则当天店铺的客单价=店铺销售金额÷成交用户数=1 200÷8=150 元/人,店铺的笔单价=店铺销售金额÷交易笔数(订单号数)=1 200÷(6×1+1×2+1×4)=100 元/笔。

(3)影响客单价的因素

在网店运营过程中,影响店铺客单价的因素有很多,主要集中在以下几个维度:

一是围绕商品本身的各类因素,如商品价格、商品所属类目、商品性价比、商品详情页设计等。其中重点关注商品价格和商品所属类目。对于大多数商品来说,商品的价格和所属类目直接决定了其客单价的情况。商品价格的高低基本决定了客单价的大小,而商品所属类目则决定了商品的定价。举例来说,卫生纸跟空调的客单价必然不同,从商品价格来说,卫生纸的价格偏低,空调价格偏高;从所属类目来说,卫生纸属于易耗的生活用品,空调属于耐用的家电用品,总体来看空调比卫生纸的客单价要高。

二是围绕用户本身的各类因素,如用户购买力、用户购买数量和是否为老用户。其中,重点关注用户购买力。从经济学的角度来说,用户购买力指的是用户能够购买商品的支付能力,用户光有购买欲望还不行,必须拥有支付能力才能构成需求。培养购买力强劲且忠诚的老用户,是店铺提升客单价的重要手段。

三是围绕店铺内的各类活动构成,如关联商品推荐和各类促销活动。其中,关联商品推

荐是现在网店运营中经常使用的营销方式,通过关联商品的相互联系和交叉销售,可以带动店铺其他商品的销售,同步增加店铺客单价,经济学里的啤酒和尿不湿案例就是个非常经典的关联商品销售带动客单价提升的案例。而各类促销活动,如满减活动、满赠活动、多件折扣、会员日活动等,其目的都在于不断激发用户的购买欲,从而达成更高的订单成交额,即更高的客单价。

四是围绕店铺其他的人为因素,如客服的引导和竞争对手的促销。一般来说,好的客服可以提升本店的客单价,而遇到竞争对手在做促销活动时,大部分的用户流向竞品,则导致客单价下降。

### 3.转化率分析

转化率从类型上来看,主要分成两种:一是当前转化率;二是整体转化率。当前转化率是指在一定时期内,当前环节转化人数占上一环节转化剩余人数的比率;整体转化率则是指在一定时期内,当前环节转化人数占入店选购访客数的比率。

结合前面提到的店铺销售金额计算公式:店铺销售金额=访客数×转化率×客单价(这里的转化率指的是整体转化率),在网店运营中,若想提高店铺销售金额,商品卖得多,除了访客数要多、客单价要高以外,还需要较高的转化率。拥有超高访客数,但在转化环节不尽如人意,最终的店铺销售金额也会大打折扣。举例来看,A 店铺和 B 店铺某日访客数均为 100 人,客单价均为 50 元/人,A 店铺的整体转化率为 1‰(100 人中仅有 1 人付款),B 店铺的整体转化率为 100%(100 人全付款),则 A 店铺和 B 店铺当日的销售金额分别为 50 元和 5 000 元,差价显而易见。因此,在电商经营过程中需要专门针对转化率这一指标展开分析。

(1)各环节涉及的整体转化率

从数据分析的角度来看,从用户进店、下单到支付等多个环节都有对应的整体转化率。如图 5-1 所示,在"入店选购→加购物车→使用购物车买单→确认订单→提交订单→选择支付方式→完成支付"这一整个流程中,都存在用户流失的现象,最终呈现为漏斗图,而各环节的转化率指标共同决定着最终的店铺销售金额,因此我们要了解每一环节的转化率情况,并对其相关指标进行控制和管理。

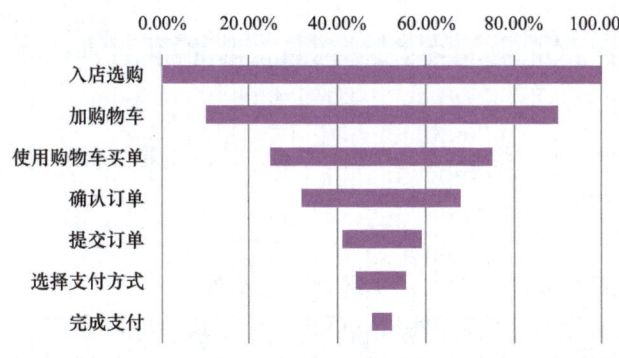

图 5-1 店铺整体转化率漏斗图

(2)相关指标

结合各环节涉及的转化率,与之相关的指标主要包括:

- 入店选购访客数:指在一定时期内,通过各种渠道进入店铺的用户数。

- 加购访客数:指在一定时期内,使用店铺"加入购物车"功能的用户数。
- 使用购物车买单访客数:指在一定时期内,使用购物车进行买单的用户数。
- 确认订单访客数:指在一定时期内,进行订单信息核对的用户数。
- 提交订单访客数:指在一定时期内,进行订单提交的用户数。
- 选择支付方式访客数:指在一定时期内,选择支付方式的用户数。
- 完成支付访客数:指在一定时期内,成功完成支付的用户数。

从入店选购到最终完成支付的各个环节,都会一层层地过滤转化人数。在进行数据分析过程中,需要重点关注转化率低的环节中的各类问题,尽可能简化流程,从而更好地实现支付转化。

(3)影响转化率的因素

影响转化率的因素主要有:宝贝主图、宝贝价格、宝贝详情页的设计以及宝贝的销量和评价。

①宝贝主图

宝贝主图的图片质量、呈现效果会直接影响用户是否会选择购买。使用专业的拍照设备和进行效果处理,对宝贝的成交有着显著作用。

②宝贝价格

根据用户的浏览习惯,在宝贝主图具有吸引力的前提下,第二大重要因素就是宝贝价格。根据不同的定价手段,合理确定宝贝价格,制订促销计划,也是帮助提升转化率的一大重点。

③宝贝详情页的设计

宝贝详情页的设计主要围绕宝贝的各类细节信息,也需要经营者花费时间去进行考量,特别是视频介绍、图片选取以及文字设计上,都需要精心打磨,从而保证用户在浏览的过程中能够充分地获取想要的信息,促进用户成功下单。

④宝贝的销量和评价

宝贝的销量和评价往往也会影响转化率。面对零销量、零好评的宝贝,用户的购买欲望会大打折扣,因此经营者需要尽可能地提升店铺整体销量和评价数,特别是优质评价数。

## 技能实施

**1.交易数据分析**

进入生意参谋,在菜单栏找到"交易"功能模块,进入"交易分析",包括"交易概况""交易构成""交易明细"三个维度。

(1)"交易概况"

在本任务"技能知识"模块我们已经了解到,"交易概况"维度反映的是网店整体的交易情况。其中,"交易总览"功能在实际使用时可在"日期"选项中设置交易日期,可设定"最近1天""最近7天""最近30天""自然日""自然周""自然月";可在"所有终端"选项设置终端类型,可设定"所有终端""PC端""无线端",如图5-2所示。

项目 5 "货"数据分析

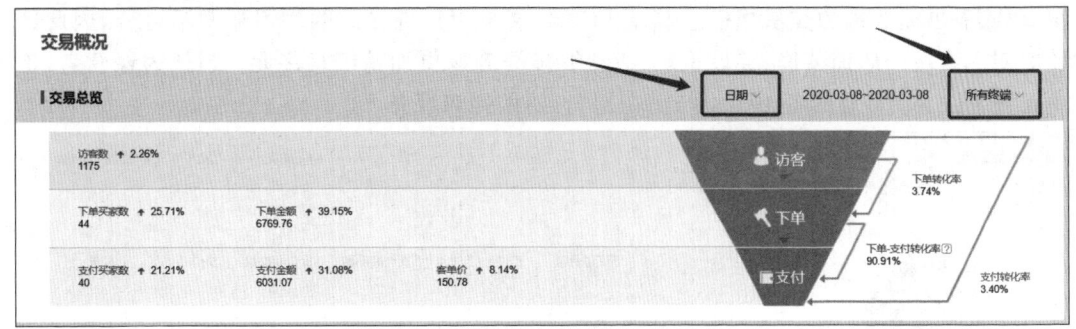

图 5-2 "交易概况"中的"交易总览"

在"交易总览"中针对选定的日期会呈现对应的交易数据情况,包括访客数、下单买家数、下单金额、支付买家数、支付金额、客单价等实时数据;与此同时,还在右侧以转化率漏斗图的方式展示"访客→下单→支付"的整个转化率情况。从中我们不难发现:在设定的时间段内,店铺的各项数据均呈上升趋势,访客数、客单价分别同比增长了 2.26% 和 8.14%。通过同比增长率的计算公式可得出:访客数增加了 26 人,客单价增加了 11.35 元。因此,店铺销售金额也呈现增长趋势。针对这种情况,卖家应及时分析访客数与客单价增长的原因,做好总结工作,积攒成功经验,帮助后期制订运营方案。另外,针对转化率数据也需进行分析。本店铺的下单转化率为 3.74%,支付转化率为 3.40%,在实际经营中应该结合行业内的转化率数据进行比较分析,着重关注竞店的相关数据变动,注意查缺补漏。

在"交易趋势"中同样可以进行时间的设定,还可以指定需要分析的一个或多个指标,如图 5-3 所示。单指标的趋势变动或多指标的共同联动,可以反映店铺在设定的时间段内指标的整体趋势情况。如图 5-3 所示的是某店铺 2021 年 11 月的支付金额趋势图。另外,可通过勾选"同行对比",来横向比较同一时间段的同行相关数据。

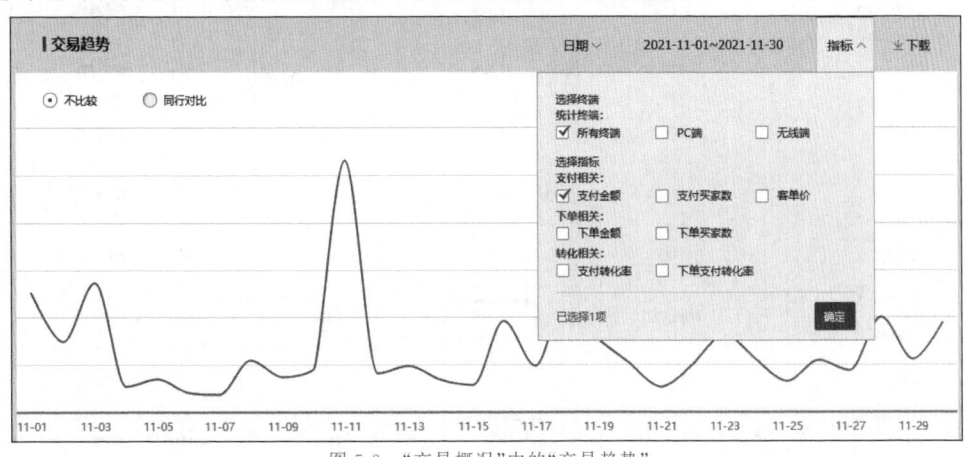

图 5-3 "交易概况"中的"交易趋势"

(2)"交易构成"

"交易构成"维度在设定好时间段后,可以了解店铺在该时间段内包括终端构成、类目构成、品牌构成、价格带构成、资金回流构成等五大块的不同数据指标。

"终端构成"可以监控店铺 PC 端与无线端的交易情况,展现设定时间段内的 PC 端和无线端各自的支付金额、支付金额占比、支付商品数、支付买家数、支付转化率等指标,可直接对比出店铺在两个终端的交易数据。如图 5-4 所示为某店铺最近 30 天的两大终端交易情

129

况，不难看出无线端的交易规模远高于 PC 端，这与用户现在的购物习惯密不可分，因此经营者对无线端的店铺装修、宝贝呈现、活动编排等应该更加精细且多元。但作为经营者，也不可轻易放弃 PC 端的各种流量与潜在用户，要做到双管齐下。

**终端构成**　　最近30天　　2020-02-08~2020-03-08

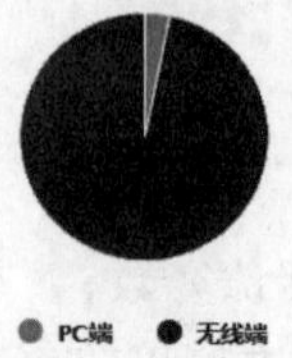


| 终端 | 支付金额 | 支付金额占比 | 支付商品数 | 支付买家数 | 支付转化率 | 操作 |
|---|---|---|---|---|---|---|
| PC端 | 6298.48 | 3.21% | 76 | 49 | 4.11% | 查看趋势 |
| 无线端 | 189666.14 | 96.79% | 428 | 1608 | 3.49% | 查看趋势 |

图 5-4 “交易构成”中的“终端构成”

“类目构成”用于反映店铺交易中的各种类目数据情况。图 5-5 展示了某店铺最近 30 天发生交易的所有类目，从数据中我们可以发现：该店铺中“整鸡”的支付金额占比最高，达到 48.24%；其次为“生鸡翅”，支付金额占比为 20.18%；支付金额占比最低的为“鸡肉丸/肉串”，仅为 3.15%。从类目数据中不难发现：该店铺类目交易分布比较多元，但主要还是靠“整鸡”类目带动店铺销量，应考虑通过“整鸡”类目搭配其他类目商品，特别是当前支付金额占比不高且支付转化率低的类目商品，从而提升其他类目产品的销售额。

**类目构成**　　全部　PC　无线　　下载

| 类目 | 支付金额 | 支付金额占比 | 支付买家数 | 支付转化率 | 操作 |
|---|---|---|---|---|---|
| 鸡肉丸/肉串 | 5257.21 | 3.15% | 111 | 7.11% | 查看趋势 |
| 羊肉卷/片 | 6839.07 | 4.10% | 85 | 4.46% | 查看趋势 |
| 羊肉串 | 6895.8 | 4.13% | 102 | 4.08% | 查看趋势 |
| 牛肉卷/片 | 8988.63 | 5.39% | 132 | 4.58% | 查看趋势 |
| 生鸡腿 | 10772.85 | 6.46% | 224 | 3.38% | 查看趋势 |
| 整鸡 | 80492.27 | 48.24% | 647 | 5.00% | 查看趋势 |
| 鸡胸 | 13949.58 | 8.36% | 247 | 6.02% | 查看趋势 |
| 生鸡翅 | 33666.55 | 20.18% | 395 | 3.44% | 查看趋势 |

图 5-5 “交易构成”中的“类目构成”

“品牌构成”用于观测店铺经营的所有商品中各个品牌的交易占比数据。图 5-6 展示了某店铺经营的是“原牧纯品”品牌，所有交易都是该品牌的旗下商品。通过数据不难发现，该店铺当前的经营品牌单一，可结合店铺实际情况适当扩充店铺的经营品牌，实现多品牌共同推进店铺发展。

**品牌构成**

全部 PC 无线 下载

| 品牌名称 | 支付金额 | 支付金额占比 | 支付金额较上期 | 支付买家数 | 支付件数 | 操作 |
|---|---|---|---|---|---|---|
| 原牧纯品 | 195964.62 | 0.00% | 220.99% | 1276 | 5763 | 店铺详情 |

图 5-6 “交易构成”中的“品牌构成”

“价格带构成”用于呈现所有交易商品的价格分布情况。图 5-7 展示了某店铺交易的商品价格在 20～150 元，其中 40～150 元的支付买家占比相对较高，达到了 53.57%。针对店铺经营产品来说，店铺当前的客单价数据尚可，但从支付转化率的角度来看，最近 30 天店铺的支付转化率相对较低，卖家应该加大力度推广各价格带的商品，促成交易转化，提升销量。另外，还可以通过单击价格带最右侧对应的“查看趋势”按钮，查看该价格带各指数的具体趋势。

**价格带构成**

全部 PC 无线 下载

| 价格带 | 支付买家占比 | 支付买家数 | 支付金额 | 支付转化率 | 操作 |
|---|---|---|---|---|---|
| 20～40元 | 46.43% | 871 | 73221.86 | 1.22% | 查看趋势 |
| 40～150元 | 53.57% | 1005 | 122742.76 | 1.46% | 查看趋势 |

图 5-7 “交易构成”中的“价格带构成”

“资金回流构成”反映店铺在设定的时间内已完成交易但未确认收货的支付金额占比情况。在网店经营过程中，如果对资金回流的掌控不到位，店铺的资金运转会存在一定问题，严重时甚至会影响店铺的正常运营。图 5-8 展示了某店铺有较大比例的资金需要 3～8 天才能完成回流，因此应尽可能联系用户，以返现、送无门槛优惠券、送礼品等方式促使用户尽快确认收货。

**资金回流构成**　　数据更新日期：2021-11-30

| 未确认收货时长 | 支付金额占比 | 支付金额 | 支付商品数 | 支付买家数 | 操作 |
|---|---|---|---|---|---|
| 1-2天 | 19.23% | 4,972.78 | 12 | 30 | 买家详情 |
| 3-5天 | 36.74% | 9,501.55 | 12 | 45 | 买家详情 |
| 6-8天 | 36.20% | 9,362.18 | 14 | 41 | 买家详情 |
| 9-11天 | 6.78% | 1,753.37 | 7 | 9 | 买家详情 |
| 12天以上 | 1.04% | 268.97 | 1 | 1 | 买家详情 |

包裹签收后未确认收货的订单，离超时自动确认收货时长，不足一天不统计

提示　您总共有 25,858.86 元货款处于确认收货状态中，其中 3-5天 时段占据最多，为了快速资金回笼，赶紧到 买家详情 进行操作。

图 5-8 “交易构成”中的“资金回流构成”

(3)“交易明细”

“交易明细”维度在设定好统计时间后，可以展现包括订单编号、订单创建时间、支付时间、支付金额、确认收货金额、商品成本、运费成本等各项交易的明细数据。如图 5-9 所示，

经营者可以通过“交易明细”维度更好地管理每一笔订单。

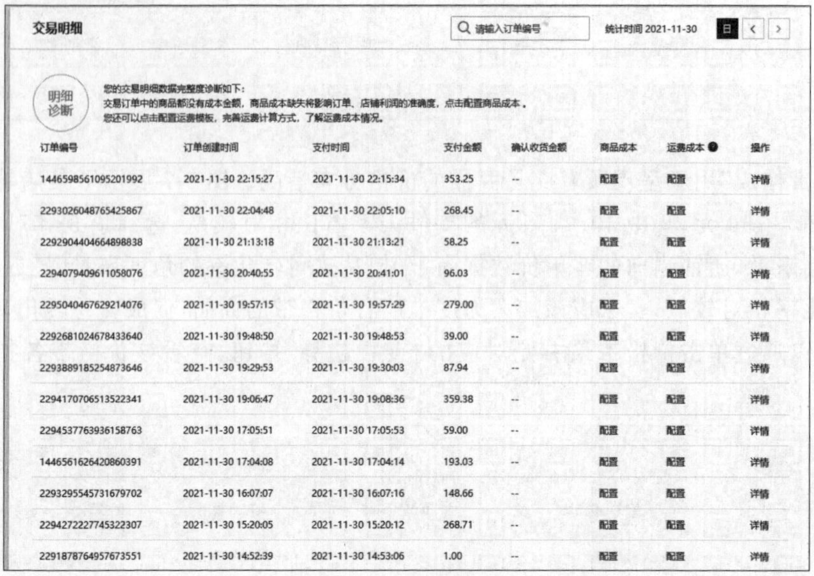

交易明细　请输入订单编号　统计时间 2021-11-30　日 < >

明细诊断　您的交易明细数据完整度诊断如下：
交易订单中的商品都没有成本金额，商品成本缺失将影响订单、店铺利润的准确度，点击配置商品成本。
您还可以点击配置运费模板，完善运费计算方式，了解运费成本情况。

| 订单编号 | 订单创建时间 | 支付时间 | 支付金额 | 确认收货金额 | 商品成本 | 运费成本 | 操作 |
|---|---|---|---|---|---|---|---|
| 1446598561095201992 | 2021-11-30 22:15:27 | 2021-11-30 22:15:34 | 353.25 | -- | 配置 | 配置 | 详情 |
| 2293026048765425867 | 2021-11-30 22:04:48 | 2021-11-30 22:05:10 | 268.45 | -- | 配置 | 配置 | 详情 |
| 2292904404664898838 | 2021-11-30 21:13:18 | 2021-11-30 21:13:21 | 58.25 | -- | 配置 | 配置 | 详情 |
| 2294079409611058076 | 2021-11-30 20:40:55 | 2021-11-30 20:41:01 | 96.03 | -- | 配置 | 配置 | 详情 |
| 2295040467629214076 | 2021-11-30 19:57:15 | 2021-11-30 19:57:29 | 279.00 | -- | 配置 | 配置 | 详情 |
| 2292681024678433640 | 2021-11-30 19:48:50 | 2021-11-30 19:48:53 | 39.00 | -- | 配置 | 配置 | 详情 |
| 2293889185254873646 | 2021-11-30 19:29:53 | 2021-11-30 19:30:03 | 87.94 | -- | 配置 | 配置 | 详情 |
| 2294170706513522341 | 2021-11-30 19:06:47 | 2021-11-30 19:08:36 | 359.38 | -- | 配置 | 配置 | 详情 |
| 2294537763936158763 | 2021-11-30 17:05:51 | 2021-11-30 17:05:53 | 59.00 | -- | 配置 | 配置 | 详情 |
| 1446561626420860391 | 2021-11-30 17:04:08 | 2021-11-30 17:04:14 | 193.03 | -- | 配置 | 配置 | 详情 |
| 2293295545731679702 | 2021-11-30 16:07:07 | 2021-11-30 16:07:16 | 148.66 | -- | 配置 | 配置 | 详情 |
| 2294272227745322307 | 2021-11-30 15:20:05 | 2021-11-30 15:20:12 | 268.71 | -- | 配置 | 配置 | 详情 |
| 2291878764957673551 | 2021-11-30 14:52:39 | 2021-11-30 14:53:06 | 1.00 | -- | 配置 | 配置 | 详情 |

图 5-9 “交易明细”

## 2.客单价的计算与图表展示

(1)客单价的计算

图 5-10 为某店铺 2021 年 11 月的部分销售数据，结合公式“客单价＝店铺销售金额÷成交用户数”，可计算出该店铺老用户(购买次数≥2 次)、复购用户(购买次数＝2 次)和新用户的付费客单价，其中：

| | A | B | C | D | E | F | G | H | I | J | K | L | M |
|---|---|---|---|---|---|---|---|---|---|---|---|---|---|
| 1 | 日期 | 日活用户数 | 老用户 | 新用户 | 老用户付费订单量 | 老用户付费销售额 | 老用户付费客单价 | 复购用户付费订单量 | 复购用户付费销售额 | 复购用户付费客单价 | 新用户付费订单量 | 新用户付费销售额 | 新用户付费客单价 |
| 2 | 2021.11.01 | 19582 | 17032 | 2550 | 206 | 13840.6 | | 11 | 783.1 | | 26 | 912.6 | |
| 3 | 2021.11.02 | 8485 | 6918 | 1567 | 94 | 5916.2 | | 11 | 752.3 | | 23 | 742.9 | |
| 4 | 2021.11.03 | 10319 | 8732 | 1587 | 114 | 6624.4 | | 12 | 739.2 | | 28 | 968.8 | |
| 5 | 2021.11.04 | 12150 | 10750 | 1400 | 135 | 7222.5 | | 19 | 1149.5 | | 33 | 1105.5 | |
| 6 | 2021.11.05 | 10422 | 8879 | 1543 | 115 | 6118 | | 21 | 1264.2 | | 28 | 929.6 | |
| 7 | 2021.11.06 | 12903 | 11423 | 1480 | 146 | 7738 | | 19 | 1140 | | 22 | 726 | |
| 8 | 2021.11.07 | 17884 | 16352 | 1532 | 203 | 10698.1 | | 34 | 2029.8 | | 50 | 1635 | |
| 9 | 2021.11.08 | 10158 | 8638 | 1520 | 115 | 6037.5 | | 18 | 1071 | | 28 | 910 | |
| 10 | 2021.11.09 | 11201 | 9743 | 1458 | 198 | 12629.4 | | 30 | 2565.6 | | 31 | 998.2 | |
| 11 | 2021.11.10 | 12081 | 10567 | 1514 | 177 | 12124 | | 35 | 3144 | | 34 | 1088 | |
| 12 | 2021.11.11 | 13592 | 12062 | 1530 | 214 | 15961.8 | | 55 | 5819.7 | | 34 | 1077.8 | |
| 13 | 2021.11.12 | 11524 | 10086 | 1438 | 176 | 9064 | | 25 | 1462.5 | | 44 | 1386 | |
| 14 | 2021.11.13 | 10709 | 9215 | 1494 | 246 | 12595.2 | | 43 | 2502.6 | | 57 | 1778.4 | |
| 15 | 2021.11.14 | 8971 | 7015 | 1956 | 81 | 4212 | | 10 | 590 | | 20 | 640 | |
| 16 | 2021.11.15 | 7971 | 6515 | 1456 | 81 | 4212 | | 10 | 590 | | 20 | 640 | |
| 17 | 2021.11.16 | 8471 | 7015 | 1456 | 81 | 4212 | | 10 | 590 | | 20 | 640 | |
| 18 | 2021.11.17 | 9082 | 8032 | 1050 | 106 | 5840.6 | | 11 | 683.1 | | 26 | 912.6 | |
| 19 | 2021.11.18 | 9532 | 8032 | 1500 | 106 | 5840.6 | | 11 | 683.1 | | 26 | 912.6 | |
| 20 | 2021.11.19 | 9292 | 8066 | 1226 | 97 | 5296.2 | | 10 | 616 | | 24 | 830.4 | |
| 21 | 2021.11.20 | 8358 | 6886 | 1472 | 85 | 4547.5 | | 11 | 665.5 | | 21 | 703.5 | |
| 22 | 2021.11.21 | 7971 | 6515 | 1456 | 81 | 4212 | | 10 | 590 | | 20 | 640 | |
| 23 | 2021.11.22 | 10430 | 8956 | 1474 | 106 | 5480.2 | | 12 | 704.4 | | 26 | 824.2 | |
| 24 | 2021.11.23 | 11014 | 9478 | 1536 | 112 | 5768 | | 10 | 585 | | 28 | 882 | |
| 25 | 2021.11.24 | 11598 | 10084 | 1514 | 118 | 6171.4 | | 13 | 770.9 | | 29 | 936.7 | |
| 26 | 2021.11.25 | 9182 | 7660 | 1522 | 124 | 6770.4 | | 16 | 985.6 | | 31 | 1072.6 | |
| 27 | 2021.11.26 | 9766 | 8230 | 1536 | 150 | 8025 | | 23 | 1391.5 | | 27 | 904.5 | |
| 28 | 2021.11.27 | 9351 | 7887 | 1464 | 157 | 8195.4 | | 26 | 1539.2 | | 39 | 1255.8 | |
| 29 | 2021.11.28 | 10945 | 9451 | 1494 | 164 | 8528 | | 25 | 1475 | | 41 | 1312 | |
| 30 | 2021.11.29 | 11568 | 10096 | 1472 | 171 | 8840.7 | | 21 | 1232.7 | | 36 | 1141.2 | |
| 31 | 2021.11.30 | 10509 | 9015 | 1494 | 177 | 9115.5 | | 19 | 1111.5 | | 32 | 1008 | |

图 5-10 某店铺 2021 年 11 月的部分销售数据

2021.11.01 的老用户付费客单价＝F2/E2；

2021.11.01 的复购用户付费客单价＝I2/H2；

2021.11.01 的新用户付费客单价＝L2/K2。

通过下拉自动套入公式的方式完成其他日期的客单价计算，最终结果如图 5-11 所示。

| | A | B | C | D | E | F | G | H | I | J | K | L | M |
|---|---|---|---|---|---|---|---|---|---|---|---|---|---|
| 1 | 日期 | 日活用户数 | 老用户 | 新用户 | 老用户付费订单量 | 老用户付费销售额 | 老用户付费客单价 | 复购用户付费订单量 | 复购用户付费销售额 | 复购用户付费客单价 | 新用户付费订单量 | 新用户付费销售额 | 新用户付费客单价 |
| 2 | 2021.11.01 | 19582 | 17032 | 2550 | 206 | 13840.6 | 67.19 | 11 | 783.1 | 71.19 | 26 | 912.6 | 35.10 |
| 3 | 2021.11.02 | 8485 | 6918 | 1567 | 94 | 5916.2 | 62.94 | 11 | 752.3 | 68.39 | 23 | 742.9 | 32.30 |
| 4 | 2021.11.03 | 10319 | 8732 | 1587 | 114 | 6624.4 | 58.11 | 12 | 739.2 | 61.60 | 28 | 968.8 | 34.60 |
| 5 | 2021.11.04 | 12150 | 10750 | 1400 | 135 | 7222.5 | 53.50 | 19 | 1149.5 | 60.50 | 33 | 1105.5 | 33.50 |
| 6 | 2021.11.05 | 10422 | 8879 | 1543 | 115 | 6118 | 53.20 | 21 | 1264.2 | 60.20 | 28 | 929.6 | 33.20 |
| 7 | 2021.11.06 | 12903 | 11423 | 1480 | 146 | 7738 | 53.00 | 19 | 1140 | 60.00 | 22 | 726 | 33.00 |
| 8 | 2021.11.07 | 17884 | 16352 | 1532 | 203 | 10698.1 | 52.70 | 34 | 2029.8 | 59.70 | 50 | 1635 | 32.70 |
| 9 | 2021.11.08 | 10158 | 8638 | 1520 | 115 | 6037.5 | 52.50 | 18 | 1071 | 59.50 | 28 | 910 | 32.50 |
| 10 | 2021.11.09 | 11201 | 9743 | 1458 | 198 | 12629.4 | 63.78 | 30 | 2565.6 | 85.52 | 31 | 998.2 | 32.20 |
| 11 | 2021.11.10 | 12081 | 10567 | 1514 | 177 | 12124 | 68.50 | 35 | 3144 | 89.83 | 34 | 1088 | 32.00 |
| 12 | 2021.11.11 | 13592 | 12062 | 1530 | 214 | 15961.8 | 74.59 | 55 | 5819.7 | 105.81 | 34 | 1077.8 | 31.70 |
| 13 | 2021.11.12 | 11524 | 10086 | 1438 | 176 | 9064 | 51.50 | 25 | 1462.5 | 58.50 | 44 | 1386 | 31.50 |
| 14 | 2021.11.13 | 10709 | 9215 | 1494 | 246 | 12595.2 | 51.20 | 43 | 2502.6 | 58.20 | 57 | 1778.4 | 31.20 |
| 15 | 2021.11.14 | 8971 | 7015 | 1956 | 81 | 4212 | 52.00 | 10 | 590 | 59.00 | 20 | 640 | 32.00 |
| 16 | 2021.11.15 | 7971 | 6515 | 1456 | 81 | 4212 | 52.00 | 10 | 590 | 59.00 | 20 | 640 | 32.00 |
| 17 | 2021.11.16 | 8471 | 7015 | 1456 | 81 | 4212 | 52.00 | 10 | 590 | 59.00 | 20 | 640 | 32.00 |
| 18 | 2021.11.17 | 9082 | 8032 | 1050 | 106 | 5840.6 | 55.10 | 11 | 683.1 | 62.10 | 26 | 912.6 | 35.10 |
| 19 | 2021.11.18 | 9532 | 8032 | 1500 | 106 | 5840.6 | 55.10 | 11 | 683.1 | 62.10 | 26 | 912.6 | 35.10 |
| 20 | 2021.11.19 | 9292 | 8066 | 1226 | 97 | 5296.2 | 54.60 | 10 | 616 | 61.60 | 24 | 830.4 | 34.60 |
| 21 | 2021.11.20 | 8358 | 6886 | 1472 | 85 | 4547.5 | 53.50 | 11 | 665.5 | 60.50 | 21 | 703.5 | 33.50 |
| 22 | 2021.11.21 | 7971 | 6515 | 1456 | 81 | 4212 | 52.00 | 10 | 590 | 59.00 | 20 | 640 | 32.00 |
| 23 | 2021.11.22 | 10430 | 8956 | 1474 | 106 | 5480.2 | 51.70 | 12 | 704.4 | 58.70 | 26 | 824.2 | 31.70 |
| 24 | 2021.11.23 | 11014 | 9478 | 1536 | 112 | 5768 | 51.50 | 10 | 585 | 58.50 | 28 | 882 | 31.50 |
| 25 | 2021.11.24 | 11598 | 10084 | 1514 | 118 | 6171.4 | 52.30 | 13 | 770.9 | 59.30 | 29 | 936.7 | 32.30 |
| 26 | 2021.11.25 | 9182 | 7660 | 1522 | 124 | 6770.4 | 54.60 | 16 | 985.6 | 61.60 | 31 | 1072.6 | 34.60 |
| 27 | 2021.11.26 | 9766 | 8230 | 1536 | 150 | 8025 | 53.50 | 23 | 1391.5 | 60.50 | 27 | 904.5 | 33.50 |
| 28 | 2021.11.27 | 9351 | 7887 | 1464 | 157 | 8195.4 | 52.20 | 26 | 1539.2 | 59.20 | 39 | 1255.8 | 32.20 |
| 29 | 2021.11.28 | 10945 | 9451 | 1494 | 164 | 8528 | 52.00 | 25 | 1475 | 59.00 | 41 | 1312 | 32.00 |
| 30 | 2021.11.29 | 11568 | 10096 | 1472 | 171 | 8840.7 | 51.70 | 21 | 1232.7 | 58.70 | 36 | 1141.2 | 31.70 |
| 31 | 2021.11.30 | 10509 | 9015 | 1494 | 177 | 9115.5 | 51.50 | 19 | 1111.5 | 58.50 | 32 | 1008 | 31.50 |

图 5-11 某店铺 2021 年 11 月的客单价

（2）客单价的图表展示

选择用于绘制客单价的相关数据（图 5-12 的灰色区域），单击菜单栏中的"插入"选项卡，找到"图表"功能区，单击折线图图标，找到目标图表——带数据标记的折线图并插入，得到如图 5-13 所示的图表。

结合图表不难看出，该店铺 2021 年 11 月的客单价整体走势为高→低→高→平稳，老用户和复购用户的客单价最高点都在 2021.11.11，其主要原因是受"双十一"活动影响，从而短时间内达到高峰值；另一方面，从不同用户层面来看，复购用户付费客单价长期是三类用户中最高的，可以看出复购用户对店铺的认可度是最高的，再次下单的时候客单价也是最高的，老用户付费客单价居第二位，略低于复购用户，而新用户付费客单价最低，与复购用户、老用户付费客单价差距较大，经营者应该针对新用户进行关联商品的推荐、交叉商品的联动、满减促销的推进等来提升新用户的成交金额，从而提升客单价。

**3. 转化率的计算与转化率漏斗图的绘制**

转化率漏斗图制作的整体步骤可分为：计算当前转化率和整体转化率→计算占位数据→插入堆积条形图→设置坐标轴格式→调整数据顺序→美化图表。

通过后台数据查询，我们得到某店铺某日各环节的访客数情况见表 5-1。

转化率的计算与转化率漏斗图的绘制

# 电子商务数据分析

| 日期 | 日活用户数 | 老用户 | 新用户 | 老用户付费订单量 | 老用户付费销售额 | 老用户付费客单价 | 复购用户付费订单量 | 复购用户付费销售额 | 复购用户付费客单价 | 新用户付费订单量 | 新用户付费销售额 | 新用户付费客单价 |
|---|---|---|---|---|---|---|---|---|---|---|---|---|
| 2021.11.01 | 19582 | 17032 | 2550 | 206 | 13840.6 | 67.19 | 11 | 783.1 | 71.19 | 26 | 912.6 | 35.10 |
| 2021.11.02 | 8485 | 6918 | 1567 | 94 | 5916.2 | 62.94 | 11 | 752.3 | 68.39 | 23 | 742.9 | 32.30 |
| 2021.11.03 | 10319 | 8732 | 1587 | 114 | 6624.4 | 58.11 | 12 | 739.2 | 61.60 | 28 | 968.8 | 34.60 |
| 2021.11.04 | 12150 | 10750 | 1400 | 135 | 7222.5 | 53.50 | 19 | 1149.5 | 60.50 | 33 | 1105.5 | 33.50 |
| 2021.11.05 | 10422 | 8879 | 1543 | 115 | 6118 | 53.20 | 21 | 1264.2 | 60.20 | 28 | 929.6 | 33.20 |
| 2021.11.06 | 12903 | 11423 | 1480 | 146 | 7738 | 53.00 | 19 | 1140 | 60.00 | 22 | 726 | 33.00 |
| 2021.11.07 | 17884 | 16352 | 1532 | 203 | 10698.1 | 52.70 | 34 | 2029.8 | 59.70 | 50 | 1635 | 32.70 |
| 2021.11.08 | 10158 | 8638 | 1520 | 115 | 6037.5 | 52.50 | 18 | 1071 | 59.50 | 28 | 910 | 32.50 |
| 2021.11.09 | 11201 | 9743 | 1458 | 198 | 12629.4 | 63.78 | 30 | 2565.6 | 85.52 | 31 | 998.2 | 32.20 |
| 2021.11.10 | 12081 | 10567 | 1514 | 177 | 12124 | 68.50 | 35 | 3144 | 89.83 | 34 | 1088 | 32.00 |
| 2021.11.11 | 13592 | 12062 | 1530 | 214 | 15961.8 | 74.59 | 55 | 5819.7 | 105.81 | 34 | 1077.8 | 31.70 |
| 2021.11.12 | 11524 | 10086 | 1438 | 176 | 9064 | 51.50 | 25 | 1462.5 | 58.50 | 44 | 1386 | 31.50 |
| 2021.11.13 | 10709 | 9215 | 1494 | 246 | 12595.2 | 51.20 | 43 | 2502.6 | 58.20 | 57 | 1778.4 | 31.20 |
| 2021.11.14 | 8971 | 7015 | 1956 | 81 | 4212 | 52.00 | 10 | 590 | 59.00 | 20 | 640 | 32.00 |
| 2021.11.15 | 7971 | 6515 | 1456 | 81 | 4212 | 52.00 | 10 | 590 | 59.00 | 20 | 640 | 32.00 |
| 2021.11.16 | 8471 | 7015 | 1456 | 81 | 4212 | 52.00 | 10 | 590 | 59.00 | 20 | 640 | 32.00 |
| 2021.11.17 | 9082 | 8032 | 1050 | 106 | 5840.6 | 55.10 | 11 | 683.1 | 62.10 | 26 | 912.6 | 35.10 |
| 2021.11.18 | 9532 | 8032 | 1500 | 106 | 5840.6 | 55.10 | 11 | 683.1 | 62.10 | 26 | 912.6 | 35.10 |
| 2021.11.19 | 9292 | 8066 | 1226 | 97 | 5296.2 | 54.60 | 10 | 616 | 61.60 | 24 | 830.4 | 34.60 |
| 2021.11.20 | 8358 | 6886 | 1472 | 85 | 4547.5 | 53.50 | 11 | 665.5 | 60.50 | 21 | 703.5 | 33.50 |
| 2021.11.21 | 7971 | 6515 | 1456 | 81 | 4212 | 52.00 | 10 | 590 | 59.00 | 20 | 640 | 32.00 |
| 2021.11.22 | 10430 | 8956 | 1474 | 106 | 5480.2 | 51.70 | 12 | 704.4 | 58.70 | 26 | 824.2 | 31.70 |
| 2021.11.23 | 11014 | 9478 | 1536 | 112 | 5768 | 51.50 | 10 | 585 | 58.50 | 28 | 882 | 31.50 |
| 2021.11.24 | 11598 | 10084 | 1514 | 118 | 6171.4 | 52.30 | 13 | 770.9 | 59.30 | 29 | 936.7 | 32.30 |
| 2021.11.25 | 9182 | 7660 | 1522 | 124 | 6770.4 | 54.60 | 16 | 985.6 | 61.60 | 31 | 1072.6 | 34.60 |
| 2021.11.26 | 9766 | 8230 | 1536 | 150 | 8025 | 53.50 | 23 | 1391.5 | 60.50 | 27 | 904.5 | 33.50 |
| 2021.11.27 | 9351 | 7887 | 1464 | 157 | 8195.4 | 52.20 | 26 | 1539.2 | 59.20 | 39 | 1255.8 | 32.20 |
| 2021.11.28 | 10945 | 9451 | 1494 | 164 | 8528 | 52.00 | 25 | 1475 | 59.00 | 41 | 1312 | 32.00 |
| 2021.11.29 | 11568 | 10096 | 1472 | 171 | 8840.7 | 51.70 | 21 | 1232.7 | 58.70 | 36 | 1141.2 | 31.70 |
| 2021.11.30 | 10509 | 9015 | 1494 | 177 | 9115.5 | 51.50 | 19 | 1111.5 | 58.50 | 32 | 1008 | 31.50 |

图 5-12 绘制某店铺 2021 年 11 月的客单价趋势图的原始数据

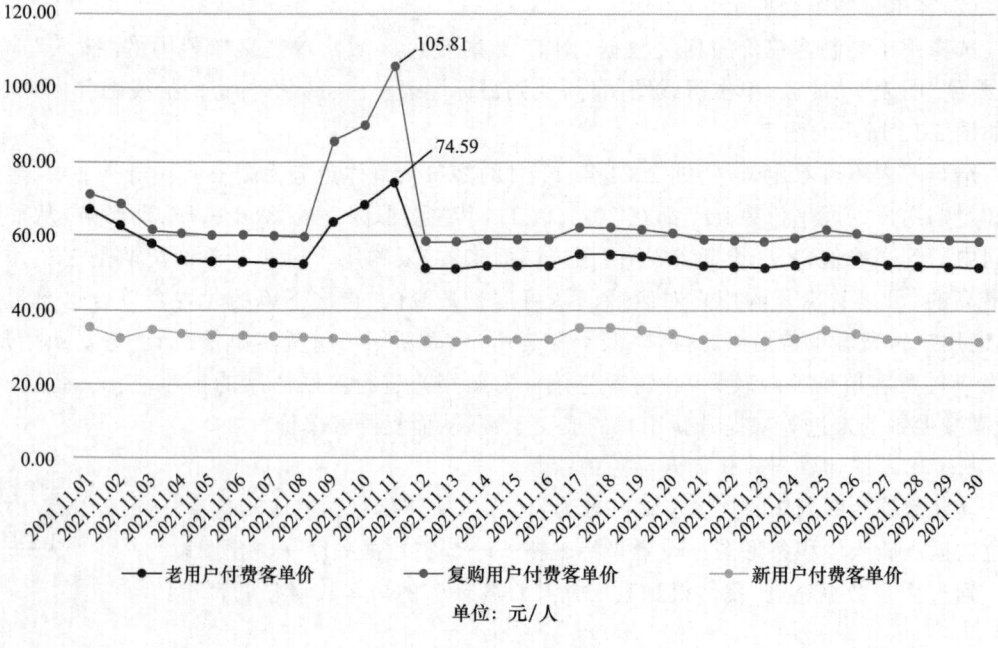

单位：元/人

图 5-13 客单价趋势图

表 5-1　　　　　　　　　某店铺某日各环节的访客数情况 1

| 环节 | 人数（人） | 当前转化率 | 整体转化率 |
|---|---|---|---|
| 入店选购 | 1 000 | | |
| 加购物车 | 800 | | |
| 使用购物车买单 | 500 | | |
| 确认订单 | 360 | | |
| 提交订单 | 180 | | |
| 选择支付方式 | 108 | | |
| 完成支付 | 42 | | |

步骤一：计算当前转化率和整体转化率

（1）计算每个环节的转化率，公式为：当前转化率＝当前环节人数÷上一个环节人数×100％。

（2）计算整体转化率，公式为：单个步骤的整体转化率＝当前环节人数÷入店选购访客数×100％。得到数据见表 5-2。

表 5-2　　　　　　　　　某店铺某日各环节的转化率数据

| 环节 | 人数（人） | 当前转化率 | 整体转化率 |
|---|---|---|---|
| 入店选购 | 1 000 | 100％ | 100.0％ |
| 加购物车 | 800 | 80％ | 80.0％ |
| 使用购物车买单 | 500 | 63％ | 50.0％ |
| 确认订单 | 360 | 72％ | 36.0％ |
| 提交订单 | 180 | 50％ | 18.0％ |
| 选择支付方式 | 108 | 60％ | 10.8％ |
| 完成支付 | 42 | 39％ | 4.2％ |

步骤二：计算占位数据

在绘制转化率漏斗图的过程中，需要使用占位数据来辅助绘图。转化率漏斗图中的占位数据是在各环节的转化过程中没有进入下一环节而留下的人数比例的 1/2。引入占位数据可以使得最终绘制出的转化率数据图形位于中间位置。

利用公式"占位数据＝（初始转化率－整体转化率）/2"，其中初始转化率为 100％，则在 Excel 中计算单元格 E2 的公式为"＝（$D$2－D2）/2"，对初始转化率数据使用绝对引用功能，并通过下拉自动套入公式的方式完成单元格 E3 至 E8 的数据计算，得到结果如图 5-14 所示。

| | A | B | C | D | E |
|---|---|---|---|---|---|
| 1 | 各类环节 | 人数 | 当前转化率 | 整体转化率 | 占位数据 |
| 2 | 入店选购 | 1000 | 100％ | 100.0％ | 0.00％ |
| 3 | 加购物车 | 800 | 80％ | 80.0％ | 10.00％ |
| 4 | 使用购物车买单 | 500 | 63％ | 50.0％ | 25.00％ |
| 5 | 确认订单 | 360 | 72％ | 36.0％ | 32.00％ |
| 6 | 提交订单 | 180 | 50％ | 18.0％ | 41.00％ |
| 7 | 选择支付方式 | 108 | 60％ | 10.8％ | 44.60％ |
| 8 | 完成支付 | 42 | 39％ | 4.2％ | 47.90％ |

图 5-14　转化率漏斗图中的占位数据计算

步骤三：插入堆积条形图

（1）选择用于绘制转化率漏斗图的相关数据，即 A1～A8、D1～D8、E1～E8 区域，如图 5-15 所示。

| | A | B | C | D | E |
|---|---|---|---|---|---|
| 1 | 环节 | 人数 | 当前转化率 | 整体转化率 | 占位数据 |
| 2 | 入店选购 | 1000 | 100% | 100.0% | 0.00% |
| 3 | 加购物车 | 800 | 80% | 80.0% | 10.00% |
| 4 | 使用购物车买单 | 500 | 63% | 50.0% | 25.00% |
| 5 | 确认订单 | 360 | 72% | 36.0% | 32.00% |
| 6 | 提交订单 | 180 | 50% | 18.0% | 41.00% |
| 7 | 选择支付方式 | 108 | 60% | 10.8% | 44.60% |
| 8 | 完成支付 | 42 | 39% | 4.2% | 47.90% |

图 5-15　绘制转化率漏斗图的相关数据选取

（2）单击菜单栏中的"插入"选项卡，找到"图表"功能区，找到目标图表——"堆积条形图"（如图 5-16 所示）并插入，得到图表如图 5-17 所示。

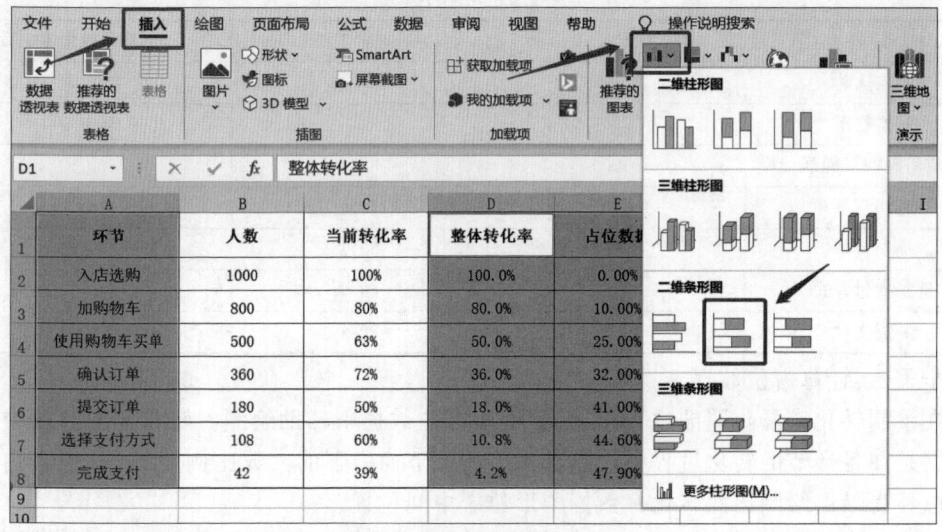

图 5-16　选取插入堆积条形图

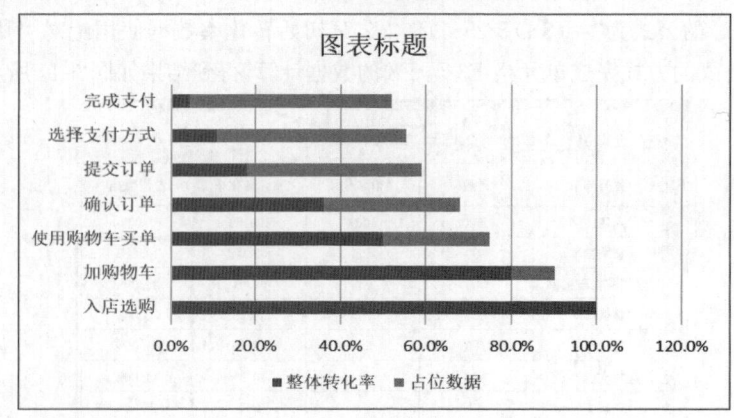

图 5-17　堆积条形图

步骤四:设置坐标轴格式

(1)选中纵向坐标轴,右击选择"设置坐标轴格式",勾选"逆序类别"前的复选框,如图5-18、图5-19所示,调整顺序后得到的图表如图5-20所示。

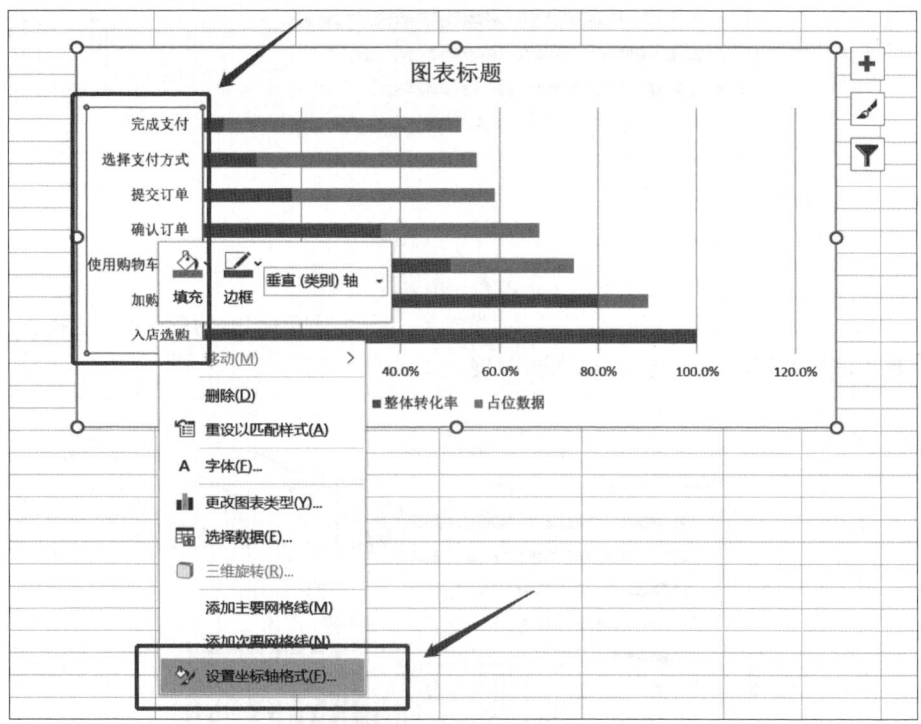

图5-18 设置坐标轴格式

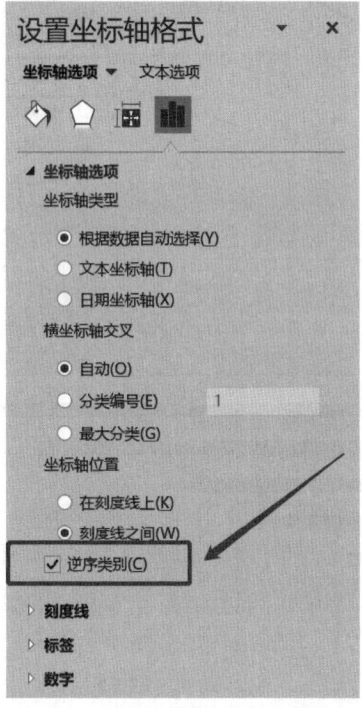

图5-19 勾选"逆序类别"前的复选框

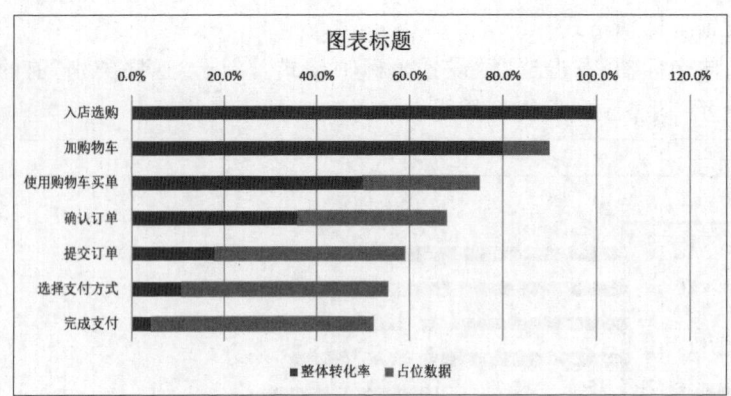

图 5-20 调整顺序后的堆积条形图

(2)选中占位数据的条形图,右击选择"填充",勾选"无填充"前的复选框,使得占位数据的填充颜色消失,如图 5-21 所示,得到的图表如图 5-22 所示。

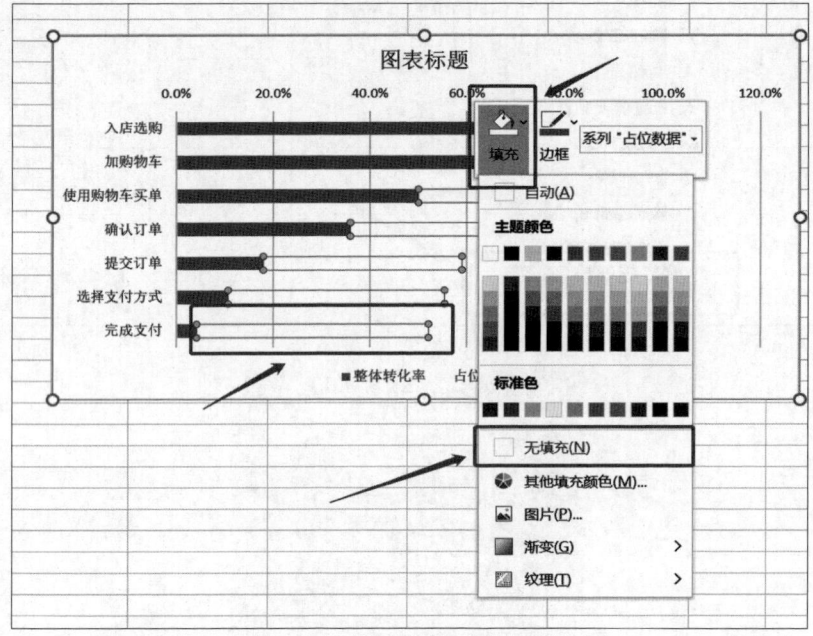

图 5-21 更改占位数据的填充颜色

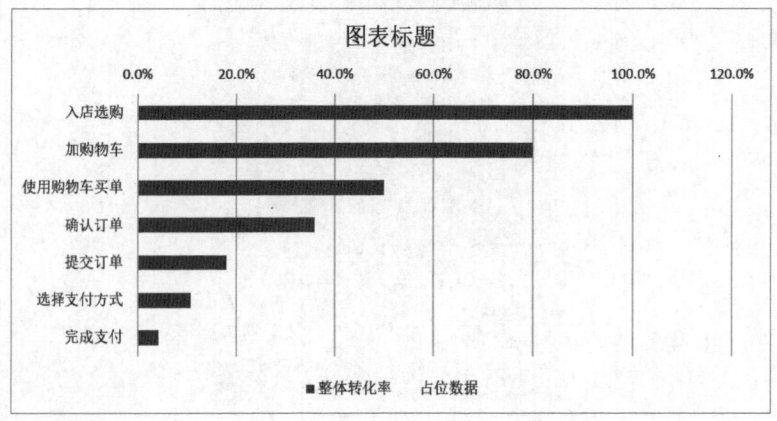

图 5-22 占位数据无填充后的堆积条形图

步骤五：调整数据顺序

选中占位数据的条形图，右击选择"选择数据"，将占位数据的顺序调整至第一位，如图5-23、图5-24所示，得到的图表如图5-25所示。

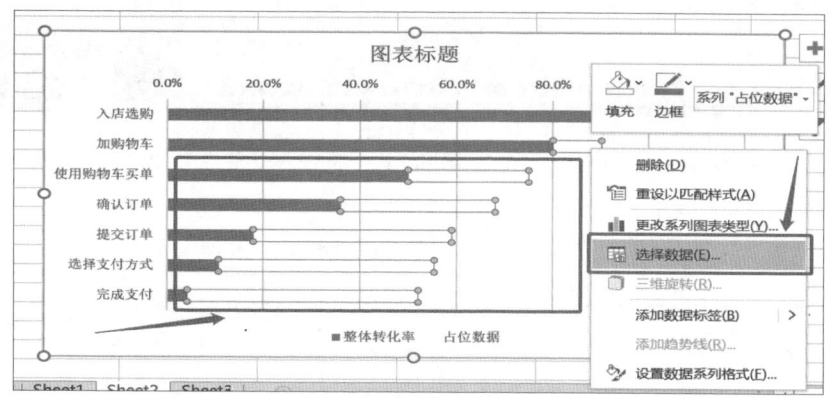

图 5-23 占位数据的位置调整

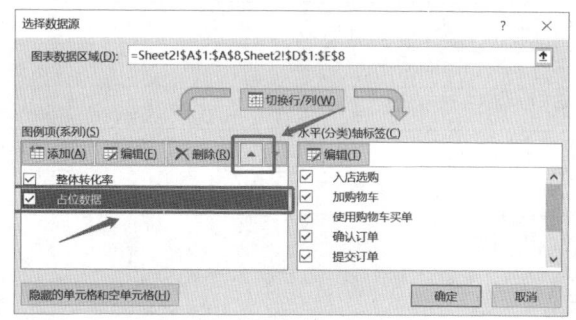

图 5-24 占位数据的位置上移

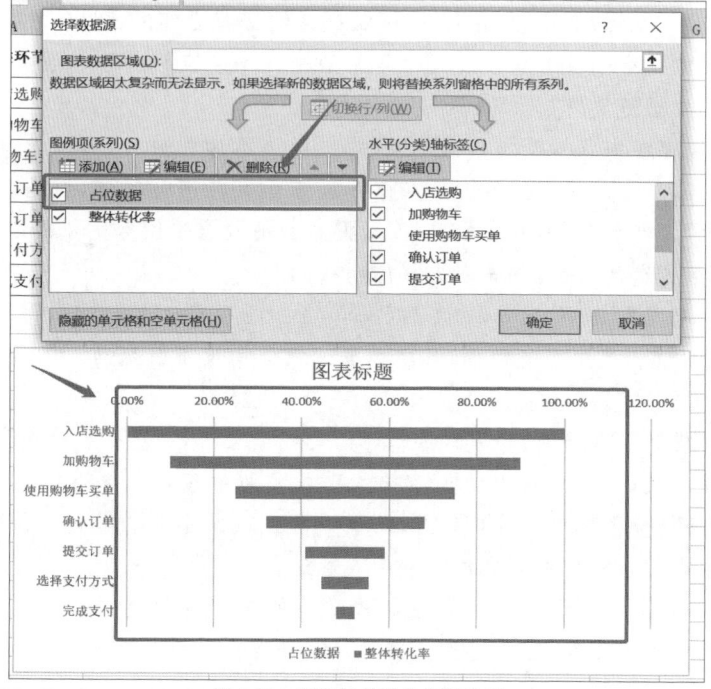

图 5-25 调整后的转化率漏斗图

# 电子商务数据分析

步骤六：美化图表

修改图表标题，删除图表中的多余部分，调整文字字体和大小，并结合自身需要对转化率漏斗图进行美化设计，得到的最终图表如图5-1所示。

## 技能训练

1. 请根据教材数据资源的素材5-1客单价分析的数据，完成各类客单价的计算和图表展示，并进行分析说明。

2. 请根据表5-3的数据，计算当前转化率和整体转化率，并绘制转化率漏斗图。

表5-3　　　　　　　　某店铺某日各环节的访客数情况2

| 环节 | 人数（人） | 当前转化率 | 整体转化率 |
| --- | --- | --- | --- |
| 入店选购 | 1 200 | | |
| 加购物车 | 960 | | |
| 使用购物车买单 | 680 | | |
| 确认订单 | 480 | | |
| 提交订单 | 240 | | |
| 选择支付方式 | 120 | | |
| 完成支付 | 88 | | |

## 思政园地

### 刷量、买粉、伪创作……数据造假最终受伤的是谁？

一篇自媒体文章不仅引起了公众对某旅游社区平台点评内容抄袭的质疑，也捅开了互联网行业数据造假的"马蜂窝"。

在对"是否存在内容抄袭或数据造假"的质疑讳莫如深数天后，该旅游社区平台联合创始人兼CEO承认，其"在餐饮等点评数据方面存在部分问题，但远没有外界所表述的那么夸大"。然而，业内人士指出，互联网领域的数据造假远比想象的更严重，而且造假套路也呈现"道高一尺，魔高一丈"的趋势。

从最早的电商刷单、刷好评，到之后的微信公众号买粉、刷阅读量，再到网络直播平台买流量、APP机器人用户充数据，各类数据造假的手段不断翻新，而真实数据成为难以获知的"高度机密"。

难道没有机制可以识别、约束这些"套路"吗？事实上，一些平台企业和投资机构早已尝试通过反爬虫、第三方数据调查等技术手段预防和应对数据造假，但是效果并不好。另外，部分投资机构出于种种考虑，默认一些互联网企业的数据造假行为，甚至与之合谋。技术难题也随之成为更加复杂的人性谜题。

前海梧桐合伙人分析，互联网企业比较常见的是在运营数据上造假，包括用户数据、产品数据、财务数据等，因为这类数据可以帮助企业获得激烈竞争中的优势地位，提升业务合作报价。他表示,数据造假属于不正当获益的商业手段,最终仍需要社会买单,但很难用道德约束或行业自律的方法去治理,或许还是"底线管理"原则更加适用:从立法上界定清楚"数据造假"和"商业欺诈"违法犯罪行为之间的联系,抬升"数据造假"的获益成本。

(资料来源:央视网)

## 任务 2 库存数据分析

库存的多少对一家网店的商品销售和资金周转起着至关重要的作用。如果店铺的库存不够,有可能导致商品的后续销售没有存货;如果店铺的库存太多,则又有可能出现压货的情况,从而造成商家资金不能正常周转。所以,合理的库存数量可以为电商运营减少很多无谓的负担。要想将库存保持在一个比较合理的状态,就需要仔细分析商品的库存数据,并通过分析结果来优化库存数量。

### 技能知识

一般提到库存分析,很多人会想到是否缺货或库存量过大而导致的资金流转过慢等问题。其实,库存分析就是分析当前库存产生的原因,它是一个由简单到复杂、由宏观到微观的过程。

**1. 库存分析的四个思维**

(1) 切割库存,让库存分析更合理

首先将库存切割成有效库存和无效库存两种状态,然后继续将无效库存切割成假库存和死库存。死库存属于残损、过期、下架等无法继续销售的库存。假库存是可以继续销售,但是对销售帮助不大的库存。这些库存形同虚设,没有什么实际的意义,例如滞销商品、过季商品等。需要注意的是,同一个 SKU 的不同批次的库存,既可以在有效库存中,又可以在死库存中。例如,某品牌的 500 mL 的果汁,总库存为 2 000 瓶,但是其中 500 瓶为过期商品,属于死库存,所以实际的有效库存只有 1 500 瓶。

(2) 量化库存,确保库存的安全性

量化库存,需要设定标准来帮助判断库存的安全性。其一是设定绝对值标准,其二是设定相对值标准。绝对值标准以库存数量或库存金额来衡量,例如某服装店安全库存标准是 15 000 件;而相对值标准可以使用库存天数或者库存周数衡量,例如某服装店的连衣裙的库存天数为 7 天。前者适合看宏观数据(总量和结构),而后者适合看微观数据(SKU 库存)。

将库存数量或库存金额作为安全库存标准,在鞋服、手机、电器等行业是比较流行的。它的优点是直观,容易直接和现有库存对比来发现差异。缺点是由于没有和销售数据挂钩,所以不够精准、不够灵活。一般商品的销售是有节奏、有季节性的，同样是5 000件，作为安全库存标准，在淡季就会明显高了，在旺季又会偏低。为了解决标准单一的问题，目前有些店铺已经按照季节性来设定安全库存标准，这样能部分解决不精准、不灵活的问题。淡季标准低一些，旺季标准高一些。

库存天数＝期末库存/（某个时期的销售数量/销售期天数）。库存天数是有效衡量库存滚动变化的量化标准，也是用来衡量库存可持续销售期的追踪指标。当然如果习惯用周，直接换算成周即可。用库存天数的优势是可以量化每一个SKU的库存需求，然后和实际库存对比，指导下一步的补货或者是调拨的方向；当然也可以自己建立一个库存预警系统，每天监控库存安全性。

(3)库存结构分析，确保库存结构的合理性

当我们确定了店铺的标准库存天数或绝对安全库存数量后，总库存数量基本就确定了。接下来就需要考虑库存的各种结构的合理性，也就是要追求库存结构和销售结构的平衡。

常规商品库存结构分析方法包括：商品类别或品类结构分析法、二八法则商品结构分析法、ABC商品结构分析法、价格段结构分析法、品牌间结构分析法。其中，ABC商品结构分析法是经常使用的商品结构分析方法。

确定商品结构是否合理的分析方法或指标有：库存和销售结构对比、动销率、广度、宽度、深度、库存及销量排行榜。将这些指标数据放在一起，便可以很好地发现库存问题。

(4)预估销售，确保库存量，把握未来销售脉搏

库存天数的指标意义是按历史销售数据来看，目前库存还能够支撑销售多长时间。它代表的是过去的销售规律。如果没有特殊事情发生，销售规律一般会持续进行。然而，在实际经营中，库存天数没法直接告诉你是否会有特殊事情发生。那么，要把握住销售的脉搏，我们需要找到会影响未来非正常销售的因素（如促销活动、季节性、节假日和其他特殊事件）。

滚动预测常用在商品需求预测上面。它的好处是可以根据形势的变化不断调整需求，同时供货方也有一个较长的备货周期，更容易满足销售需求。缺点是当商品比较多时，每周需要花比较长的时间来做滚动预测。滚动预测的主体一般是销售人员，因为他们是需方，同时也熟悉业务背景，还了解业务中的突发状况。

**2. ABC分析法**

ABC分类法又称帕雷托分析法，也叫主次因素分析法，是项目管理中常用的一种方法。它是根据事物在技术或经济方面的主要特征，进行分类排队，分清重点和一般，从而有区别地确定管理方式的一种分析方法。由于它把被分析的对象分成A、B、C三类，所以又称为ABC分析法。

(1)A类商品

高库存且有高转化率的商品，标记为A类商品，其价值占库存总值的70%～80%，品种数通常为总品种数的5%～15%。这类商品既畅销，又有较多的库存作为保障，因此可以作为活动中的主推商品。需要注意的是，在挑选A类商品时，还应注意此款商品的访客数不能太低，否则，没有经过"充分"流量测试的商品，其高转化率可能是"伪高转化率"。

(2)B类商品

转化率中等且经过流量测试的商品，标记为B类商品，其价值占库存总值的15%～25%，品种数通常为总品种数的20%～30%。这类商品经过流量测试，被证明对访客有一

定的吸引力,但不如 A 类商品转化明显,所以可以继续保持当前的销售定位。B 类商品中有两类商品需要特别注意:一是库存告急的,这类商品需要特别注意避免超卖;二是占用了主推陈列位置的。在大促中,宝贵的陈列位置是有限的,这类优质陈列位置需要留给 A 类商品,因此需要将 B 类商品陈列位置往后移动。

(3)C 类商品

转化率低且经过流量测试的商品,标记为 C 类商品,其价值占库存总值的 5%~10%,品种数通常为总品种数的 60%~70%。C 类商品应处于店铺陈列页面的底端,基本属于被放弃的一类商品。但是,C 类商品中有一类需要特别注意,就是高库存的,可以尝试主动改变原定策略,譬如换主图、降价等。

另外,ABC 分析法还可以按照销售量、销售额、订货提前期、缺货成本等指标进行库存分类。通过分类,可为每一类物资的库存制定相应的管理策略,实施有针对性的控制。

**3. 滚动预测法**

滚动预测一般有周滚动预测和月滚动预测两种方法。表 5-4~表 5-6 是某企业的四周滚动需求预测表,每周都对未来四周的每个商品做一次预测,然后根据业务状况不断地修正以便追求最正确的预测值。如 7 月 28 日对 SKU2 预测在 8 月 12 日—8 月 18 日一周的需求是 1 570 个,在 8 月 4 日继续预测在 8 月 12 日—8 月 18 日一周的需求仍然是 1 570 个(需求没有变化),但是在 8 月 11 日进行最后一次预测时,销售人员修订了需求为 1 680 个。对于 SKU4,在 7 月 28 日预测的 8 月 12 日—8 月 18 日一周的需求为 970 个,由于临时决定举办一次促销活动,所以在 8 月 4 日将 8 月 12 日—8 月 18 日一周的需求改为 2 000 个。滚动预测法就是这样周而复始地进行预测,修正,再修正。

表 5-4　　　　　　　　　　　　四周滚动需求预测表(一)　　　　　　　　　　　　单位:个

| 7/28 | 7/29—8/4 | 8/5—8/11 | 8/12—8/18 | 8/19—8/25 |
|---|---|---|---|---|
| 预测 | 1 周 | 2 周 | 3 周 | 4 周 |
| SKU1 | 1 884 | 1 999 | 1 600 | 1 000 |
| SKU2 | 1 984 | 1 868 | 1 570 | 1 600 |
| SKU3 | 1 353 | 1 107 | 3 000 | 2 000 |
| SKU4 | 930 | 2 000 | 970 | 900 |
| SKU5 | 405 | 128 | 200 | 100 |
| SKU6 | 2 000 | 688 | 990 | 700 |
| SKU7 | 1 178 | 1 155 | 1 090 | 3 500 |
| SKU8 | 1 176 | 1 298 | 1 500 | 1 800 |
| SKU9 | 131 | 168 | 110 | 200 |
| SKU10 | 508 | 1 108 | 710 | 1 200 |

表 5-5　　　　　　　　　　　　四周滚动需求预测表(二)　　　　　　　　　　　　单位:个

| 8/4 | 8/5—8/11 | 8/12—8/18 | 8/19—8/25 | 8/26—9/1 |
|---|---|---|---|---|
| 预测 | 2 周 | 3 周 | 4 周 | 5 周 |
| SKU1 | 1 999 | 1 600 | 1 500 | 1 500 |

(续表)

| 8/4 | 8/5—8/11 | 8/12—8/18 | 8/19—8/25 | 8/26—9/1 |
|---|---|---|---|---|
| SKU2 | 1 868 | 1 570 | 1 600 | 1 800 |
| SKU3 | 1 107 | 3 000 | 3 000 | 1 000 |
| SKU4 | 3 000 | 2 000 | 900 | 1 000 |
| SKU5 | 128 | 200 | 100 | |
| SKU6 | 688 | 990 | 700 | 800 |
| SKU7 | 1 200 | 1 090 | 3 500 | 2 500 |
| SKU8 | 1 298 | 1 600 | 1 800 | 1 800 |
| SKU9 | 200 | 150 | 200 | 200 |
| SKU10 | 1 108 | 710 | 1 200 | 4 000 |

表 5-6　　　　　　　　　　　　四周滚动需求预测表（三）　　　　　　　　　　　　单位：个

| 8/11 | 8/12—8/18 | 8/19—8/25 | 8/26—9/1 | 9/2—9/8 |
|---|---|---|---|---|
| 预测 | 3 周 | 4 周 | 5 周 | 6 周 |
| SKU1 | 1 600 | 1 500 | 1 500 | 1 000 |
| SKU2 | 1 680 | 1 600 | 1 800 | 3 000 |
| SKU3 | 3 000 | 3 000 | 2 000 | 12 000 |
| SKU4 | 2 000 | 900 | 1 000 | 900 |
| SKU5 | 200 | 100 | | |
| SKU6 | 1 200 | 700 | 800 | 800 |
| SKU7 | 800 | 3 500 | 2 500 | 800 |
| SKU8 | 1 400 | 1 500 | 16 000 | 1 400 |
| SKU9 | 150 | 200 | 200 | 300 |
| SKU10 | 700 | 1 200 | 4 000 | 2 000 |

　　四周是滚动预测最小的预测周期，一般是六周滚动预测或八周滚动预测。伴随着周期逐渐变大，信息越来越多，可帮助更新需求预测。滚动预测可以尽快纠偏跟踪需求，定期、及时更新滚动预测的数据，有力采取纠偏行动。

**技能实施**

**1.切割库存——Excel 数据操作方法**

　　在进行切割库存时，一般都会使用图表来展示库存结构。可以从整体到局部，看到多维度的库存结构分布情况，如图 5-26 所示。

# 项目 5 "货"数据分析

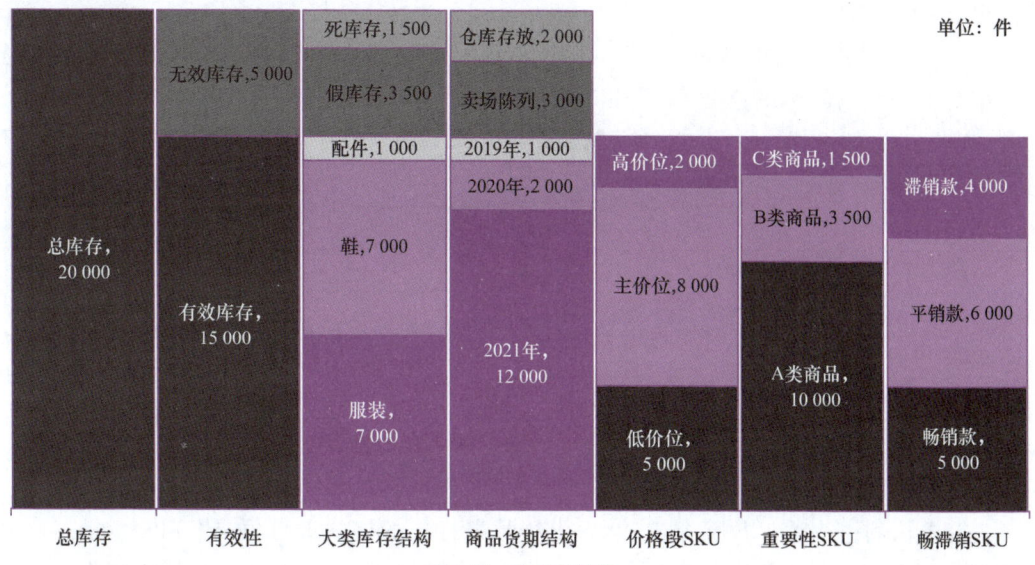

图 5-26　库存切割图

(1) 插入堆积柱形图

从图 5-26 的外观看,这其实就是堆积柱形图,所以先把堆积柱形图做出来。数据源的构造很简单,见表 5-7。

表 5-7　　　　　　　　　　　　堆积柱形图数据源　　　　　　　　　　　单位:件

| 库存结构 | 系列 1 | 系列 2 | 系列 3 | 系列 4 | 系列 5 |
| --- | --- | --- | --- | --- | --- |
| 总库存 | 20 000 | | | | |
| 有效性 | 15 000 | 5 000 | | | |
| 大类库存结构 | 7 000 | 7 000 | 1 000 | 3 500 | 1 500 |
| 商品货期结构 | 12 000 | 2 000 | 1 000 | 3 000 | 2 000 |
| 价格段 SKU | 5 000 | 8 000 | 2 000 | | |
| 重要性 SKU | 10 000 | 3 500 | 1 500 | | |
| 畅滞销 SKU | 5 000 | 6 000 | 4 000 | | |

在 Excel 中,直接选中全部数据,插入一个默认的堆积柱形图,如图 5-27 所示。

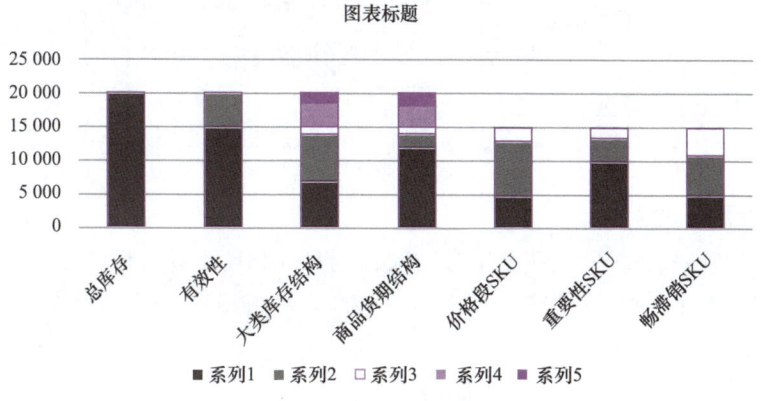

图 5-27　默认的堆积柱形图

(2)添加数据标签

图 5-27 只是把纯数字堆积在一起,用的是系列 1～系列 5 这样的系列名字,所以我们还需要准备 5 个系列的标签数据源,见表 5-8。

表 5-8　　　　　　　　　　堆积柱形图的标签数据源

| 系列 1 标签 | 系列 2 标签 | 系列 3 标签 | 系列 4 标签 | 系列 5 标签 |
|---|---|---|---|---|
| 总库存 | | | | |
| 有效库存 | 无效库存 | | | |
| 服装 | 鞋 | 配件 | 假库存 | 死库存 |
| 2021 年 | 2020 年 | 2019 年 | 卖场陈列 | 仓库存放 |
| 低价位 | 主价位 | 高价位 | | |
| A 类商品 | B 类商品 | C 类商品 | | |
| 畅销款 | 平销款 | 滞销款 | | |

先为默认的图表添加数据标签,然后设置数据标签的格式即可,如图 5-28 所示。一共是 5 个数据系列,逐一重复图 5-28 所示的动作,即可把所有数据系列的数据标签都显示出来。Excel 2013 中有以上功能,可以把单元格里的值设置为图表的数据标签。

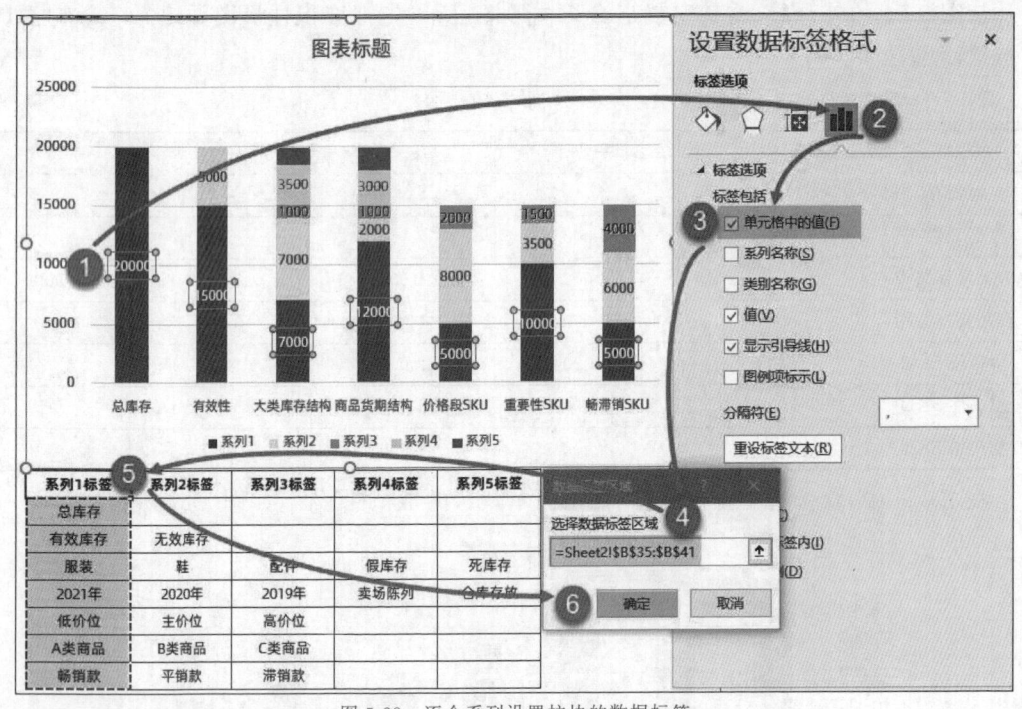

图 5-28　逐个系列设置柱块的数据标签

(3)美化堆积柱形图

图表柱子的间隔太宽了,为了更节省空间、更美观,而且要显示更多的标签信息,要把柱子的间隙调整得更小一些,这里设置为 3％的间隙,即可得到图 5-29 的效果。

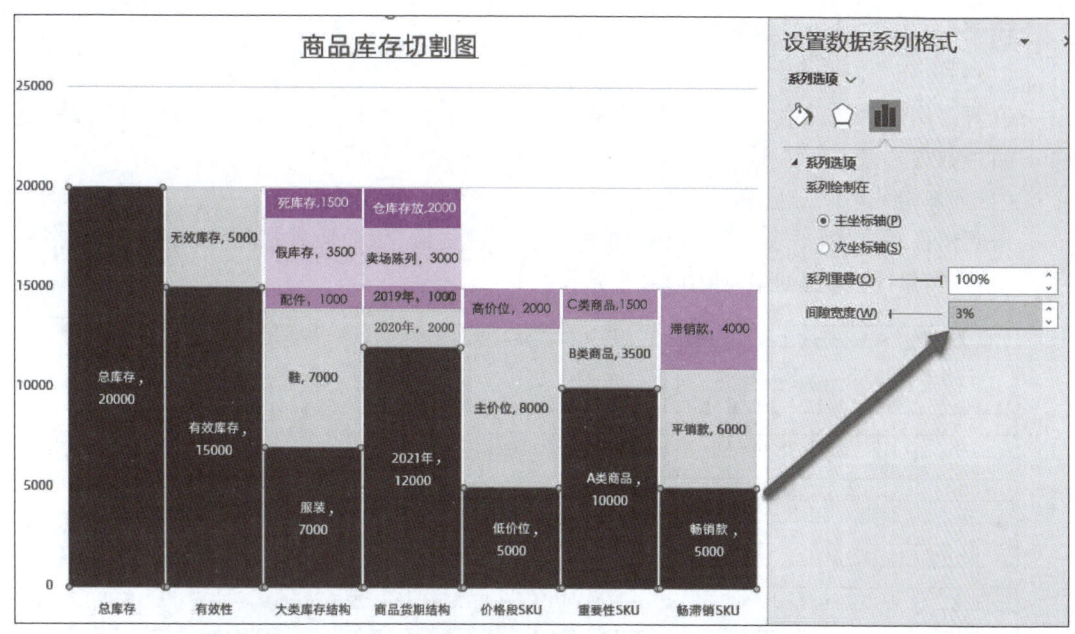

图 5-29  设置柱子的间隙

这时,其实已经做好了切割图。但由于默认图表的颜色是使用 Excel 内置主题去决定的,此时同一个颜色不一定真的是同一个业务系列,因此为了进一步优化图表,可以按具体的业务意义进行颜色设定。

在图表中,可以通过双击选中任意一个柱块进行颜色设置,当然如果多个柱块是同一个颜色的话,在设置完一次后,可以按 F4 重复对其他柱块执行同样的颜色填充,这个技巧可以帮你更高效地去设置格式。其他的图表细节设置这里不再赘述,大家可自行设置,最终完成的效果如图 5-26 所示。

**2.商品 ABC 管理——Excel 数据操作方法**

某网店的销售数据表(局部截图)如图 5-30 所示。为了加强库存管理,网店计划采用 ABC 分析法分析库存结构。

| 供应商代码 | 大类 | 小类 | 名称 | 数量 | 销售额 | 毛利额 |
|---|---|---|---|---|---|---|
| 004 | 4411 | 441111 | *** | 131314 | 1132434 | 719190.6 |
| 008 | 8811 | 88112 | *** | 654 | 657547 | 91792.3 |
| 008 | 8811 | 881111 | *** | 5654 | 654776 | 235535 |
| 010 | 1121 | 112111 | *** | 43654 | 346546 | 38911891 |
| 001 | 1122 | 112233 | *** | 2311 | 325435 | 292891.5 |
| 009 | 9911 | 991111 | *** | 463 | 242342 | 118107.8 |
| 010 | 1121 | 11212 | *** | 798 | 75768 | 118101.2 |
| 012 | 3312 | 33122 | *** | 43 | 75688 | 86119.2 |
| 013 | 4412 | 441211 | *** | 546 | 75453 | 67907.7 |
| 003 | 3311 | 331111 | *** | 3244 | 57567 | 71810.3 |
| 019 | 1123 | 112311 | *** | 543 | 35485 | 39918.5 |
| 005 | 5511 | 551111 | *** | 2434 | 35435 | 81891.5 |
| 005 | 5511 | 55112 | *** | 345 | 35354 | 31818.6 |

图 5-30  某网店的销售数据表(局部截图)

商品ABC管理

使用 Excel 实现步骤如下：

(1)列出分类标准

价值占比 70%左右为 A 类商品，价值占比 20%左右为 B 类商品，其他为 C 类商品，不考虑品种数量。

(2)计算相关中间变量

按照销售额，对数据表进行"降序"排列，并在"销售额"后面插入三个空白列——销售额占比、销售额累计占比、ABC，如图 5-31 所示。

| 供应商代码 | 大类 | 小类 | 名称 | 数量 | 销售额 | 销售额占比 | 销售额累计占比 | ABC | 毛利额 |
|---|---|---|---|---|---|---|---|---|---|
| 004 | 4411 | 441111 | *** | 131314 | 1132434 | | | | 719190.6 |
| 008 | 8811 | 88112 | *** | 654 | 657547 | | | | 91792.3 |
| 008 | 8811 | 881111 | *** | 5654 | 654776 | | | | 235535 |
| 010 | 1121 | 112111 | *** | 43654 | 346546 | | | | 38911891 |
| 001 | 1122 | 112233 | *** | 2311 | 325435 | | | | 292891.5 |
| 009 | 9911 | 991111 | *** | 463 | 242342 | | | | 118107.8 |
| 010 | 1121 | 11212 | *** | 798 | 75768 | | | | 118191.2 |
| 012 | 3312 | 33122 | *** | 43 | 75688 | | | | 86119.2 |
| 013 | 4412 | 441211 | *** | 546 | 75453 | | | | 67907.7 |
| 003 | 3311 | 331111 | *** | 3244 | 57567 | | | | 71810.3 |
| 019 | 1123 | 112311 | *** | 543 | 35485 | | | | 39918.5 |
| 005 | 5511 | 551111 | *** | 2434 | 35435 | | | | 81891.5 |
| 005 | 5511 | 55112 | *** | 345 | 35354 | | | | 31818.6 |
| 018 | 9912 | 991211 | *** | 5756 | 35353 | | | | 31817.7 |
| 011 | 2212 | 22122 | *** | 967 | 35222 | | | | 31699.8 |
| 004 | 4411 | 44112 | *** | 757 | 6767 | | | | 8090.3 |
| 015 | 6612 | 661211 | *** | 768 | 6456 | | | | 5810.4 |
| 012 | 3312 | 331211 | *** | 545 | 5765 | | | | 51088.5 |
| 006 | 6611 | 661111 | *** | 535 | 5657 | | | | 589091.3 |

图 5-31  插入列(局部截图)

①计算每个品类商品的销售额占比。根据公式"销售额占比=销售额/总销售额"，输入"销售额占比"这一列第一个单元格的数据公式"=F2/SUM(F:F)"，单击得到结果，鼠标移至第一个单元格的右下角，变成"+"的时候，双击鼠标，这样剩下的行会全部自动填充，如图 5-32 所示。

| 供应商代码 | 大类 | 小类 | 名称 | 数量 | 销售额 | 销售额占比 | 销售额累计占比 | ABC | 毛利额 |
|---|---|---|---|---|---|---|---|---|---|
| 004 | 4411 | 441111 | *** | 131314 | 1132434 | 29.297% | | | 719190.6 |
| 008 | 8811 | 88112 | *** | 654 | 657547 | 17.011% | | | 91792.3 |
| 008 | 8811 | 881111 | *** | 5654 | 654776 | 16.939% | | | 235535 |
| 010 | 1121 | 112111 | *** | 43654 | 346546 | 8.965% | | | 38911891 |
| 001 | 1122 | 112233 | *** | 2311 | 325435 | 8.419% | | | 292891.5 |
| 009 | 9911 | 991111 | *** | 463 | 242342 | 6.269% | | | 118107.8 |
| 010 | 1121 | 11212 | *** | 798 | 75768 | 1.960% | | | 118191.2 |
| 012 | 3312 | 33122 | *** | 43 | 75688 | 1.958% | | | 86119.2 |
| 013 | 4412 | 441211 | *** | 546 | 75453 | 1.952% | | | 67907.7 |
| 003 | 3311 | 331111 | *** | 3244 | 57567 | 1.489% | | | 71810.3 |
| 019 | 1123 | 112311 | *** | 543 | 35485 | 0.918% | | | 39918.5 |
| 005 | 5511 | 551111 | *** | 2434 | 35435 | 0.917% | | | 81891.5 |
| 005 | 5511 | 55112 | *** | 345 | 35354 | 0.915% | | | 31818.6 |
| 018 | 9912 | 991211 | *** | 5756 | 35353 | 0.915% | | | 31817.7 |
| 011 | 2212 | 22122 | *** | 967 | 35222 | 0.911% | | | 31699.8 |

图 5-32  销售额占比结果(局部截图)

②计算销售额累计占比。将"销售额占比"列的第一个数据 29.297%输入到"销售额累计占比"列的第一个单元格(H2)内，在"销售额累计占比"的第二个单元格内，输入公式"=G3+H2"，按回车键确定。同样地，将鼠标移至"销售额累计占比"列的第二个单元格右下角，变成"+"的时候，双击鼠标，这样剩下的行全部自动填充，如图 5-33 所示。

| 供应商代码 | 大类 | 小类 | 名称 | 数量 | 销售额 | 销售额占比 | 销售额累计占比 | ABC | 毛利额 |
|---|---|---|---|---|---|---|---|---|---|
| 004 | 4411 | 441111 | *** | 131314 | 1132434 | 29.297% | 29.297% | | 719190.6 |
| 008 | 8811 | 88112 | *** | 654 | 657547 | 17.011% | 46.308% | | 91792.3 |
| 008 | 8811 | 881111 | *** | 5654 | 654776 | 16.939% | 63.247% | | 235535 |
| 010 | 1121 | 112111 | *** | 43654 | 346546 | 8.965% | 72.212% | | 38911891 |
| 001 | 1122 | 112233 | *** | 2311 | 325435 | 8.419% | 80.631% | | 292891.5 |
| 009 | 9911 | 991111 | *** | 463 | 242342 | 6.269% | 86.901% | | 118107.8 |
| 010 | 1121 | 11212 | *** | 798 | 75768 | 1.960% | 88.861% | | 118191.2 |
| 012 | 3312 | 33122 | *** | 43 | 75688 | 1.958% | 90.819% | | 86119.2 |
| 013 | 4412 | 441211 | *** | 546 | 75453 | 1.952% | 92.771% | | 67907.7 |
| 003 | 3311 | 331111 | *** | 3244 | 57567 | 1.489% | 94.260% | | 71810.3 |
| 019 | 1123 | 112311 | *** | 543 | 35485 | 0.918% | 95.178% | | 39918.5 |
| 005 | 5511 | 551111 | *** | 2434 | 35435 | 0.917% | 96.095% | | 81891.5 |
| 005 | 5511 | 55112 | *** | 345 | 35354 | 0.915% | 97.010% | | 31818.6 |
| 018 | 9912 | 991211 | *** | 5756 | 35353 | 0.915% | 97.924% | | 31817.7 |

图 5-33 销售额累计占比结果(局部截图)

③ABC 分类。根据分类标准进行 ABC 分类。在"ABC"这一列,第一行标 A,销售额累计占比第一个接近 70%的标 A,其下标 B,销售额累计占比第一个接近 90%的标 B,其下标 C,如图 5-34 所示。将光标移到标 C 的单元格的右下角,变成"＋"的时候,双击鼠标,得到所有的 C。复制标 B 的单元格,然后按住"Ctrl+Shift"键,按下键盘上的向上箭头按键,粘贴,得到所有的 B。同样的方法可以得到所有的 A。ABC 分类最终结果如图 5-35 所示。

| 供应商代码 | 大类 | 小类 | 名称 | 数量 | 销售额 | 销售额占比 | 销售额累计占比 | ABC | 毛利额 |
|---|---|---|---|---|---|---|---|---|---|
| 004 | 4411 | 441111 | *** | 131314 | 1132434 | 29.297% | 29.297% | A | 719190.6 |
| 008 | 8811 | 88112 | *** | 654 | 657547 | 17.011% | 46.308% | | 91792.3 |
| 008 | 8811 | 881111 | *** | 5654 | 654776 | 16.939% | 63.247% | A | 235535 |
| 010 | 1121 | 112111 | *** | 43654 | 346546 | 8.965% | 72.212% | B | 38911891 |
| 001 | 1122 | 112233 | *** | 2311 | 325435 | 8.419% | 80.631% | | 292891.5 |
| 009 | 9911 | 991111 | *** | 463 | 242342 | 6.269% | 86.901% | | 118107.8 |
| 010 | 1121 | 11212 | *** | 798 | 75768 | 1.960% | 88.861% | B | 118191.2 |
| 012 | 3312 | 33122 | *** | 43 | 75688 | 1.958% | 90.819% | C | 86119.2 |
| 013 | 4412 | 441211 | *** | 546 | 75453 | 1.952% | 92.771% | | 67907.7 |
| 003 | 3311 | 331111 | *** | 3244 | 57567 | 1.489% | 94.260% | | 71810.3 |
| 019 | 1123 | 112311 | *** | 543 | 35485 | 0.918% | 95.178% | | 39918.5 |
| 005 | 5511 | 551111 | *** | 2434 | 35435 | 0.917% | 96.095% | | 81891.5 |
| 005 | 5511 | 55112 | *** | 345 | 35354 | 0.915% | 97.010% | | 31818.6 |
| 018 | 9912 | 991211 | *** | 5756 | 35353 | 0.915% | 97.924% | | 31817.7 |

图 5-34 ABC 结果(局部截图)

| 供应商代码 | 大类 | 小类 | 名称 | 数量 | 销售额 | 销售额占比 | 销售额累计占比 | ABC | 毛利额 |
|---|---|---|---|---|---|---|---|---|---|
| 004 | 4411 | 441111 | *** | 131314 | 1132434 | 29.297% | 29.297% | A | 719190.6 |
| 008 | 8811 | 88112 | *** | 654 | 657547 | 17.011% | 46.308% | A | 91792.3 |
| 008 | 8811 | 881111 | *** | 5654 | 654776 | 16.939% | 63.247% | A | 235535 |
| 010 | 1121 | 112111 | *** | 43654 | 346546 | 8.965% | 72.212% | B | 38911891 |
| 001 | 1122 | 112233 | *** | 2311 | 325435 | 8.419% | 80.631% | B | 292891.5 |
| 009 | 9911 | 991111 | *** | 463 | 242342 | 6.269% | 86.901% | B | 118107.8 |
| 010 | 1121 | 11212 | *** | 798 | 75768 | 1.960% | 88.861% | B | 118191.2 |
| 012 | 3312 | 33122 | *** | 43 | 75688 | 1.958% | 90.819% | C | 86119.2 |
| 013 | 4412 | 441211 | *** | 546 | 75453 | 1.952% | 92.771% | C | 67907.7 |
| 003 | 3311 | 331111 | *** | 3244 | 57567 | 1.489% | 94.260% | C | 71810.3 |
| 019 | 1123 | 112311 | *** | 543 | 35485 | 0.918% | 95.178% | C | 39918.5 |
| 005 | 5511 | 551111 | *** | 2434 | 35435 | 0.917% | 96.095% | C | 81891.5 |
| 005 | 5511 | 55112 | *** | 345 | 35354 | 0.915% | 97.010% | C | 31818.6 |

图 5-35 ABC 分类最终结果(局部截图)

**3. 库存量化分析——Excel 数据操作方法**

下面以对某款商品的 SKU 进行库存预警设置为例,介绍利用库存天数进行库存管理的方法。具体操作如下:

(1)输入销售期

将各 SKU 的销售期设定为“7”,如图 5-36 所示。

| | A | B | C | D | E | F | G |
|---|---|---|---|---|---|---|---|
| 1 | SKU | 近7日支付件数 | 销售期 | 库存数量 | 标准天数 | 库存天数 | 预警 |
| 2 | 棉服女2018新款棉袄韩版蓬蓬面包服短款ins学生时尚冬外套 S 黑色-粉色毛领 | | 7 | | | | |
| 3 | 棉服女2018新款棉袄韩版蓬蓬面包服短款ins学生时尚冬外套 S 军绿-粉色毛领 | | 7 | | | | |
| 4 | 棉服女2018新款棉袄韩版蓬蓬面包服短款ins学生时尚冬外套 S 黑色-米色毛领 | | 7 | | | | |
| 5 | 棉服女2018新款棉袄韩版蓬蓬面包服短款ins学生时尚冬外套 S 米色-米色毛领 | | 7 | | | | |
| 6 | 棉服女2018新款棉袄韩版蓬蓬面包服短款ins学生时尚冬外套 S 绿色-米色毛领 | | 7 | | | | |
| 7 | 棉服女2018新款棉袄韩版蓬蓬面包服短款ins学生时尚冬外套 S 米色-米色毛领 | | 7 | | | | |
| 8 | 棉服女2018新款棉袄韩版蓬蓬面包服短款ins学生时尚冬外套 M 黑色-粉色毛领 | | 7 | | | | |
| 9 | 棉服女2018新款棉袄韩版蓬蓬面包服短款ins学生时尚冬外套 M 军绿-粉色毛领 | | 7 | | | | |
| 10 | 棉服女2018新款棉袄韩版蓬蓬面包服短款ins学生时尚冬外套 M 黑色-米色毛领 | | 7 | | | | |
| 11 | 棉服女2018新款棉袄韩版蓬蓬面包服短款ins学生时尚冬外套 M 米色-米色毛领 | | 7 | | | | |
| 12 | 棉服女2018新款棉袄韩版蓬蓬面包服短款ins学生时尚冬外套 M 绿色-米色毛领 | | 7 | | | | |
| 13 | 棉服女2018新款棉袄韩版蓬蓬面包服短款ins学生时尚冬外套 M 米色-米色毛领 | | 7 | | | | |
| 14 | 棉服女2018新款棉袄韩版蓬蓬面包服短款ins学生时尚冬外套 L 黑色-粉色毛领 | | 7 | | | | |
| 15 | 棉服女2018新款棉袄韩版蓬蓬面包服短款ins学生时尚冬外套 L 军绿-粉色毛领 | | 7 | | | | |
| 16 | 棉服女2018新款棉袄韩版蓬蓬面包服短款ins学生时尚冬外套 L 黑色-米色毛领 | | 7 | | | | |
| 17 | 棉服女2018新款棉袄韩版蓬蓬面包服短款ins学生时尚冬外套 L 米色-米色毛领 | | 7 | | | | |
| 18 | 棉服女2018新款棉袄韩版蓬蓬面包服短款ins学生时尚冬外套 L 绿色-米色毛领 | | 7 | | | | |
| 19 | 棉服女2018新款棉袄韩版蓬蓬面包服短款ins学生时尚冬外套 L 米色-米色毛领 | | 7 | | | | |

输入

图 5-36　销售期设定

(2)输入标准天数

将标准天数设定为“60”,如图 5-37 所示。

| | A | B | C | D | E | F | G |
|---|---|---|---|---|---|---|---|
| 1 | SKU | 近7日支付件数 | 销售期 | 库存数量 | 标准天数 | 库存天数 | 预警 |
| 2 | 棉服女2018新款棉袄韩版蓬蓬面包服短款ins学生时尚冬外套 S 黑色-粉色毛领 | | 7 | | 60 | | |
| 3 | 棉服女2018新款棉袄韩版蓬蓬面包服短款ins学生时尚冬外套 S 军绿-粉色毛领 | | 7 | | 60 | | |
| 4 | 棉服女2018新款棉袄韩版蓬蓬面包服短款ins学生时尚冬外套 S 黑色-米色毛领 | | 7 | | 60 | | |
| 5 | 棉服女2018新款棉袄韩版蓬蓬面包服短款ins学生时尚冬外套 S 米色-米色毛领 | | 7 | | 60 | | |
| 6 | 棉服女2018新款棉袄韩版蓬蓬面包服短款ins学生时尚冬外套 S 绿色-米色毛领 | | 7 | | 60 | | |
| 7 | 棉服女2018新款棉袄韩版蓬蓬面包服短款ins学生时尚冬外套 S 米色-米色毛领 | | 7 | | 60 | | |
| 8 | 棉服女2018新款棉袄韩版蓬蓬面包服短款ins学生时尚冬外套 M 黑色-粉色毛领 | | 7 | | 60 | | |
| 9 | 棉服女2018新款棉袄韩版蓬蓬面包服短款ins学生时尚冬外套 M 军绿-粉色毛领 | | 7 | | 60 | | |
| 10 | 棉服女2018新款棉袄韩版蓬蓬面包服短款ins学生时尚冬外套 M 黑色-米色毛领 | | 7 | | 60 | | |
| 11 | 棉服女2018新款棉袄韩版蓬蓬面包服短款ins学生时尚冬外套 M 米色-米色毛领 | | 7 | | 60 | | |
| 12 | 棉服女2018新款棉袄韩版蓬蓬面包服短款ins学生时尚冬外套 M 绿色-米色毛领 | | 7 | | 60 | | |
| 13 | 棉服女2018新款棉袄韩版蓬蓬面包服短款ins学生时尚冬外套 M 米色-米色毛领 | | 7 | | 60 | | |
| 14 | 棉服女2018新款棉袄韩版蓬蓬面包服短款ins学生时尚冬外套 L 黑色-粉色毛领 | | 7 | | 60 | | |
| 15 | 棉服女2018新款棉袄韩版蓬蓬面包服短款ins学生时尚冬外套 L 军绿-粉色毛领 | | 7 | | 60 | | |
| 16 | 棉服女2018新款棉袄韩版蓬蓬面包服短款ins学生时尚冬外套 L 黑色-米色毛领 | | 7 | | 60 | | |
| 17 | 棉服女2018新款棉袄韩版蓬蓬面包服短款ins学生时尚冬外套 L 米色-米色毛领 | | 7 | | 60 | | |
| 18 | 棉服女2018新款棉袄韩版蓬蓬面包服短款ins学生时尚冬外套 L 绿色-米色毛领 | | 7 | | 60 | | |
| 19 | 棉服女2018新款棉袄韩版蓬蓬面包服短款ins学生时尚冬外套 L 米色-米色毛领 | | 7 | | 60 | | |

输入

图 5-37　标准天数设定

(3)计算库存天数

根据公式“库存天数＝库存数量/(近 7 日支付件数/销售期)”计算库存天数。在图 5-38 的 F 列输入库存天数计算公式,由于其他数据还没有填入,所以会出现“＃DIV/0!”。再从“商品 360”的“销售”中,提取近 7 日支付件数及库存数量数据,如图 5-39 所示。

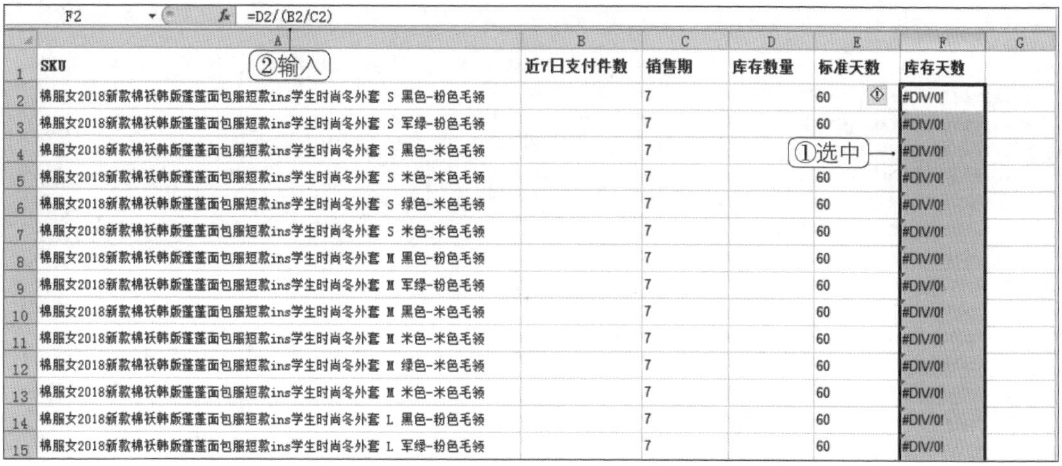

图 5-38　输入库存天数计算公式

图 5-39　提取近 7 日支付件数及库存数量数据

(4)设置库存预警

将得到的库存天数与对应的标准天数进行对比,差额在−7~7时,提示"正常";差额在−14~−8时,提示"有待补货";差额在−15及以下时,提示"急待补货";差额在8~14时,提示"加速销售";差额在15及以上时,提示"急待销售",如图5-40所示。通过这种预警设置,就可以知道各SKU的库存天数与标准天数的差异情况,以便及时采取对应的措施。

电子商务数据分析

| G2 | =IF(F2-E2<=-15,"急待补货",IF(F2-E2<-7,"有待补货",IF(F2-E2<=7,"正常",IF(F2-E2<15,"加速销售","急待销售")))) |

| | A | B | C | D | E | F | G |
|---|---|---|---|---|---|---|---|
| 1 | SKU | 近7日支付件数 | 销售期 | 库存数量 | 标准天数 | 库存天数 | 预警 |
| 2 | 棉服女2018新款锦袄韩版蓬蓬面包服短款ins学生时尚冬外套 S 黑色-粉色毛领 | 14 | 7 | 112 | 60 | 56.0 | 正常 |
| 3 | 棉服女2018新款锦袄韩版蓬蓬面包服短款ins学生时尚冬外套 S 军绿-粉色毛领 | 4 | 7 | 36 | 60 | 63.0 | 正常 |
| 4 | 棉服女2018新款锦袄韩版蓬蓬面包服短款ins学生时尚冬外套 S 黑色-米色毛领 | 2 | 7 | 19 | 60 | 66.5 | 正常 |
| 5 | 棉服女2018新款锦袄韩版蓬蓬面包服短款ins学生时尚冬外套 S 米色-米色毛领 | 8 | 7 | 94 | 60 | 82.3 | 急待销售 |
| 6 | 棉服女2018新款锦袄韩版蓬蓬面包服短款ins学生时尚冬外套 S 绿色-米色毛领 | 6 | 7 | 66 | 60 | 77.0 | 急待销售 |
| 7 | 棉服女2018新款锦袄韩版蓬蓬面包服短款ins学生时尚冬外套 S 米色-米色毛领 | 9 | 7 | 85 | 60 | 66.1 | 正常 |
| 8 | 棉服女2018新款锦袄韩版蓬蓬面包服短款ins学生时尚冬外套 M 黑色-粉色毛领 | 11 | 7 | 96 | 60 | 61.1 | 正常 |
| 9 | 棉服女2018新款锦袄韩版蓬蓬面包服短款ins学生时尚冬外套 M 军绿-粉色毛领 | 6 | 7 | 78 | 60 | 91.0 | 急待销售 |
| 10 | 棉服女2018新款锦袄韩版蓬蓬面包服短款ins学生时尚冬外套 M 黑色-米色毛领 | 9 | 7 | 54 | 60 | 42.0 | 急待补货 |
| 11 | 棉服女2018新款锦袄韩版蓬蓬面包服短款ins学生时尚冬外套 M 米色-米色毛领 | 9 | 7 | 51 | 60 | 39.7 | 急待补货 |
| 12 | 棉服女2018新款锦袄韩版蓬蓬面包服短款ins学生时尚冬外套 M 绿色-米色毛领 | 12 | 7 | 96 | 60 | 56.0 | 正常 |
| 13 | 棉服女2018新款锦袄韩版蓬蓬面包服短款ins学生时尚冬外套 M 米色-米色毛领 | 11 | 7 | 59 | 60 | 37.5 | 急待补货 |
| 14 | 棉服女2018新款锦袄韩版蓬蓬面包服短款ins学生时尚冬外套 L 黑色-粉色毛领 | 8 | 7 | 76 | 60 | 66.5 | 正常 |
| 15 | 棉服女2018新款锦袄韩版蓬蓬面包服短款ins学生时尚冬外套 L 军绿-粉色毛领 | 10 | 7 | 64 | 60 | 44.8 | 急待补货 |
| 16 | 棉服女2018新款锦袄韩版蓬蓬面包服短款ins学生时尚冬外套 L 黑色-米色毛领 | 10 | 7 | 73 | 60 | 51.1 | 有待补货 |
| 17 | 棉服女2018新款锦袄韩版蓬蓬面包服短款ins学生时尚冬外套 L 米色-米色毛领 | 9 | 7 | 62 | 60 | 48.2 | 有待补货 |
| 18 | 棉服女2018新款锦袄韩版蓬蓬面包服短款ins学生时尚冬外套 L 绿色-米色毛领 | 7 | 7 | 78 | 60 | 78.0 | 急待销售 |
| 19 | 棉服女2018新款锦袄韩版蓬蓬面包服短款ins学生时尚冬外套 L 米色-米色毛领 | 9 | 7 | 89 | 60 | 69.2 | 加速销售 |
| 20 | 棉服女2018新款锦袄韩版蓬蓬面包服短款ins学生时尚冬外套 XL 黑色-粉色毛领 | 8 | 7 | 83 | 60 | 72.6 | 加速销售 |
| 21 | 棉服女2018新款锦袄韩版蓬蓬面包服短款ins学生时尚冬外套 XL 军绿-粉色毛领 | 6 | 7 | 71 | 60 | 82.8 | 急待销售 |
| 22 | 棉服女2018新款锦袄韩版蓬蓬面包服短款ins学生时尚冬外套 XL 黑色-米色毛领 | 12 | 7 | 90 | 60 | 52.5 | 有待补货 |
| 23 | 棉服女2018新款锦袄韩版蓬蓬面包服短款ins学生时尚冬外套 XL 米色-米色毛领 | 11 | 7 | 78 | 60 | 49.6 | 有待补货 |
| 24 | 棉服女2018新款锦袄韩版蓬蓬面包服短款ins学生时尚冬外套 XL 绿色-米色毛领 | 6 | 7 | 77 | 60 | 89.8 | 急待销售 |

图 5-40 设置库存预警

## 技能训练

1.分析表 5-9 中的某网店的库存数据是否合理。

表 5-9　　　　　　　　　　　某网店的库存数据

| 日期 | 商品名称 | 可售库存(件) | 库存成本(元) | 一周减少库存量(件) |
|---|---|---|---|---|
| 1月第1周 | 连衣裙 | 552 | 13 800 | |
| | 毛衣 | 280 | 12 600 | |
| | 羽绒服 | 680 | 46 240 | |
| | T恤 | 503 | 10 060 | |
| 1月第2周 | 连衣裙 | 354 | 8 850 | 198 |
| | 毛衣 | 38 | 1 710 | 242 |
| | 羽绒服 | 290 | 19 720 | 390 |
| | T恤 | 369 | 7 380 | 134 |

2.某网店有 20 项库存商品,各种库存商品的年需求量、单位价格见表 5-10。为了加强库存商品的管理,网店计划采用 ABC 分析法分析库存结构。假如该企业决定按 10% 的 A 类物品、25% 的 B 类物品、65% 的 C 类物品建立 ABC 库存分析系统,应如何进行分类?

表 5-10　　　　　　　　　　　　　库存商品数据

| 物品编号 | 年需求量(件) | 单位价格(元/件) | 物品编号 | 年需求量(件) | 单位价格(元/件) |
| --- | --- | --- | --- | --- | --- |
| W001 | 51 | 210 | W011 | 10 | 8 |
| W002 | 75 | 15 | W012 | 25 | 60 |
| W003 | 221 | 301 | W013 | 90 | 110 |
| W004 | 2 000 | 5 | W014 | 200 | 950 |
| W005 | 700 | 80 | W015 | 50 | 80 |
| W006 | 112 | 180 | W016 | 1 500 | 140 |
| W007 | 250 | 10 | W017 | 150 | 10 |
| W008 | 10 000 | 15 | W018 | 20 | 50 |
| W009 | 400 | 30 | W019 | 350 | 20 |
| W010 | 650 | 25 | W020 | 65 | 75 |

## 思政园地

### 网络数据造假必须严惩根治

2021年8月18日，针对直播电商领域的规制，商务部就《直播电子商务平台管理与服务规范》(征求意见稿)行业标准公开征求意见。其不仅规定了对商家和直播主体入驻及退出、产品和服务信息审核等要求，还强调了数据信息的安全性和真实性。

从电商平台、网约车平台、社交平台、内容分发平台到视频播放平台，几乎都能找到提供刷量、刷评论服务的供应商。此前，某旅游平台被曝涉嫌抄袭其他网站1 000多万条点评，引起社会关注。

网络数据造假行为不仅会降低网站或商户的信用，而且会造成不公平竞争。一方面，数据造假不仅是对消费者权利的侵害，也涉嫌对投资人进行欺诈，它给行业市场发出的错误信号，最终结果是导致资源错配，扰乱市场和经济运行；另一方面，数据造假严重恶化创新创业环境，因为同类公司数据掺水，所以那些一心实干的创业者在数据上难以博得投资人的垂青。

因此，对数据造假行为，必须严惩不贷，也必须从监管制度层面入手，及早在源头上进行治理。一方面，法律制度对于大数据信息所蕴藏巨大商业价值的保护与规制，应秉持保障交易安全、促进技术发展、尊重诚实信用以及公认商业道德的基本思路，从源头上进行治理，提高互联网平台的责任意识，使其对利用平台进行经营商家的资质审核和责任倒查能力匹配平台规模，切实担负其商业责任和社会责任；另一方面，政府相关部门必须从市场现实出发，从维护市场运行规则、保护消费者权益、廓清市场环境等方面入手，倒逼权责界限的清晰及其履责，由此才能形成市场的良性竞争，发挥市场配置资源的作用。

> 《中华人民共和国消费者权益保护法》规定："消费者享有知悉其购买、使用的商品或者接受的服务的真实情况的权利。""消费者在购买商品或者接受服务时,有权获得质量保障、价格合理、计量正确等公平交易条件,有权拒绝经营者的强制交易行为。"数据造假使得消费者在不真实的情况下完成交易,获得的商品可能低于预期或描述,商品与买家的付出完全不对等,消费者最基本的公平交易权无法保障。
>
> （资料来源：《今晚报》）

## 任务 3　竞争数据分析

竞争对手虽然会与自己争夺资源,但也是可以借鉴和学习的对象。特别是一些优质的竞争对手,其运营成绩、思路和方法,非常值得参考。在大数据环境下,竞争对手的运营指标可以很容易地获取,这为分析竞争对手提供了有利条件。竞争数据分析主要是指商家对竞争品牌、竞争店铺、竞争商品进行数据采集和分析,主要针对竞争对手的商品结构、流量结构和营销模式进行分析,最后通过数据对比,找到自身店铺提升点的过程。

### 技能知识

无论从事哪个行业,都不可避免地会存在各种竞争对手。通过分析和研究竞争对手,可以更好地找到客户资源,更有效地进行广告投放,更合理地制定运营策略。特别对于网店而言,学习竞争对手的运营思路和方法,能更好地提升店铺流量和交易金额。

**1. 竞争对手界定**

谁是你的竞争对手？你的竞争对手就是和你争夺各种资源的那些人或组织。其中对资源掠夺性最强的人或组织就是你的核心竞争对手。资源的涵盖范围非常广,包括生产资源、人力资源、顾客资源、资金资源、人脉资源等。角度不同,竞争对手就不同。我们可以从"人""货""场"三方面来发现竞争对手。

(1) 从"人"的方面发现竞争对手

员工离职后去得最多的企业,它们一定是你的竞争对手。你们相互之间的资源有相似性,在抢夺同一个类型的人力资源。从争夺顾客资源的角度也可找到竞争对手,包括顾客的时间资源、预算资源、身体资源等。

(2) 从"货"的方面发现竞争对手

销售同品类商品或服务的为直接竞争对手,这是最大众化意义上的竞争对手的含义,大家常说的同业竞争就是这个意思,也是狭义的竞争对手。

销售扩大品类的商品或服务,也就是非同品类但是属于可替代的产品或服务,也构成竞争关系。例如,休闲服企业的同品类竞争对手是休闲服企业,它的可替代竞争对手是体育运动服饰企业,甚至正装企业等。

销售互补品类的商品或服务(互补商品指两种商品之间互相依赖),形成互利关系。例如,牙刷和牙膏、照相机和胶卷都形成互补关系。一般意义的互补商品间不形成竞争关系,但是如果你是生产电动汽车的公司,加油站就是你的隐性竞争对手。如果你是生产数码相机的公司,那么胶卷企业就是你的隐性竞争对手。

(3)从"场"的方面发现竞争对手

这主要指卖场商业资源的竞争。如果想开一个服装专卖店,在拓展寻找店铺位置的时候,其他服装品牌、电器或手机专卖店、餐饮企业、银行等都是你的竞争对手,因为你看重的地方对方也很可能中意,形成了对资源占有的竞争关系。如果想在百货商场的共享空间举办一场大型特价促销活动,那商场内所有品牌可能都是你的竞争对手,因为大家都有促销的需求,都需要利用共享空间做促销。

**2.竞争对手数据分析**

竞争对手数据分析包括竞店分析和竞品分析。

市场的竞争日益激烈,对于店铺的运营,商家不仅要掌控自身店铺的各个数据,同时也要监控竞争店铺的运营数据,通过分析竞争对手来及时调整自己的店铺推广策略,并且向竞店学习。同样,对于对方的不足之处自己可以参照并防止犯同样的错误。在运营店铺的过程中,商家要吸取同行优秀商家的运营经验,关注竞店的数据参数,对竞店的营业状况、商品销售布局、流量推广来源、商品服务评价等几个方面做详细了解,才能知道自己与同行相比存在哪些问题,具有哪些优势,以提升自己的竞争力,提升店铺和商品的知名度和销量。

竞品是指竞争商品,即竞争对手的商品。通过对比自身商品和竞争商品在各个维度上的指标,明确自身的优劣势,可以指导商家及时调整运营策略。商场如战场,商家要想在激烈的竞争中突出重围,除了做好自身工作,还需要实时关注竞品的"排兵布阵",才能及时应变,制定对应策略。

**3.竞争对手识别**

强者生存,弱者淘汰,这是生存法则,同样适用于竞争激烈的电商行业。而想要战胜竞争对手最终生存下来,只有知己知彼,方能百战百胜。那么,该如何锁定自己的竞争对手呢?如何对竞争对手进行分析?如何在分析竞争对手后制定相关的对战策略?

(1)知己

要找到自己的竞争对手,必须先了解自己,了解自己的店铺和产品定位。

产品定位会影响店铺的客单价、店铺的消费人群、店铺的装修风格和营销策略等。当卖家锁定一个产品,最直观看到的信息就是产品定位,比如女装,是要卖连衣裙还是牛仔裤,是要高客单价还是低客单价,是要英伦风还是复古风,概况为三点就是类目、价格、风格。在确定了产品定位后,接下来就可以去寻找与自己产品定位类似的竞争对手。

以图5-41所示的店铺为例,从宝贝信息可以看出这是一家主打圆领毛衣、客单价在200~300元的中高端的女装毛衣店。

(2)知彼

那么以图5-41所示的这家店铺为例,应该怎样找到自己的竞争对手呢?

第一步:在淘宝搜索与自己店铺宝贝最符合的搜索词(女装毛衣),之后按照店铺客单价(200~300元)精确定位竞争对手,如图5-42所示。更具体的还可以根据店铺宝贝的属性进一步精确定位竞争对手。比如,自己店铺的毛衣以常规厚度、圆领、羊毛材质为主,就可以根据搜索页面"厚薄""领型""材质"进一步圈定竞争对手。

图 5-41 淘宝网上某毛衣店铺

图 5-42 精确定位竞争对手

第二步：根据自身宝贝的平均销量圈定几家和自己店铺销量相近的卖家作为竞争分析的对象。这个时候可以以销量为维度在淘宝搜索页面找到相关卖家，然后找到店铺宝贝所在的排位,圈定宝贝排位前后的几家风格接近的店铺作为竞争对手进行分析,如图 5-43 所示。

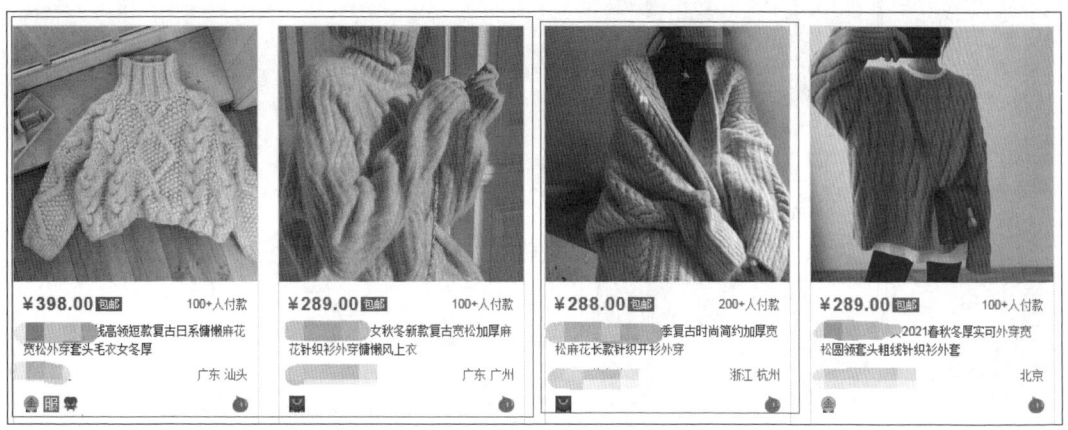

图 5-43 寻找竞争对手

另外,还可以通过目标人群识别、推广活动等圈定竞争对手。

(3) 分析

锁定竞争对手后需要分析竞争对手的什么内容呢？除了用一些软件了解竞争对手的推广情况,最直观的了解方式就是点击进去观察详情页和买家评论,如图 5-44、图 5-45 所示。本店详情页如图 5-46 所示。

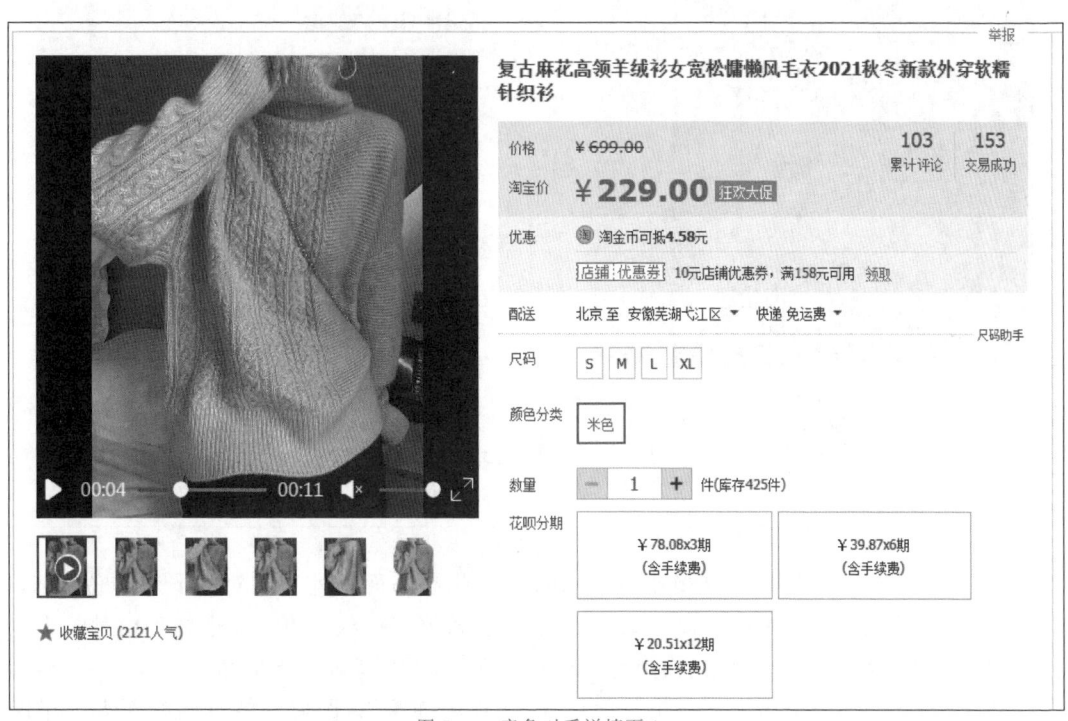

图 5-44 竞争对手详情页 1

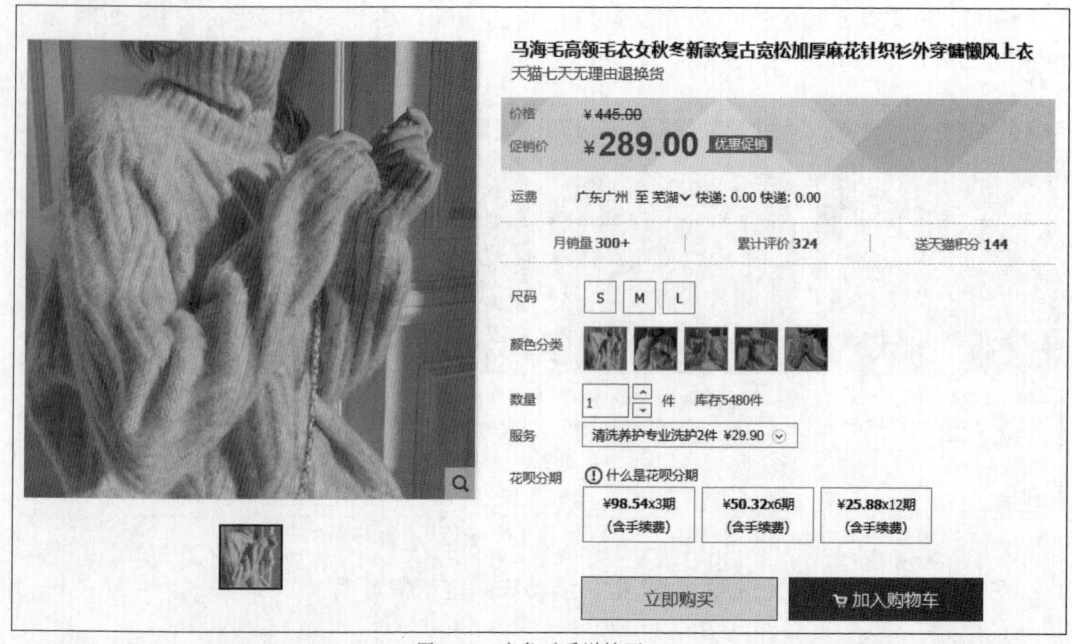

图 5-45 竞争对手详情页 2

图 5-46 本店详情页

从宝贝信息分析：与第一家相比，本店在价格、优惠方面都处于相对的弱势地位，SKU有两种颜色，稍比第一家好些。而与第二家相比，在价格、颜色、优惠方面也处于相对弱势地位。通过初步分析，本店在价格、优惠力度、SKU方面，还有待进一步提升。

从详情页分析：由于店铺本身是原创品牌，注重店铺装修，因此详情页问题不大。建议一般对比详情页可以关注竞争对手近期是否有详情页活动海报，对宝贝的展示拍摄是否恰到好处，对买家痛点的描述是否简单明了，更多的是通过对比找到竞争对手详情页值得学习的地方，从而借鉴运用。

从评论分析：竞争对手的评论其实是了解店铺相类似人群需求点的一个比较好的途径，是一个值得研究的地方。通过查看竞争对手的评论，可以了解买家的关注点及需求，再回过头看看自己店铺的评论，有哪些是做得不好的，哪些做得不错可以继续维持。

（4）制定策略

通过对比分析，店铺目前比起竞争对手较弱的地方是优惠力度不足、宝贝颜色较少且买家普遍反映毛衣有起球现象，而且因为起球问题使得穿着之后不舒适。因此店铺接下来需要在优惠、颜色和材质方面进行改善。优惠方面可以参考同行使用最多的优惠方式，一般会被高频率使用的优惠方式就证明是买家想要的优惠方式。材质方面要选择不起球的材质。颜色方面除了要和厂家做好生产沟通，还要对客服了解宝贝的情况进行改善，争取让客服给买家推荐最合适的颜色。

## 技能实施

**1.竞店数据分析**

（1）竞店关键指标分析

在表 5-11 中，在竞店 A 的流量指数低于本店的情况下，交易指数却远远高于本店。这说明在统计周期内，本店的访客数高于竞店 A，但最终的交易行为却比竞店 A 少。同时，本店在搜索人气、收藏人气以及加购人气上也低于竞店 A，这意味着消费者进入本店后选择购买商品，较少收藏店铺及再次回购，说明店铺的商品并没有吸引消费者。因此，商家就要分析竞店 A 的高指数是如何产生的，是上架了新的商品、参加了活动，还是受到了客户服务、商品质量的影响，根据问题进行优化才能提高店铺的关键指数。

表 5-11    关键指标对比（近 7 天）

| 店铺名称 | 交易指数 | 流量指数 | 搜索人气 | 收藏人气 | 加购人气 |
| --- | --- | --- | --- | --- | --- |
| 本店 | 38 364 | 20 876 | 10 075 | 2 409 | 3 459 |
| 竞店 A | 81 176 | 15 246 | 14 649 | 3 426 | 5 187 |

（2）竞店综合评分分析

商家进入竞店 A 了解店铺详情，竞店 A 的店铺好评率为 100%，各项数值都与同行持平，在描述相符评分中甚至高出同行 3.78%。再看本店的综合评分，各项数值同样与同行持平。好评率达到 100%，这是店铺的优势。在这个基础上，店铺应该不断完善各项服务，使店铺评分高于同行，提高店铺权重。

（3）竞店入店来源分析

通过分析入店来源数据（表 5-12），可以看出竞店 A 与本店的入店来源访客数占比差距还是比较小的。竞店 A 的流量主要来自淘宝站内其他、直接访问、天猫搜索和淘宝搜索。在直接访问渠道，访客数占比为 12.56%，交易指数为 87 541，说明消费者的购买意图很强烈。反观本店，钻石展位及直通车的访客数占比及交易指数要远远高于竞店 A，这是店铺的优势所在。同时，在手淘拍立淘上，本店的访客数占比仅为 0.52%，交易指数为 10，说明这个来源入口是本店做得不够好的地方。

通过表 5-12 可知，本店的访客数与竞店 A 相差不大，但是竞店 A 的进店转化率高，促成的交易行为远远高于本店。流量和转化率相互影响、相互依存，因此在入店来源方面，本店要在稳定付费流量的同时，优化手淘拍立淘来源渠道，为店铺引流，促成消费者购买，提高交易指数。

表 5-12　　　　　　　　　　　　　　入店来源数据

| 二级来源 | 本店 | | 竞店 A | |
| --- | --- | --- | --- | --- |
| | 访客数占比 | 交易指数 | 访客数占比 | 交易指数 |
| 淘宝站内其他 | 17.92% | 28 969 | 25.65% | 58 463 |
| 天猫搜索 | 11.12% | 22 815 | 10.40% | 62 076 |
| 直接访问 | 9.85% | 25 421 | 12.56% | 87 541 |
| 钻石展位 | 6.83% | 18 346 | 1.79% | 3 773 |
| 淘宝搜索 | 7.63% | 22 972 | 8.35% | 52 488 |
| 手淘拍立淘 | 0.52% | 10 | 6.94% | 8 754 |
| 直通车 | 6.53% | 9 736 | 1.62% | 2 066 |
| 购物车 | 5.16% | 9 461 | 6.20% | 11 681 |
| 宝贝收藏 | 4.89% | 21 078 | 5.03% | 28 086 |
| 天猫首页 | 3.18% | 32 385 | 3.31% | 31 546 |

(4) 竞店商品榜单分析

由表 5-11 可知，竞店 A 的交易指数在统计周期内要远远高于本店，则本店可以通过 TOP 商品榜单(流量榜单)快速了解竞店 A 的热销商品和高流量商品，见表 5-13。从表 5-13 中可以看出，竞店 A 的高流量商品是肉松饼、巨型零食 2.0、岩烧乳酪吐司、手撕面包这 4 款商品，为竞店 A 带来了可观的流量。通过对比，本店可在一定时期内提供相同类目商品，为店铺引流。

表 5-13　　　　　　　　　　　TOP 商品榜单(流量榜单)

| 本店商品 | 本店商品流量指数 | 竞店 A 商品 | 竞店 A 商品流量指数 |
| --- | --- | --- | --- |
| 去骨凤爪 | 87 022 | 肉松饼 | 200 478 |
| 蜜饯水果干果脯 | 74 354 | 巨型零食 2.0 | 174 578 |
| 肉松饼 | 75 785 | 岩烧乳酪吐司 | 94 578 |
| 冰雪蛋糕 | 65 424 | 手撕面包 | 87 856 |

**2. 竞品数据分析**

对表 5-13 中本店的肉松饼进行竞品监控对比，通过竞品数据分析找出肉松饼存在的问题并展开具有针对性的优化。

(1) 竞品关键指标分析

下面将对近 7 天肉松饼与竞品 a 的关键指标数据展开分析(表 5-14)。

表 5-14　　　　　　　　　　　　竞品分析数据(近 7 天)

| 产品名称 | 访客数 | 流量指数 | 交易指数 | 收藏人气 | 加购人气 |
| --- | --- | --- | --- | --- | --- |
| 肉松饼 | 13 549 | 9 878 | 2 688 | 520 | 304 |
| 竞品 a | 12 415 | 9 704 | 2 699 | 871 | 645 |

通过上述数据可以看出,竞品 a 的流量指数为 9 704,访客数为 12 415,而本店肉松饼的流量指数为 9 878,访客数为 13 549,竞品 a 与本店商品的数据相差并不大。但是通过收藏人气和加购人气的数据对比,得到肉松饼低于竞品 a,因此还需提高自身店铺的肉松饼的收藏人气以及加购人气。收藏、加购人气越高,说明商品的受欢迎程度越高,商品的权重也会随之增加。商家可以设置发放优惠券等活动来吸引消费者收藏、加购该商品,引导消费者下单,提高商品转化率。

（2）竞品入店搜索词分析

通过分析竞品的入店搜索词可以看出竞品 a 的哪些关键词是能够带来高访客数的。由表 5-15 可知,竞品 a 的高访客数关键词为"肉松饼礼盒""肉松饼无糖",它们带来的访客数分别为 5 425、4 418。由此可知,消费者大多是搜索含有"礼盒""无糖"的关键词进入店铺的,而这正是自身店铺商品所缺少的关键词。因此,商家可以调整商品的关键词,加入"礼盒""无糖"等字眼,使消费者更加精准地搜索到商品,提高店铺商品流量。

表 5-15　　　　　　　　　　　　　　入店搜索词

| 本店的肉松饼关键词 | 肉松饼访客数 | 竞品 a 关键词 | 竞品 a 访客数 |
| --- | --- | --- | --- |
| 肉松饼整箱 | 3 546 | 肉松饼礼盒 | 5 425 |
| 肉松饼大箱 | 3 218 | 肉松饼无糖 | 4 418 |
| 肉松饼零食 | 2 376 | 肉松饼 S 品牌 | 2 457 |
| 肉松饼鸡蛋 | 2 084 | 肉松饼干 | 2 075 |

（3）竞品入店来源分析

通过表 5-16 的竞品入店来源数据可以看出,本店的肉松饼在直通车、淘内免费其他、手淘问大家、手淘其他店铺商品详情以及手淘找相似 5 个来源渠道入口带来的访客数要高于竞品 a,说明本店的肉松饼在这 5 个来源渠道入口做得要比竞品 a 好,这是本店肉松饼的优势；而竞品 a 在手淘搜索、我的淘宝、购物车、手淘拍立淘以及手淘我的评价 5 个来源渠道入口带来的访客数要稍微高于本店的肉松饼。但综合分析各来源渠道数据后,发现本店的肉松饼与竞品 a 之间数据平均值相差并不大,因此,商家可以不用优化入店来源。若在之后的监测中,本店的肉松饼这些来源渠道的数据与竞品 a 存在较大的差距,则需要针对流量差的来源渠道做好优化。

表 5-16　　　　　　　　　　　　　　竞品入店来源数据

| 流量来源 | 本店的肉松饼访客数 | 竞品 a 访客数 |
| --- | --- | --- |
| 手淘搜索 | 2 347 | 2 487 |
| 直通车 | 1 875 | 1 680 |
| 我的淘宝 | 1 578 | 1 647 |
| 购物车 | 987 | 1 004 |
| 手淘拍立淘 | 837 | 864 |
| 淘内免费其他 | 804 | 798 |
| 手淘我的评价 | 751 | 806 |
| 手淘问大家 | 743 | 705 |
| 手淘其他店铺商品详情 | 708 | 647 |
| 手淘找相似 | 678 | 600 |

从以上3个维度对比分析发现,本店的肉松饼存在入店搜索词不够精准,收藏、加购人气低的问题,因此商家需要针对这两个问题进行优化,提高肉松饼的销量。

• 优化入店搜索词

通过上述的数据分析可知,本店的肉松饼入店搜索词带来的访客数较低,因此需要优化商品的关键词。竞品a的高访客数入店搜索词含有"礼盒""无糖"等字眼,商家通过在淘宝搜索框输入肉松饼,发现下拉框中排名靠前的词组中含有相同的关键字眼,因此,商家在肉松饼标题中添加"礼盒""无糖"等字眼,可以提高商品被消费者精准搜索到的概率。

优化本店的肉松饼入店搜索词后,通过7天的销售数据,可以看到符合消费者搜索习惯的入店搜索词为该商品带来了更多的访客,数据见表5-17。

表5-17　　　　　　　　　　优化后的入店搜索词

| 本店的肉松饼关键词 | 访客数 |
| --- | --- |
| 肉松饼礼盒 | 6 247 |
| 肉松饼无糖 | 5 245 |
| 肉松饼大箱 | 4 008 |
| 肉松饼整箱 | 3 871 |
| 肉松饼鸡蛋 | 2 157 |

• 提高收藏、加购人气

商品的收藏、加购人气低,会影响商品的权重,导致商品访客数低,同时影响支付转化率。商家可以通过设置优惠活动来吸引消费者,提升商品的收藏人数和加购人数。

# 技能训练

**1.分析竞店的商品数量与销量**

使用教材数据资源中的素材5-2竞店商品分析的数据,对所有商品按类目划分,分析各类目商品的数量占全店商品数量的比重情况,然后分析各类目商品近30日的销量情况。

(1)商品分类。对竞店商品按类目分类,汇总出不同类目商品的数量和近30日的销量。

(2)分析商品类目数量占比。利用饼图分析竞店各类目商品的数量占全店商品数量的比重情况。

(3)分析商品销量与数量的关系。利用组合图对比分析各类目商品近30日销量与对应商品自身的数量。

**2.分析店铺商品的库存周转率**

使用教材数据资源中的素材5-3竞店商品分析的数据,计算并分析对应的库存周转率情况。

(1)计算库存周转率。利用库存周转率公式计算出各商品SKU对应的库存周转率。

(2)分析库存周转率。以库存天数和库存周转率为数据源创建散点图,并通过处理坐标轴位置来分析商品SKU的库存周转率情况。

## 思政园地

**电商平台恶意竞争愈演愈烈，受损害的还是消费者**

3月15日是一年一度的国际消费者权益日。每年至此，中国消费者都要聚焦消费者权益受到损害的典型事例，检讨消费者权益保护现状，呼吁推进消费者权益保护。

随着电商服务平台的兴起，消费者购买产品和服务日益便捷，不过也正是这种便捷，使得消费者权益保护的难度进一步增大。一些电商平台以及通过电商平台提供服务的商家，利用平台、商家与消费者之间的技术与信息的不对称，不露声色、不留痕迹地坑蒙消费者，这既加大了监管难度，也给消费者举证主张权利带来困难。

针对消费者在某网购买机票被强制搭售保险一事，中国消费者协会曾致函该网，对有关服务损害消费者权益问题启动调查。不过，该网的强制搭售，并非传统意义上的胁迫，而是通过页面上的"默认"勾选项，在"提醒"相关服务为"自愿性"处缩小字体，以及给取消"默认"勾选增加复杂度等技术手段来实现的。这种"默认"勾选在强制消费者消费的同时，又将消费者强制设定为"默认"状态，从而抽去了消费者投诉、诉讼的基本根据。

不过，一些电商服务平台在坑蒙消费者的手段上又有所更新。某些电商服务平台通过恶意竞争，在损害竞争对手的同时，损害消费者权益。例如，某网的13名员工在竞争对手网站恶意频繁下单，使服务满负荷，然后再恶意取消，由此大幅减少消费者在竞争对手网站订购到服务的机会。不仅如此，这些员工还利用网站的赔付规则，以各种理由索要赔偿，骗赔高达45万余元……这种恶意竞争显然已经触犯了法律，某网13名犯罪嫌疑人都已被警方抓捕。

上述案例，虽是一家电商服务平台对竞争对手的恶意所为，但最终损害的还是消费者的权益。恶意频繁下单，让竞争对手提供的服务虚拟满负荷，然后再"放鸽子"恶意取消，这除了让消费者不能以具有竞争力的价格订购到产品和服务、削弱竞争对手的竞争力，也使得市场竞争度下降，减少消费者的可选择性，变相逼迫消费者购买特定服务商的服务，使垄断者做大，增加消费者购买产品和服务的付出。

从机票捆绑销售"默认"勾选出售保险，到在竞争对手网站恶意下单骗赔，这些损害消费者的招数都非以往那样一眼可辨，但其对消费者造成的危害却与以往面对面购买产品和服务所造成的危害一样大，甚至更大。当然，这其中的关键，就是这种不同招数所根据的相同价值的出发点，都是以陷消费者于不利之地来为自己增益的功利之心。

因此，在线上订购产品和服务，乃至调整要约和索赔善后都可在线完成的情况下，电商服务平台所依据的价值理念具有比以往更加重要的意义。将产品和服务创新的效益通过正当的市场竞争分享给消费者，利用创新将产品和服务的透明度提高，以减少产品和服务的提供者与消费者之间在技术和信息上的不对称，这是消费者认可，从而也是市场认可的价值理念。反之，以产品和服务方面的技术和信息的不对称，抬升监管难度，设置"默认"类的陷阱，甚至恶意所为触犯法律，这样的经营理念和企业价值观，在恶化市场环境的同时，也终将使作恶者陷入自设陷阱。

（资料来源：《人民日报》）

# 项目6

# "场"数据分析

## 知识目标

- 掌握市场行情和行业数据分析的步骤及要求
- 掌握推广数据分析的内容及方法
- 掌握"场"数据分析的维度与操作

## 能力目标

- 能熟练进行市场行情和行业数据的分析工作
- 能独立完成推广数据的分析工作
- 能使用相关工具完成"场"数据的分析工作

## 思政目标

- 具备法律意识,能够遵守个人隐私和数据保密等法律法规,在数据处理过程中做到不外传、不违法
- 具备较强的数据保密意识,在数据处理与分析过程中具有严谨的工作态度

## 引导案例

### 三只松鼠玩转新零售,零食企业的成长之路

三只松鼠的辉煌战绩数不胜数,例如,2012 年 6 月 19 日上线淘宝运营的三只松鼠仅用 7 天时间便完成了 1 000 单的首战销售,2013 年 1 月 31 日三只松鼠月销售额达到 2 200 万元,仅用一年时间便达到了质的飞跃,实现了位列全网第一的好成绩,也正是从此刻起的三只松鼠品牌开始广泛出现在大众面前。而在这巨大的成功背后,三只松鼠创始人也付出了巨大的艰辛。

2010 年电商理念的提出让章燎原眼前一亮,他从报纸上了解到电商理念后就迫不及待地向当时的公司提出了大肆进军的规划,但章燎原的这一建议却遭到公司高层的强烈否定。于是章燎原在 2012 年离开了所在公司,并且大胆地开启了自己的第 28 轮创业之路。离开公司的章燎原迅速成立了创业团队,仅五人的成员尽管少得可怜,但在章燎原的细致规划下仍然取得了不小的成效。彼时的章燎原考虑到老线品牌的市场占据能力强大,开始打造新的品牌,同时避免与洽洽瓜子及詹氏公司进行线下市场争抢。他提出了全新的线上市场占领,在电商领域尽快塑造属于自己的品牌形象,为三只松鼠的打造打下了坚实基础。三只松鼠源于章燎原用小动物作为吉祥物并联想最爱吃坚果的就是松鼠而形成,也是基于此三只松鼠品牌正式上线了。

三只松鼠基于新奇的营销模式受到了广大青年的青睐,所以仅仅创业一年章燎原带领的三只松鼠团队便将产品做到了行业第一。随后在线上电视剧中大力植入广告进行推广,于是三只松鼠在大众消费者心中建立了牢固的形象。随着三只松鼠线下市场的开拓,从三只松鼠实体店到松鼠屋再到松鼠小镇的创建均取得了巨大的成功,这才有了如今获得巨大成功的三只松鼠品牌。

## 项目分解

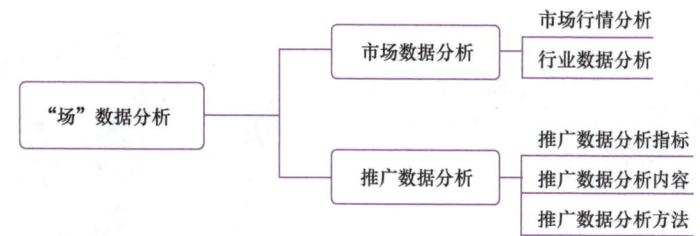

## 任务 1 市场数据分析

电商企业为什么要做市场数据分析?现代商业社会,市场体系高度成熟,信息的流动性不断增强,在带来机遇的同时也导致了商业竞争愈演愈烈。在此大背景下,及时洞悉市场发展规律,确切掌握行业生命周期,是网店经营过程中不可忽视的重要环节,网店的兴亡归根

结底还是取决于能否在市场或行业中占据一席之地。另外,市场数据分析也是企业产品开发、业务拓展等重要商业决策的参考依据之一。

## 技能知识

在电子商务数据分析中,围绕"场"的市场数据分析主要集中在两块:一是市场行情分析,二是行业数据分析。

**1. 市场行情分析**

从古时经商开始,商人们就格外注意与市场行情有关的各类信息收集与分析工作,针对实时的市场情况来调整自己经营的商品情况。要想在竞争中取得有利地位,必须对市场行情进行认真的调查研究。

市场行情指的是市场上商品流通和商业往来中有关商品供给、商品需求、流通渠道、商品购销和价格的实际状况、特征以及变动的情况、趋势和相关条件的信息。形成市场行情的信息来源是广泛且多元的,不仅涉及整个流通领域,而且涉及整个社会再生产各方面。许多个别的、片面的市场行情的信息经过综合分析,可以形成能够对某类商品的供求状况和某个市场供求形势做出特征性判断的市场行情报告。

目前在网店运营中有不少卖家使用百度指数来了解市场行情、洞悉市场方向。百度指数(如图6-1所示)是以百度海量网民行为数据为基础,使用自然语言处理、机器学习、数据挖掘、网络爬虫和数据集群等技术手段进行数据分析的平台,是当前互联网乃至整个数据时代最重要的统计分析平台之一,自发布之日起便成为众多企业营销决策的重要依据。通过百度指数可以了解某个关键词在百度的搜索规模有多大,一段时间内的涨跌态势以及相关的新闻舆论变化,关注这些词的网民是什么样的、分布在哪里,同时还搜索了哪些相关的词,帮助用户优化数字营销活动方案。

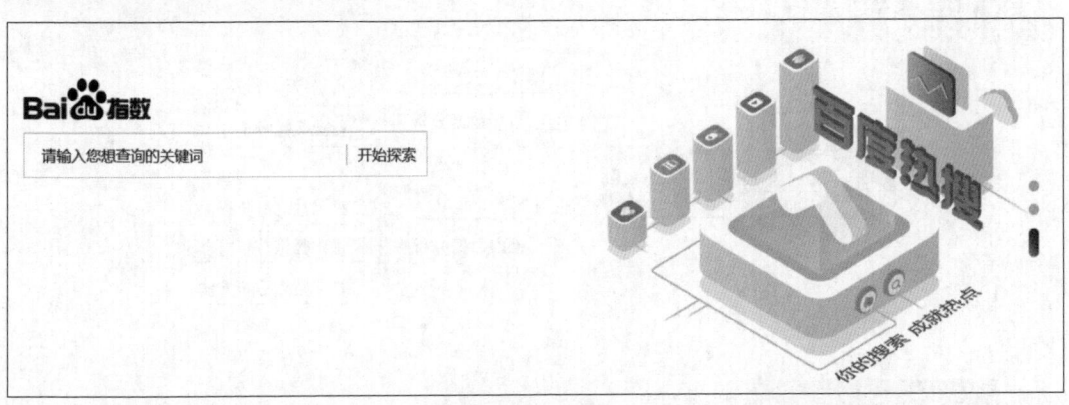

图6-1 百度指数

目前百度指数分为百度指数大众版和百度指数专业版,其中百度指数大众版提供基础的指数探索和行业排行功能模块,百度指数专业版则是在百度海量搜索用户行为和搜索需求分析的基础上,构建出的一套市场需求监测、竞争分析、人群洞察、广告投放与效果评估的系统化数据服务平台,是真正能与广告主营销需求形成对接的数据服务平台,主要面向品牌广告主、广告商及市场研究人士。这里我们重点学习百度指数大众版的功能使用,百度指数大众版包括指数探索、数说专题和我的指数三个功能模块。

(1)指数探索

①趋势研究

指数趋势:根据自定义时间段和自定义地域,查询关键词搜索指数、资讯指数和媒体指数;搜索指数可按搜索来源分开查看整体/移动端趋势,资讯指数和媒体指数不做来源区分。

指数概览:提供关键词搜索指数在所选时间段的日平均值,以及其同比、环比变化趋势;若所选时间段超过1年,则不显示同比和环比数据。

新闻头条:提供趋势图峰值对应日期的相关新闻,帮助用户了解相关新闻热点。

②需求图谱

需求分布:提供中心词搜索需求分布信息,帮助用户了解网民对信息的聚焦点和产品服务的痛点。比如,"化妆"的热门需求词包括"方法""产品""眼妆"等,这说明网民在搜索"化妆"前后的关注点主要体现在这些方面。

③人群画像

地域分布:提供关键词访问人群在各省市的分布情况,帮助用户了解关键词的地域分布,特定地域用户偏好可以进行针对性的运营和推广。

人群属性:提供关键词访问人群的年龄、性别分布情况。

(2)数说专题

基于搜索指数相关数据,按照专题筛选出与某个行业或者话题相关的关键词进行聚类分析,可以给出更为详细的行业或者话题数据,比如行业搜索趋势、行业细分市场、行业人群属性、该类话题搜索热点等。

(3)我的指数

①我的收藏

将经常查看的关键词放入"我的收藏",供用户随时查看趋势。目前最多可以收藏50个关键词。

②我创建的新词

可以加入百度指数未收录的关键词,加词后第二天系统将更新数据。关键词一经添加,即被视为消费完毕,无法删除或更改。关键词服务到期后,需再次添加。

③购买记录

我的购买记录:可以查看创建新词服务购买情况。用户需要在创建新词权限有效期内新增关键词,过期无效。

**2.行业数据分析**

通过对市场行业数据的进一步挖掘,可以更加全面地了解市场行情。这里重点介绍行业稳定性和行业集中度的分析方法。

(1)行业稳定性

一般而言,行业分为稳定性行业和周期性行业。稳定性行业需求弹性小,基本不受经济周期的影响。在行业稳定性中,主要涉及波动系数和极差两个指标,计算公式分别为

$$波动系数=标准差/平均值$$

$$极差=最大值-最小值$$

对于规模较小的商家而言,选择波动系数越大的市场,机会可能就越大;对于中级商家而言,如果资源较好,则建议选择波动系数小的市场,因为这个市场做起来后就相对稳定了,只要控制好供应链就行。在具体使用中,由于波动系数存在它的大小与数据本身的大小没有关系的缺点,千元级别和百万元级别的数据得到的波动系数可能相差甚小,但它们的量级则有较大差别,因此,我们可以进一步利用极差这个指标来显示数据的量级。

(2)行业集中度

行业集中度可以反映某行业的饱和度、垄断程度,一般可以使用赫芬达尔指数来反映。该指数首先需要取得竞争对手的市场占有率,并将较小的竞争对手忽略,然后计算出竞争对手市场占有率的平方值,最后计算出平方值之和。

赫芬达尔-赫希曼指数(Herfindahl-Hirschman Index,HHI),简称赫芬达尔指数,是一种测量行业集中度的综合指数。它是指一个行业中各市场竞争主体所占行业总收入或总资产百分比的平方和,用来计量市场份额的变化,即市场中厂商规模的离散度。其计算公式为

$$HHI = \sum_{i=1}^{n}(X_i/X)^2 = \sum_{i=1}^{n}S_i^2$$

式中:$X$ 代表市场的总规模;$X_i$ 代表第 $i$ 个企业的规模;$S_i = X_i/X$,$S_i$ 代表第 $i$ 个企业的市场占有率;$n$ 代表该产业内的企业数。当独家企业垄断时,该指数等于1,当所有企业规模相同时,该指数等于 $1/n$,故而这一指标在 $1/n$ 到 1 之间变动,数值越大,表明企业规模分布的不均匀度越高,即行业集中度越高,垄断程度越大。

需要明确的是,该指数对规模较大的企业的市场份额反映比较敏感,而对众多小企业的市场份额小幅度的变化反映很小。此外,该指数可以不受企业数量和规模分布的影响,可以较好地测量行业集中度变化情况。

## 技能实施

**1.利用百度指数分析市场行情**

卓越小铺是一家从事手机零售的淘宝店铺,卖家使用百度指数来对市场行情进行分析,具体方法如下:

步骤一:登录百度指数。

步骤二:获取趋势研究模块的相关数据,分析手机搜索指数。

在趋势研究模块,主要显示针对搜索关键词的搜索指数和搜索指数概览两部分,可以设定分析的时间、分析的终端以及分析的区域。其中在时间上可设定为:实时、近7天、近30天、近90天、近半年、全部及自定义;终端上可设定为:PC+移动、PC及移动;区域上可设定为全国或各省份/自治区/直辖市/特别行政区。另外,还可以针对性地选取相关联的其他关键词进行搜索指数的对比,最多可选4个其他关键词与搜索关键词进行对比分析。

图6-2所示为手机这一关键词在近半年的搜索指数和搜索指数概览。通过搜索指数概览,可以知道:近半年(2021-06-06—2021-12-02)手机关键词搜索的整体日均值为26 784,整体同比上涨108%,整体环比下降11%;移动日均值为25 481,其同比增长130%,环比下降

11%。通过搜索指数,不难看出:近半年里6~7月手机的搜索指数波动较为平稳,从7月下旬至9月下旬这段时间手机的搜索指数不断攀升,在2021-08-18出现峰值,达到46 352,直至2021-09-19后开始直线式下降,后续又维持相对稳定的波动。

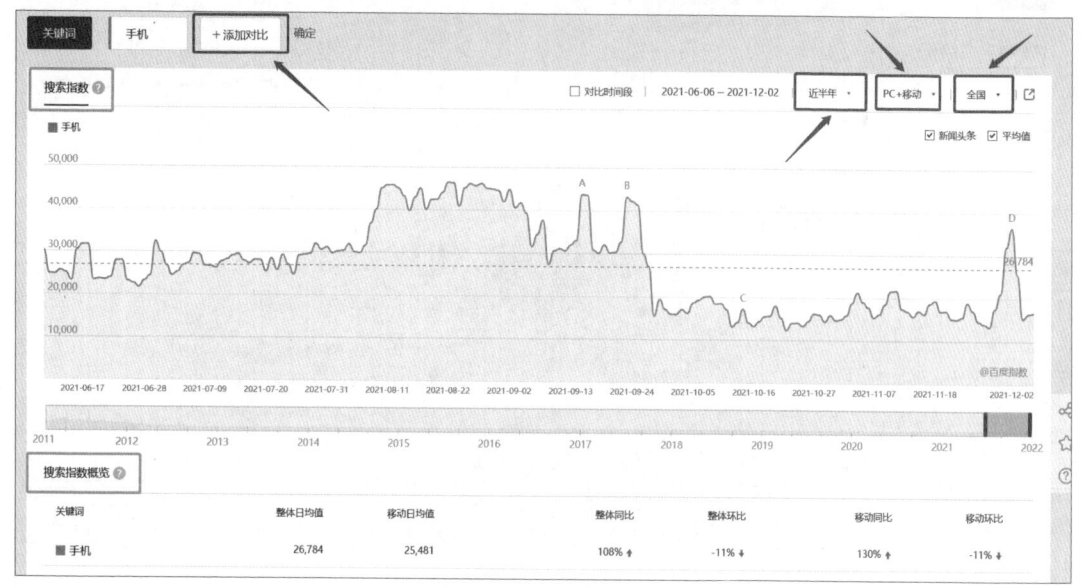

图6-2　趋势研究模块

结合数据,卖家可以知道从整体趋势上来说近半年里手机关键词的搜索量在不断上升,热点主要出现在暑假时期,这与暑期档学生购机的热度不可分割,因此店铺若想在暑假期间冲击销量,可以结合该营销点进行相应的活动安排。

步骤三:获取需求图谱模块的相关数据,分析手机搜索的需求图谱和相关词热度。

在需求图谱模块,主要显示针对搜索关键词的需求图谱和相关词热度两部分,可以通过拖动右下角的角标调整搜索的时间,一般以7天为一个周期进行数据分析。

需求图谱模块会综合计算关键词与相关词的相关程度,以及相关词自身的搜索需求大小。相关词距圆心的距离表示相关词与中心检索词的相关性强度;相关词自身大小表示相关词自身搜索指数大小,红色代表搜索指数上升,绿色代表搜索指数下降,上升或下降的幅度大小则反映为气泡大小。2021年11月22日—2021年11月28日的手机百度搜索需求图谱如图6-3所示,用户重点关注的手机品牌有华为、VIVO、OPPO等,其中VIVO和OPPO的搜索指数呈现红色上升,华为的搜索指数呈现绿色下降,且下降幅度较大;用户重点关注的手机内容有手机排行、手机价格、手机性能等,其中华为手机价格的搜索指数上升较快。

相关词热度则将所有与中心检索词相关的需求按不同衡量标准排序区分展现。2021年11月22日—2021年11月28日的手机百度搜索的相关词热度如图6-4所示,来源检索词中相关词排前五的分别为:华为手机、华为手机价格大全、手机排行榜2021前十名最新、手机电影和手机图片。搜索变化率排前五的分别是:乐视超级手机MAX、X302、手机诞生、OPPO手机全部价格和最新手机。根据相关词热度可以看出:华为手机近7天的搜索指数虽然下滑,但在总搜索量中依然保持第一的热度,作为手机经营者,对于华为手机的商品售卖应保持高度关注。

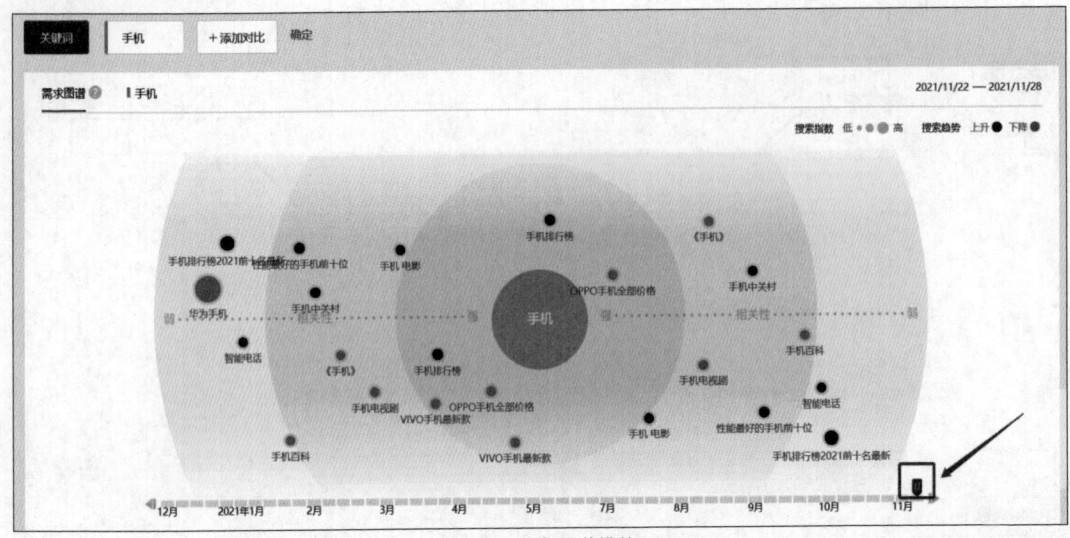

图 6-3 需求图谱模块

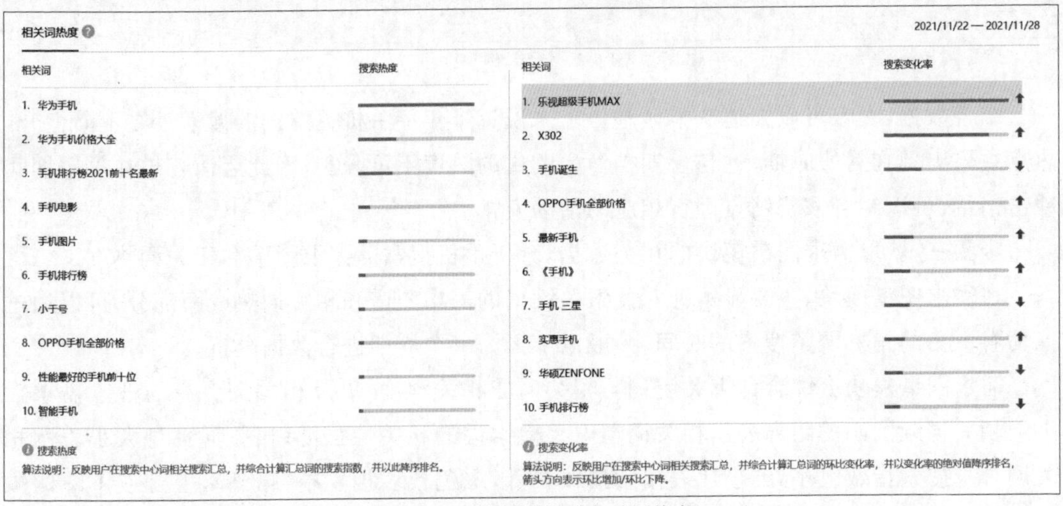

图 6-4 需求图谱模块的相关词热度

步骤四:获取人群画像模块的相关数据,分析手机搜索的地域分布和人群属性。

在人群画像模块,主要显示针对搜索关键词的地域分布、人群属性和兴趣分布。人群画像模块的地域分布是根据百度用户搜索数据,采用数据挖掘方法,对关键词的人群属性进行聚类分析,给出用户所属的省份、城市及城市级别的分布及排名。近半年(6月5日—12月2日)的手机百度搜索地域分布如图 6-5 所示,从该结果中可以得出:河北省排名第一,山东省排名第二,河南省排名第三;区域排名前三的分别是华东、华北和华中;城市排名前三的是北京、石家庄和郑州。

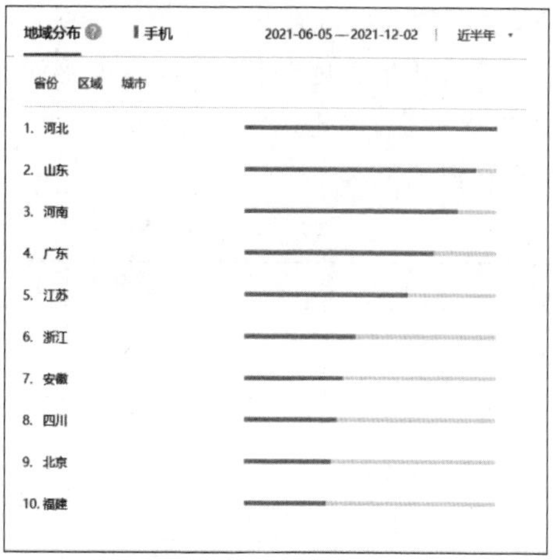

图 6-5 人群画像模块的地域分布

人群画像模块的人群属性是根据百度用户搜索数据,采用数据挖掘方法,对关键词的人群属性进行聚类分析,给出用户所属的年龄及性别的分布及排名。2021 年 11 月手机百度搜索人群属性如图 6-6 所示,从该结果中可以得出:年龄分布主要集中在 30～39 岁,性别分布为女性占比 33.91％,男性占比 66.09％。因此,卖家要重点关注 30～39 岁的男性消费者的需求。

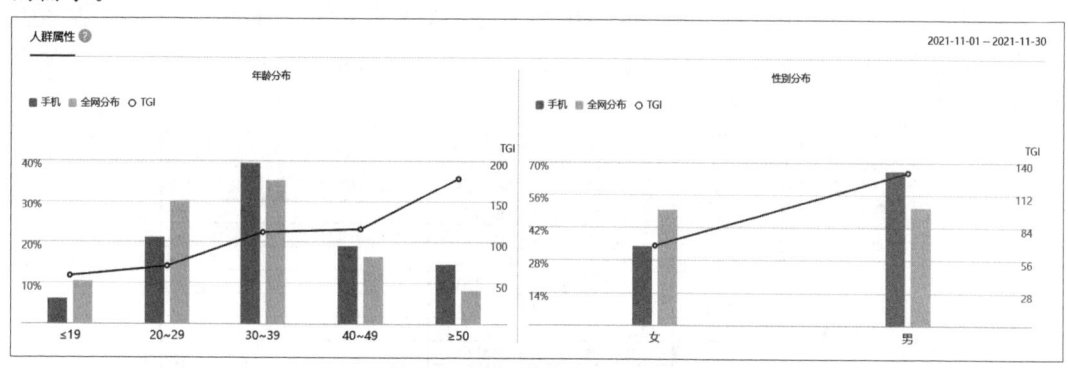

图 6-6 人群画像模块的人群属性

人群画像模块的兴趣分布是基于百度搜索用户行为数据以及画像库,刻画的所选范围中关注该主题词的人群分布情况以及相对全网平均表现的强弱程度。2021 年 11 月手机百度搜索兴趣分布如图 6-7 所示,从该结果中可以得出:关注手机关键词的人群还关注影视音乐、资讯、医疗健康、软件应用等多元化的信息,卖家在经营店铺过程中也可结合相关主题词进行营销等工作。

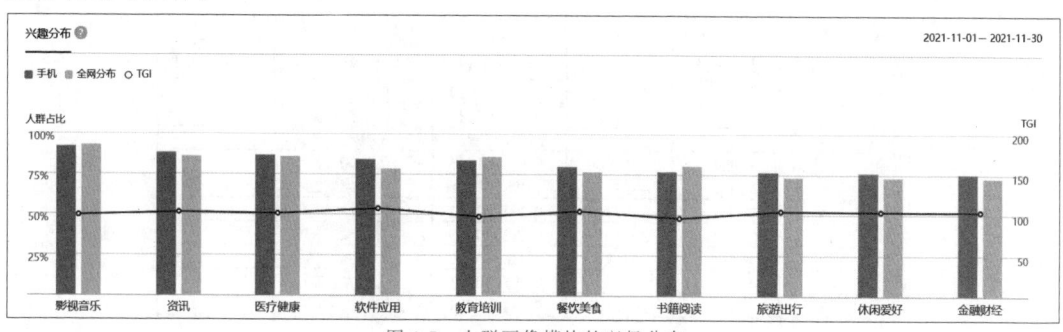

图 6-7 人群画像模块的兴趣分布

利用赫芬达尔指数分析行业集中度

## 2.利用赫芬达尔指数分析行业集中度

电商企业在进行行业集中度分析时,具体步骤如下:

步骤一:进入生意参谋,采集选定行业排名前10位品牌的交易指数。

行业集中度原始数据见表6-1。

表6-1　　　　　　　　　　行业集中度原始数据1

| 行业排名 | 品牌信息 | 交易指数 | 市场份额 | 市场份额平方值 | 行业集中度 |
|---|---|---|---|---|---|
| 1 | A1 | 3 742 743 | | | |
| 2 | B2 | 3 561 366 | | | |
| 3 | C3 | 2 894 131 | | | |
| 4 | D4 | 2 863 800 | | | |
| 5 | E5 | 2 812 115 | | | |
| 6 | F6 | 2 797 367 | | | |
| 7 | G7 | 2 573 654 | | | |
| 8 | H8 | 2 475 177 | | | |
| 9 | I9 | 2 444 750 | | | |
| 10 | J10 | 2 418 127 | | | |

步骤二:通过交易指数计算出各自的市场份额(交易指数占比)。

针对 D2 单元格使用公式"=C2/SUM($C$2:$C$11)"可计算得出 A1 品牌在该行业的市场份额,并通过下拉自动套入公式的方式完成其他品牌的市场份额计算,结果如图6-8 所示。

| | A | B | C | D | E | F |
|---|---|---|---|---|---|---|
| 1 | 行业排名 | 品牌信息 | 交易指数 | 市场份额 | 市场份额平方值 | 行业集中度 |
| 2 | 1 | A1 | 3742743 | 0.130941919 | | |
| 3 | 2 | B2 | 3561366 | 0.124596345 | | |
| 4 | 3 | C3 | 2894131 | 0.101252763 | | |
| 5 | 4 | D4 | 2863800 | 0.100191616 | | |
| 6 | 5 | E5 | 2812115 | 0.098383388 | | |
| 7 | 6 | F6 | 2797367 | 0.097867421 | | |
| 8 | 7 | G7 | 2573654 | 0.090040699 | | |
| 9 | 8 | H8 | 2475177 | 0.086595427 | | |
| 10 | 9 | I9 | 2444750 | 0.085530921 | | |
| 11 | 10 | J10 | 2418127 | 0.084599501 | | |

图6-8　市场份额数据

步骤三:计算出各品牌的市场份额平方值。

针对 E2 单元格使用公式"=D2*D2"可计算得出 A1 品牌在该行业的市场份额平方值,并通过下拉自动套入公式的方式完成其他品牌的市场份额平方值计算,结果如图6-9所示。

| | A | B | C | D | E | F |
|---|---|---|---|---|---|---|
| 1 | 行业排名 | 品牌信息 | 交易指数 | 市场份额 | 市场份额平方值 | 行业集中度 |
| 2 | 1 | A1 | 3742743 | 0.130941919 | 0.01714579 | |
| 3 | 2 | B2 | 3561366 | 0.124596345 | 0.01552425 | |
| 4 | 3 | C3 | 2894131 | 0.101252763 | 0.01025212 | |
| 5 | 4 | D4 | 2863800 | 0.100191616 | 0.01003836 | |
| 6 | 5 | E5 | 2812115 | 0.098383388 | 0.00967929 | |
| 7 | 6 | F6 | 2797367 | 0.097867421 | 0.00957803 | |
| 8 | 7 | G7 | 2573654 | 0.090040699 | 0.00810733 | |
| 9 | 8 | H8 | 2475177 | 0.086595427 | 0.00749877 | |
| 10 | 9 | I9 | 2444750 | 0.085530921 | 0.00731554 | |
| 11 | 10 | J10 | 2418127 | 0.084599501 | 0.00715708 | |

图6-9　市场份额平方值数据

步骤四:对所有品牌的市场份额平方值进行加总求和,得出最终的行业集中度数据。最终该行业的行业集中度如图 6-10 所示,为 0.102 296 550。

| | A | B | C | D | E | F |
|---|---|---|---|---|---|---|
| 1 | 行业排名 | 品牌信息 | 交易指数 | 市场份额 | 市场份额平方值 | 行业集中度 |
| 2 | 1 | A1 | 3742743 | 0.130941919 | 0.01714579 | 0.102296550 |
| 3 | 2 | B2 | 3561366 | 0.124596345 | 0.01552425 | |
| 4 | 3 | C3 | 2894131 | 0.101252763 | 0.01025212 | |
| 5 | 4 | D4 | 2863800 | 0.100191616 | 0.01003836 | |
| 6 | 5 | E5 | 2812115 | 0.098383388 | 0.00967929 | |
| 7 | 6 | F6 | 2797567 | 0.097867421 | 0.00957803 | |
| 8 | 7 | G7 | 2573654 | 0.090040699 | 0.00810733 | |
| 9 | 8 | H8 | 2475177 | 0.086595427 | 0.00749877 | |
| 10 | 9 | I9 | 2444750 | 0.085530921 | 0.00731554 | |
| 11 | 10 | J10 | 2418127 | 0.084599501 | 0.00715708 | |

图 6-10　行业集中度数据

另外,行业集中度(赫芬达尔指数)的倒数(一般以向上取整的方式)表示有多少个品牌占据了行业的主要份额。通过计算可知:该案例中行业 TOP10 网店中有 10 个网店占据了行业的主要份额,因此该行业的行业集中度不明显,这 10 个品牌基本可视为完全竞争的状态。

## 技能训练

1.请利用百度指数分析某一新兴市场行情,如智能装备、新能源汽车等。
2.请根据表 6-2 的相关数据,计算行业集中度。

表 6-2　　　　　　　　　　行业集中度原始数据 2

| 行业排名 | 品牌信息 | 交易指数 | 市场份额 | 市场份额平方值 | 行业集中度 |
|---|---|---|---|---|---|
| 1 | A01 | 2 223 727 | | | |
| 2 | B02 | 1 157 102 | | | |
| 3 | C03 | 1 228 863 | | | |
| 4 | D04 | 1 162 194 | | | |
| 5 | E05 | 1 290 200 | | | |
| 6 | F06 | 1 802 266 | | | |
| 7 | G07 | 1 314 276 | | | |
| 8 | H08 | 1 947 701 | | | |
| 9 | I09 | 1 217 402 | | | |
| 10 | J10 | 1 410 103 | | | |
| 11 | K11 | 1 491 320 | | | |
| 12 | L12 | 1 079 386 | | | |
| 13 | M13 | 876 944 | | | |
| 14 | N14 | 938 066 | | | |

## 思政园地

**提升家国情怀,支持国货消费**

新国货是近年来中国市场中出现的一系列原创品牌和老品牌创新推出的消费品,以满足居民消费提质升级为主要目标,以数字技术和数字化经营为主要手段,是具有鲜明数字经济时代特征的消费新增长点。

新国货覆盖的居民生活消费领域日益广泛。2020年,排名前20位的新国货品牌覆盖了手机、服装饰品、智能汽车、智能家居、智能硬件、食品、饮料酒水、母婴、家居、美妆个护等10个生活消费领域。2020年新国货排名前20位的品牌销售规模平均为222亿元,同比增速平均达到229%;排名前100位的品牌平均成立时间为6年,平均销售规模已达54亿元。

新国货依托网络零售市场快速发展,在衣、食、住、行、用等消费领域全方位快速涌现。中国综合国力的提高,以及在疫情防控取得阶段性胜利、维护以华为为代表的民族企业等方面取得的成绩,极大鼓舞了消费者特别是青年群体的爱国情怀和国货认同感。2020年,"国潮"相关内容关注群体的年龄分布中,80后、90后、00后分别占16.9%、48.6%、25.8%,合计91.3%。调查显示,90.7%的消费者更愿意支持国货,64.5%会优先购买国货,61.4%会特意关注选购品牌是否为国货,56.7%会劝身边亲友支持国货。

国货品牌彰显国货品质,传递国货精神,凸显国货魅力,在未来也将继续做大做强、走向世界。

(资料来源:新华网)

## 任务2 推广数据分析

在电子商务平台上,消费者通过关键词查找所需的商品而产生的流量往往在店铺整体流量中占据很大的比重,因为搜索即入口,通过优化关键词、投放关键词广告,可以提升产品的曝光机会。在推广某个单品宝贝时,通过精准的搜索匹配,给店铺带来了优质的买家,当买家进入店铺时,会产生多次的流量跳转,促成了其他商品的成交。这种以点带面的精准推广,可以最大限度降低店铺的推广成本,提升店铺整体营销效果。

### 技能知识

**1. 推广数据分析指标**

**(1) 展现量**

展现量指的是推广信息被展现在搜索结果页中的次数。只有广告被更多的人看到,才会有更多被点击的可能。

影响展现量的因素有以下几个：

①关键词数量：投放的关键词越多，广告被触发的可能性就越大。

②关键词检索量：用户搜索关键词的次数多少决定着针对这个关键词投放的推广信息。

③被展现的数量：竞争较激烈的是通用词、行业词以及产品词这些检索量比较高的关键词。

④关键词匹配方式：关键词匹配方式越宽泛，展现的概率越高。

⑤关键词出价：出价越高，被展现的机会就越大。

⑥投放地域：投放地域的单一和宽泛，决定着关键词检索量的多少。

⑦预算：预算影响了关键词出价策略和账户的在线时间，这些都直接关系到展现量。

(2) 点击量

点击量指的是用户点击推广信息链接的次数。用户只有进入网站看到了信息，才有进一步成交的可能，所以这个环节尤其重要。

影响点击量的因素有以下几个：

①关键词排名：关键词排名靠前，才能第一时间进入用户的眼球，吸引用户点击。

②创意撰写：创意撰写与关键词相关度高，简洁通顺，有吸引力和引导性，访客才会有点击广告的冲动。

(3) 访问量

访问量即用户到达网站的次数，也就是竞价推广中常说的抵达率。抵达率是一个很容易被忽略的数据，但其实它是一项很重要的统计数据。如果抵达率只有50%，先不说流失了50个客户，只说100个点击换来50次真正的浏览，则每一个点击成本都要乘以2。所以如果网站抵达率出了问题，后果是很严重的。

影响抵达率的因素有以下几个：

①网站打不开：网站长时间打不开容易被发现，但是短时间打不开就比较难察觉。可以使用实时监控工具来解决这个问题。

②网站打开速度慢：有调研表明，如果网站打开速度超过3秒，就会有超过一半的访客选择关闭网页。

③同一访客点击次数太多：如竞争对手的恶意点击，这是让竞价员头疼但却很难规避的问题。

(4) 咨询量

咨询量即用户在网站内发起咨询的次数。

影响咨询量的因素有以下几个：

①网站用户体验：网站的加载速度是否快，页面设计是否美观，网站导航是否清晰，广告文案是否戳中痛点，引导咨询是否合理，任何一项使用户体验变差的因素都会导致用户快速离开。

②页面相关性：每个搜索词背后都代表着一个访客需求，每个点击创意进入页面的访客都有自己的目的，如果网站内容与关键词和创意的相关性不强，满足不了访客的需求和目的，他当然不会选择咨询。

③页面交互性：如引导按钮和咨询通道设置不够合理，访客看了内容想要咨询，却没有便利的咨询通道，可能会就此错过一次有效访问。

(5) 成交量

成交量即最后成交的数量。竞价推广中所说的转化有很多形式，常见的就是有效线索、电话咨询或者直接下单成交。

影响成交量的因素是客服转化能力。客服转化能力分为专业能力和销售能力两种,其中包含的因素有很多,如跟单的频率、对产品或服务的了解程度、话术的优化等。

**2. 推广数据分析内容**

(1) 展现量分析

将展现量降序排列,找出展现低、无展现词,通过调整出价、匹配、时段、地域等提升展现量;找到展现量排名前 10～50 的词,看看这些词是否与业务高相关,并且是否为高转化词,要保证与业务一致。

(2) 点击量分析

找出近一个月内,有展现无点击词,若排名、创意没有大问题,则可做暂停或删除处理,这部分词对账户的推广并无大作用;找出点击率低的词,因预估点击率是影响关键词质量度的三大因素之一,若点击率过低,有可能导致关键词质量度低,进而影响关键词的竞争力度,可通过创意、排名,提高其点击率。

(3) 消费分析

根据二八法则,SEM 账户中 80% 的消费都集中在 20% 的词上,找出这 20% 的词,对比一下这些词是否带来转化、转化与消费是否成正比,再对比一下这些词是否为主推业务词、是否为重点推广词,若不是,应该降低消费占比,将消费转移至主营业务上。

(4) 平均点击价格分析

找出高点击且 CPC 超出平均点击价格或预期的词,因为这些词消费比较高。对这些高点击价格词进行重点监控,查看其对应的转化及成本,若成本超出预期,则优化相关词,通过降低其点击价格来降低转化成本。降低点击价格一方面要降低出价,建议以 5%～10% 比例微调,大调整容易影响推广,造成效果波动;另一方面则是提升质量度,质量度优化应从预估点击率、创意相关性、落地页体验三个方面进行提升。

(5) 地域分析

将各地区展现、点击、转化、成本等各数据进行对比分析,找出客户集中在哪个地域,是否与主推地域相符;找出哪个地域的客户质量最好,可以将资源往高质量区域倾斜,也可调整业务发力地域。

(6) 时段分析

通过分时分析,对一天 24 小时里,各个时段的展现量及转化量、转化成本数据进行分析,找出转化高峰时段。可通过时段系数调整,提升高峰时段的竞争力度,获取更多转化。

(7) 搜索词分析

通过搜索词报告,找出出现高频且与业务相关的词,添加到账户中,进行转化追踪,看看能否带来转化。若关键词存在少量不相关搜索词,则将不相关搜索词进行否词处理;但若关键词存在大量不相关搜索词,建议将词进行匹配缩窄,控制不相关词匹配到该关键词,保证进入的流量精准性。

(8) 环比数据分析

将每周/每月数据与上一周/上个月数据进行环比分析,找出影响数据波动的因素,若是内在因素,则优化账户;若是外在因素,则根据因素调整推广策略,比如对于恶意点击,可利用商盾屏蔽。

(9)转化数据分析

利用公式"转化率=转化量/点击量×100%",可以做计划、单元、关键词的转化率分析对比,找出哪个计划、单元、关键词对转化贡献较大,稳定其推广,同时往相应的方向拓展流量,增加转化。

转化成本=消费/转化量=点击×点击价格/转化量,因此要降低转化成本,一是提高转化量,利用四象限分析法,找出高转化、低消费词去拓展;二是要降低消费,降低无意义的点击、降低点击价格,找出高消费、低转化词优化或降低出价,限制消费。

(10)非竞价因素分析

①自身品牌负面影响:比如三鹿的三聚氰胺事件,导致三鹿这个奶业巨头直接一朝崩塌。

②市场问题:关键词遇到热点事件,比如疫情期间,各个实体产业受到大冲击,导致中小企业支撑不下去,从而引发裁员等各类失业事件,将律所的劳动仲裁业务带上热搜,引起相关业务大流量挤入;或市场活动引发的围观,如在线下举办活动,引发的大量围观。

③季节问题:某些业务有淡旺季之分,比如羽绒服,秋冬为旺季,春夏为淡季等。

④恶意点击问题:可采取商盾屏蔽等各种手段预防。

**3.推广数据分析方法**

关键词是帮助企业锁定目标客户的,不同类型的关键词带来的流量不同,效果也会不同,在 SEM 账户里有些词会有比较好的效果,有些词可能光消费不带来转化,这也是让企业头疼的问题。

SEM 广告优化过程中,关键词优化是尤为重要的一部分,四象限分析法是 SEM 优化过程中常用的一种方法。使用四象限分析法对关键词进行优化,SEM 要有一定的积累,需要整理出占主要消耗 20% 的关键词。但随着时段和场景的变化,关键词的消费也会发生变化,进而会存在关键词消费转移的行为。所以,我们可以新添加一批关键词,修改部分关键词的出价或匹配模式,通过数据积累,整理出这 20% 的主要关键词。接着,我们将这 20% 的主要关键词进行分类优化。

为了方便后期对关键词的分析,可以先把关键词按照消耗和转化进行分类,分类之后根据关键词所在的象限进行优化,如图 6-11 所示。横坐标代表的是转化,纵坐标代表的是消耗。

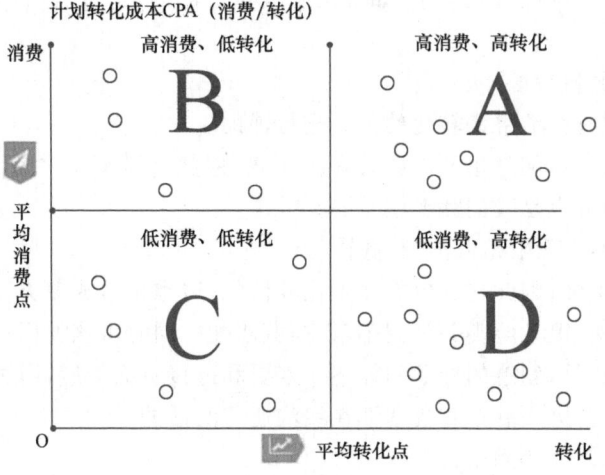

图 6-11 四象限分析法

(1)第一类关键词:A象限是高消费、高转化

该类关键词占主要的消费,但转化方面是能跟上的,该类词的特点是点击量大,消费也大,属于热搜词。该类词的调整方法:优化CPC,优化质量度,优化落地页,分析高消费原因。

该类词的优化方法:

①否定关键词:查看高消费的词是不是有不相关的词,如果有不相关的词,我们可以添加否定关键词,帮助节省推广的费用。

②关键词匹配模式:不同的匹配模式带来的流量是不一样的,看看消费高是不是因为设置的匹配模式过于宽泛。

③拓展业务相关词:我们可以找些转化高的词,在这些转化高的词的基础上多去拓展一些相关的词,增加转化。

(2)第二类关键词:B象限是高消费、低转化

这类关键词占大量的消费,但产生的转化寥寥无几。该类词的特点是出价高、竞争大。

该类词的优化方法:将此类关键词向增加转化量的方向优化,再向降低消耗方向优化,如果尝试失败可以暂停或者删除。

对于这类词,我们要从3个阶段去优化:推广阶段、网站阶段、销售阶段。

①第一阶段——推广阶段

否定关键词:查看是不是有不相关的点击过来,不相关词要进行否定关键词的设置,避免因没有必要的点击造成消费。

替换为业务针对性更强的词:选词要有针对性,选业务,比如账户中可以多一些产品词、产品咨询词等。

创意突出业务范围:查看创意,标题的内容以及描述的内容,是不是都是围绕关键词进行撰写。

②第二阶段——网站阶段

优化网站质量:我们要看网站整体的质量,比如网站的打开速度是不是够快。例如网民到达网站了,但是网站打开速度是30 s,那可能网民就直接离开了。

提高网页相关性:当网民进入网站,如果没有他想看的内容,或者没有找到相关的内容他也会选择离开。

③第三阶段——销售阶段

销售工具布置:要有交流咨询转化的工具进行辅助。

销售人员经验及技巧:网站里面一般有客服在线,但如果咨询了之后没有人回应,网民也有可能离开,这些地方也是我们需要注意的。

(3)第三类关键词:C象限是低消费、低转化

该类词的针对性不强,因此在出价方面是比较低的,这也是造成该类词转化低的原因。

该类词的优化方法:提升此类关键词排名,拓宽匹配。同时将该类词的着陆页链接到咨询页面。这里要注意的是,创意的标题和描述一定要和链接页面对应,网民搜索一个词看到创意后,可清晰了解点击进入后是直接和谁在线沟通与对话的。

对这类词,我们可以放量测试:

保证排名:首先看排名是不是不够靠前,排名不好,网民看不到。

优化创意增加点击：看创意是不是没有吸引力。

优化网站质量：保证网站的打开速度、网站吸引力。

提高网页相关性：如果页面的打开速度太慢，要查看是不是网页设置得不太好，或者网民点击广告后的落地页面设置得不相关，要提高页面的相关性。

（4）第四类关键词：D象限是低消费、高转化

该类词的特点是竞争小，属于能带来转化的关键词。

该类词的调整方法：对产生对话的关键词进行拓展和挖掘出相应的关键词，保持这些词的排名。

该类关键词的优化方法：

给予更多资源：可以给予这些词更多的资源，如延长推广时间、增加预算等。

增加同类词：添加这类词的同类词，挖掘新词，开发出效果更好的词。

## 技能实施

某网店的桌子经过推广积累以后，有669个有效推广关键词，按点击花费降序排列，详细数据见表6-3。该网店需要通过四象限分析法划分关键词，再通过各个象限的属性对关键词进行优化。

四象限图划分关键词

表6-3    桌子关键词数据

| 序号 | 关键词 | 展现量（次） | 点击量（次） | 转化量（次） | 点击率 | 转化率 | 点击花费（元） |
|---|---|---|---|---|---|---|---|
| k1 | 左右餐桌 | 2 809 | 448 | 64 | 15.95% | 14.29% | 1 666.56 |
| k2 | 组合书桌 | 2 190 | 320 | 38 | 14.61% | 12.00% | 1 228.80 |
| k3 | 组合书柜书桌电脑桌 | 3 770 | 576 | 64 | 15.28% | 11.11% | 1 209.60 |
| k4 | 组合电脑桌 | 2 627 | 384 | 64 | 14.62% | 16.67% | 1 128.96 |
| k5 | 组合餐桌椅 | 2 183 | 320 | 32 | 14.66% | 10.00% | 1 036.80 |
| ... | ... | ... | ... | ... | ... | ... | ... |
| k667 | 8人座餐桌 | 981 | 104 | 16 | 10.60% | 15.38% | 1.00 |
| k668 | 6人座餐桌 | 2 123 | 256 | 32 | 12.06% | 12.50% | 1.00 |
| k669 | 4人座餐桌 | 2 242 | 320 | 32 | 14.27% | 10.00% | 1.00 |

（1）筛选有效关键词。使用四象限分析法对关键词进行优化，SEM要有一定的积累，需要整理出占主要消费20%的关键词。因此，根据"点击花费"指标，新增"花费占比""累计占比"两个指标，以便快速筛选出占主要消费20%的关键词，共计有9个关键词符合要求，见表6-4。

表6-4    有效关键词

| 序号 | 关键词 | 展现量（次） | 点击率 | 转化率 | 点击花费（元） | 花费占比 | 累计占比 |
|---|---|---|---|---|---|---|---|
| k1 | 左右餐桌 | 2 809 | 15.95% | 14.29% | 1 666.56 | 3.68% | 3.68% |
| k2 | 组合书桌 | 2 190 | 14.61% | 12.00% | 1 228.8 | 2.72% | 6.40% |
| k3 | 组合书柜书桌电脑桌 | 3 770 | 15.28% | 11.11% | 1 209.6 | 2.67% | 9.07% |
| k4 | 组合电脑桌 | 2 627 | 14.62% | 16.67% | 1 128.96 | 2.49% | 11.57% |
| k5 | 组合餐桌椅 | 2 183 | 14.66% | 10.00% | 1 036.8 | 2.29% | 13.86% |

(续表)

| 序号 | 关键词 | 展现量(次) | 点击率 | 转化率 | 点击花费(元) | 花费占比 | 累计占比 |
|---|---|---|---|---|---|---|---|
| k6 | 组合_书桌 | 2 323 | 13.78% | 10.11% | 1 036.8 | 2.29% | 16.15% |
| k7 | 组合_餐桌椅 | 3 904 | 12.75% | 11.11% | 794.88 | 1.76% | 17.90% |
| k8 | 桌子折叠餐桌 | 2 635 | 14.17% | 15.67% | 737.28 | 1.63% | 19.53% |
| k9 | 桌子折叠 | 4 779 | 16.91% | 10.52% | 541 | 1.20% | 20.73% |

（2）创建散点图。准备好数据源，选中转化率、点击率两列数据，不要选中标题，然后单击插入→散点图→创建一个普通散点图。

（3）分别在 X、Y 坐标轴上右键→设置坐标轴格式→坐标轴选项→坐标交叉点→坐标轴值，即设置坐标交叉点的值，因为数据源没有负值，这里设置为数据源的中间值，方便后面查看效果，如图 6-12 所示。

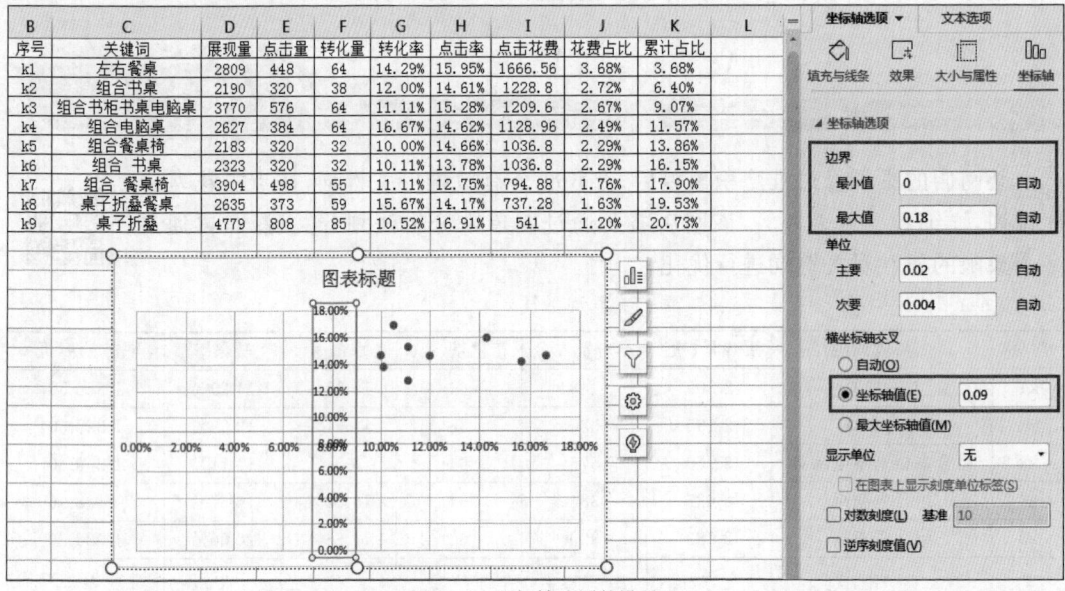

图 6-12　坐标轴选项的设置

（4）在图表的网格线上右键→删除，可以让图表更清晰一些。删除网格线后效果如图 6-13 所示。

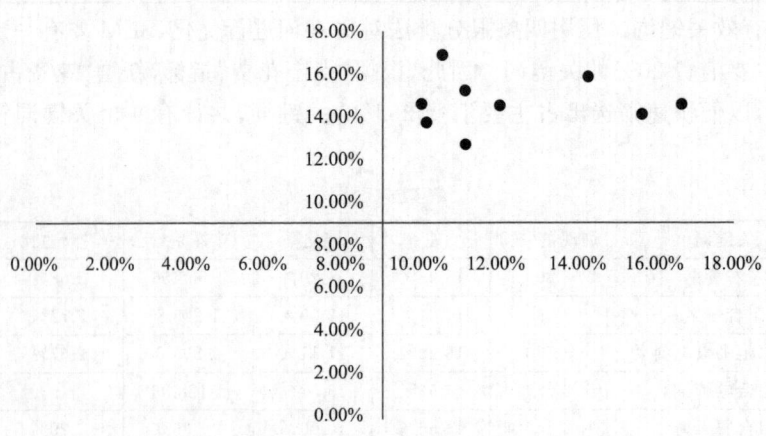

图 6-13　删除网格线后的散点图

项目6 "场"数据分析

(5)调整坐标轴的颜色以及让坐标轴带有方向箭头。分别在 X、Y 坐标轴上右键→设置坐标轴格式→填充线条→线条→选择颜色、末端箭头,如图 6-14 所示。

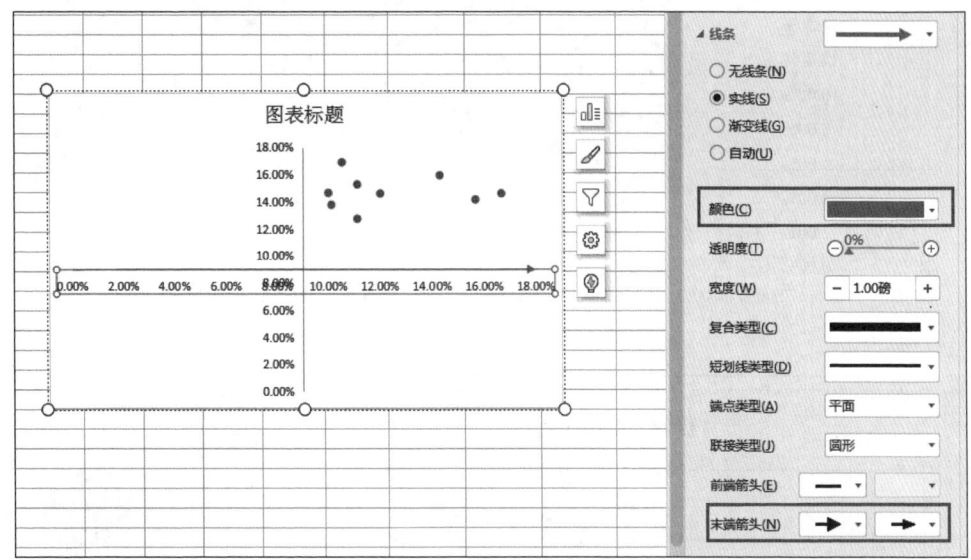

图 6-14　坐标轴线条的设置

(6)调整坐标轴刻度在图里的显示位置。分别在 X、Y 坐标轴上右键→设置坐标轴格式→坐标轴选项→标签→"标签位置"选择"低",如图 6-15 所示。调整后效果如图 6-16 所示。

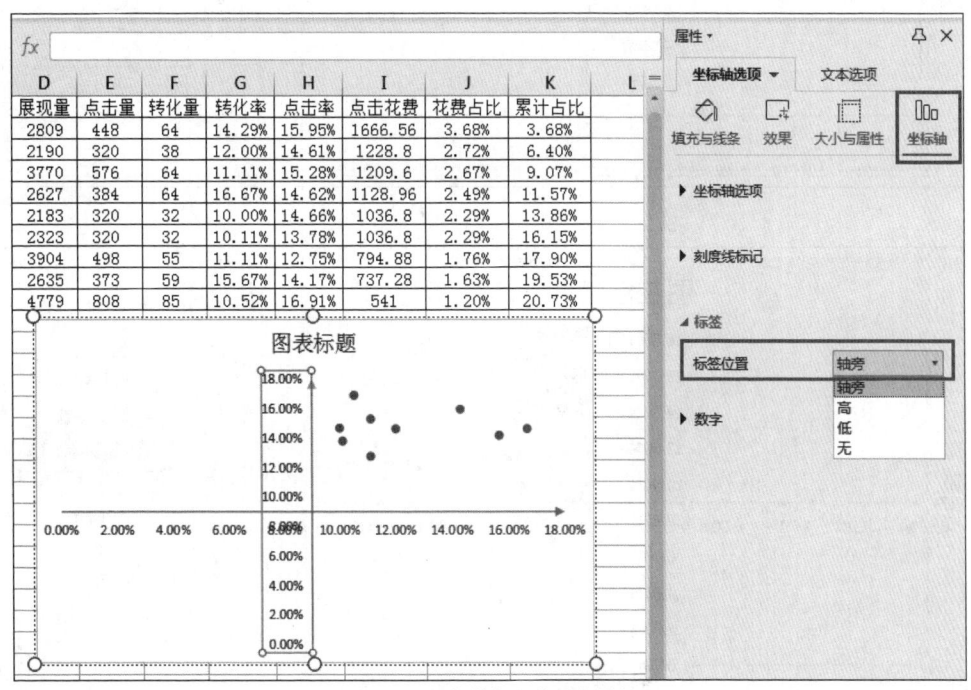

图 6-15　坐标轴标签位置的设置

(7)添加坐标轴说明。右键图表→单击右上角的图表元素→勾选"轴标题",如图 6-17 所示。

(8)添加文本数据标签。右键图表→单击右上角的图表元素→勾选"数据标签",如图 6-18 所示。这时默认会在数据点上附上 Y 轴的值,可以将其切换成 X 轴,或者对应的中文名称。

181

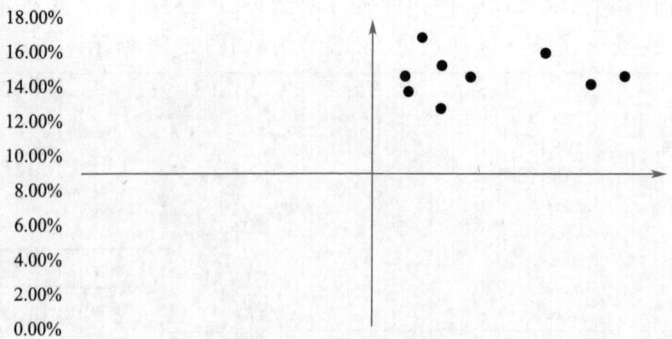

图 6-16　优化后的四象限图

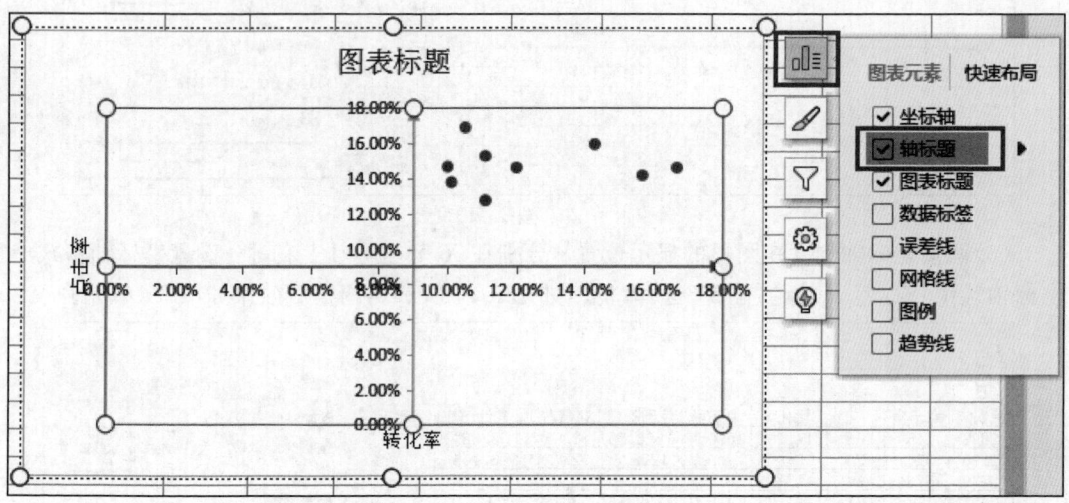

图 6-17　轴标题的设置

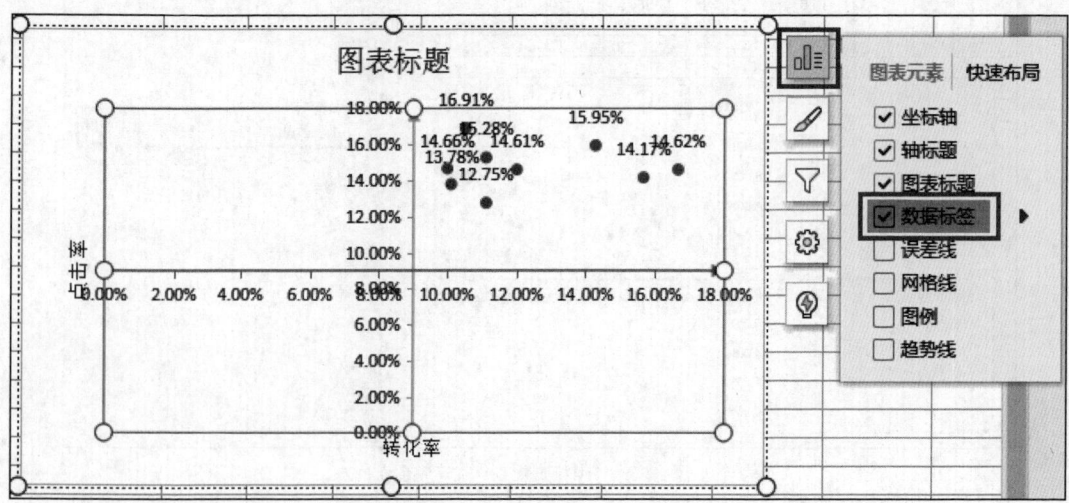

图 6-18　数据标签的设置

(9)右键数据点→设置数据标签格式→标签选项→标签包括→勾选"单元格中的值",然后选取数据源即可(关键词名称);再取消"Y值"的勾选,如图6-19所示。

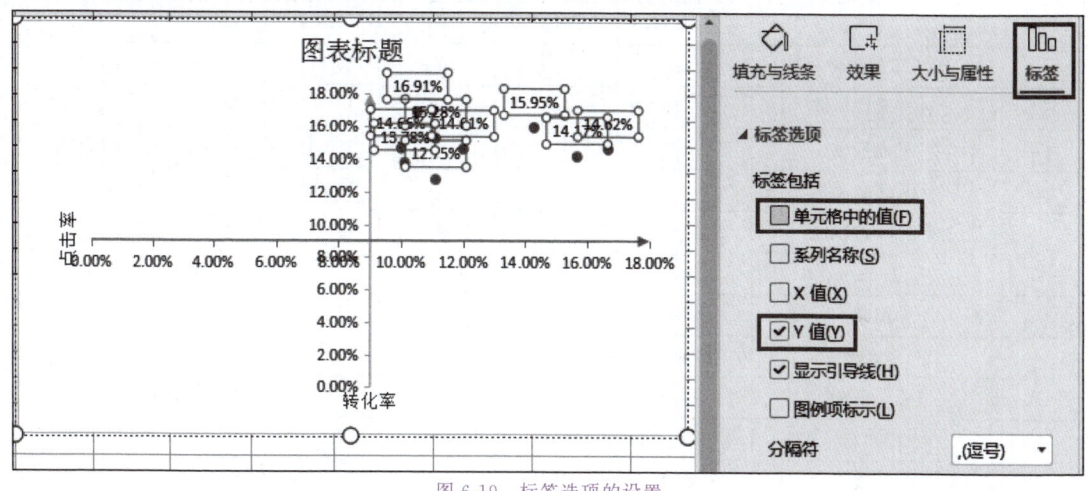

图6-19 标签选项的设置

(10)根据落点情况,调整坐标交叉点,最终效果如图6-20所示。大家也可以根据需要,进行样式的调整。

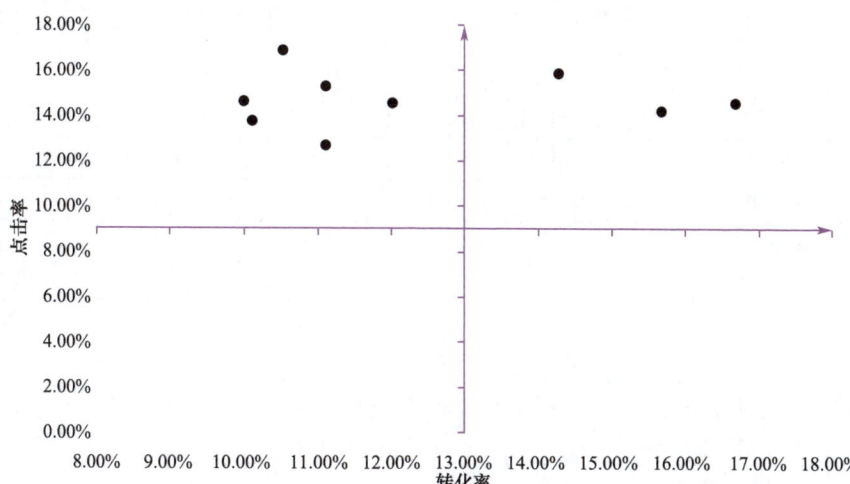

图6-20 四象限分析图最终效果

由图6-20可知,关键词分为两类,A类是高点击率、高转化率,包括左右餐桌、组合电脑桌、桌子折叠餐桌3个关键词,该类关键词的竞争激烈,CPC成本高,转化量同样也高;B类是高点击率、低转化率,包括组合书桌、组合书柜书桌电脑桌、组合餐桌椅、组合_书桌、组合_餐桌椅、桌子折叠6个关键词,该类词要提高转化量,并降低点击消费。

## 技能训练

表6-5是某网店热销商品项链的消费20%的关键词,请使用四象限分析法对这些关键词进行分类。

表 6-5　　　　　　　　某网店热销商品项链的消费 20% 的关键词

| 序号 | 关键词 | 展现量(次) | 点击量(次) | 转化量(次) | 点击率 | 转化率 | 点击花费(元) |
|---|---|---|---|---|---|---|---|
| 1 | 包邮 | 3 284 | 512 | 64 | 15.59% | 12.50% | 2 150.40 |
| 2 | 925 银项链 | 3 120 | 512 | 64 | 16.41% | 12.50% | 1 689.60 |
| 3 | 欧比雅比项链 | 2 766 | 448 | 64 | 16.20% | 14.29% | 1 263.36 |
| 4 | 皮绳项链 | 3 194 | 512 | 64 | 16.03% | 12.50% | 1 075.20 |
| 5 | 天使之翼 | 2 755 | 448 | 64 | 16.26% | 14.29% | 833.28 |
| 6 | 项链女人造水晶 | 2 331 | 320 | 32 | 13.73% | 10.00% | 768.00 |
| 7 | 毛衣链 | 14 670 | 2 494 | 260 | 17.00% | 10.43% | 661.00 |
| 8 | 饰品 | 14 604 | 2 482 | 292 | 17.00% | 11.76% | 583.00 |
| 9 | 母亲节 | 10 434 | 1 774 | 240 | 17.00% | 13.53% | 559.00 |
| 10 | 彩金项链 | 4 786 | 809 | 93 | 16.90% | 11.50% | 558.00 |
| 11 | 银项链 | 14 496 | 2 466 | 264 | 17.01% | 10.71% | 543.00 |
| 12 | 流苏项链 | 2 139 | 256 | 32 | 11.97% | 12.50% | 522.24 |
| 13 | 男项链纯银 | 4 582 | 770 | 100 | 16.80% | 12.99% | 477.00 |
| 14 | 夸张项链女 | 2 914 | 448 | 64 | 15.37% | 14.29% | 456.96 |
| 15 | 饰品女 | 4 966 | 843 | 94 | 16.98% | 11.15% | 455.00 |
| 16 | 情人节礼品 | 2 149 | 256 | 32 | 11.91% | 12.50% | 445.44 |
| 17 | 水晶项链 | 12 875 | 2 188 | 260 | 16.99% | 11.88% | 438.00 |
| 18 | 锁骨链 | 12 709 | 2 160 | 276 | 17.00% | 12.78% | 421.00 |
| 19 | 短项链 | 9 816 | 1 644 | 328 | 16.75% | 19.95% | 419.00 |
| 20 | 男士黄金项链 | 986 | 414 | 111 | 41.99% | 26.81% | 402.00 |

## 思政园地

### SEM 推广一定要遵守《广告法》

不做虚假广告，不进行虚假宣传，广告语中不要带极端的词如"最""第一"等，其实这些《广告法》里面都已详细阐述。

《广告法》的规定包括：

第十一条　广告内容涉及的事项需要取得行政许可的，应当与许可的内容相符合。

广告使用数据、统计资料、调查结果、文摘、引用语等引证内容的，应当真实、准确，并表明出处。引证内容有适用范围和有效期限的，应当明确表示。

第十三条　广告不得贬低其他生产经营者的商品或者服务。

第十六条　医疗、药品、医疗器械广告不得含有下列内容：

（一）表示功效、安全性的断言或者保证；

（二）说明治愈率或者有效率；

（三）与其他药品、医疗器械的功效和安全性或者其他医疗机构比较；

（四）利用广告代言人作推荐、证明；

（五）法律、行政法规规定禁止的其他内容。

第二十八条 广告以虚假或者引人误解的内容欺骗、误导消费者的,构成虚假广告。

广告有下列情形之一的,为虚假广告：

(一)商品或者服务不存在的；

(二)商品的性能、功能、产地、用途、质量、规格、成分、价格、生产者、有效期限、销售状况、曾获荣誉等信息,或者服务的内容、提供者、形式、质量、价格、销售状况、曾获荣誉等信息,以及与商品或者服务有关的允诺等信息与实际情况不符,对购买行为有实质性影响的；

(三)使用虚构、伪造或者无法验证的科研成果、统计资料、调查结果、文摘、引用语等信息作证明材料的；

(四)虚构使用商品或者接受服务的效果的；

(五)以虚假或者引人误解的内容欺骗、误导消费者的其他情形。

# 项目 7

# 数据的管理与输出

### 知识目标

- 了解数据可视化的内涵
- 熟悉数据可视化的类型和作用
- 掌握数据可视化的工具
- 熟悉数据分析报告的结构
- 掌握数据分析报告撰写要求

### 能力目标

- 能熟练使用数据可视化工具
- 能够独立完成数据可视化图表制作
- 能够根据数据特征选择恰当的数据图表
- 能够独立完成数据分析报告撰写与排版

### 思政目标

- 能够在数据分析报告撰写过程中,保守公司信息机密,不泄露给非相关公司人员
- 培养学生工作细心认真、态度端正、热爱数据图表设计的职业素养

## 引导案例

### "双十一"数据可视化，让你快速读懂市场变化

每年淘宝"双十一"购物节，都会有一块巨大的实时作战大屏，呈现实时销售情况。数据可视化能够更直观地呈现数据变化，图 7-1 是 2013—2021 年淘宝"双十一"的交易额和同比增速，从中可以看出，交易额在逐年增加，但增速却在下降。

图 7-1　2013—2021 年淘宝"双十一"的交易额和同比增速

数据可视化时代，信息因图表而变得简单，商业分析也因图表而变得简单和直观。作为电商从业人员，要重视数据可视化的作用，学会如何将枯燥、复杂的数据进行图表化，让读者简单、直观地看明白数据隐含的特征和关联，为我们的工作和生活提供决策参考。

## 项目分解

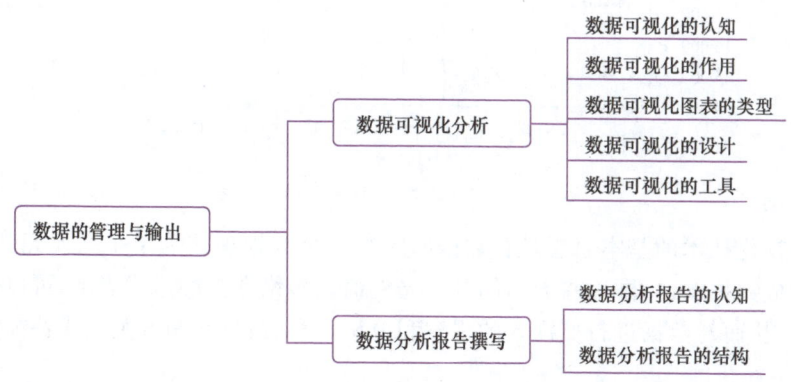

# 任务 1  数据可视化分析

我们经常阅读文字或者数据,从中获取想要的信息,然而,这种方式不仅需要花费大量的时间,而且还会影响人的记忆和心情。实验证明,当时间紧迫或者是人的心情不好的时候,大量的文字和数据只会让人感到烦躁、记忆力下降,甚至杂乱无序的数据会让人感到厌倦,进而导致记忆出现错误,给业务带来麻烦。相比之下,一张简单的数据可视化图表就能做到逻辑清晰、数据简单,在传递大量信息的同时,缩短人的记忆时间以及记忆量,减少时间的耗费,为浏览者带来更好的记忆效果。随着大数据行业的快速发展,用户对数据可视化的要求越来越高,通过数据可视化处理,用户能够更直观、更形象地理解信息与内容。

## 技能知识

**1. 数据可视化的认知**

数据可视化是指将数据以图形、图像形式进行展示,并利用数据分析工具探索数据信息之间的关系或特征,有效地传达与沟通信息。在生活和工作中,一张图片所传递的信息往往比很多文字更直观、更清楚,如图 7-2 所示为某汽车品牌 2021 年各月销量数据,各月销量变化情况一目了然。

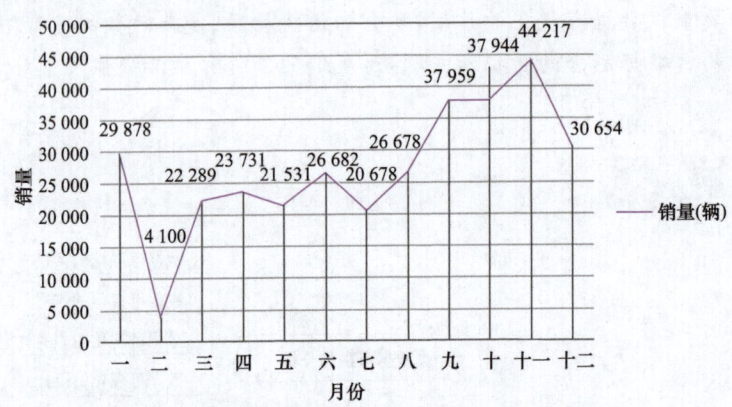

图 7-2　某汽车品牌 2021 年各月销量数据

数据可视化技术的基本思想是将数据库中每一个数据项作为单个图元元素表示,大量的数据集构成数据图像,同时将数据的各个属性值以多维数据的形式表示,可以从不同的维度观察数据,从而对数据进行更深入的观察和分析,找到数据之间的关联或特征。

**2. 数据可视化的作用**

数据可视化的作用有三个方面:数据展示、数据分析、数据信息互动。

(1) 数据展示

数据展示就是将已知的数据信息或数据分析结果以数据可视化图表的方法展现,多用于科学研究、汇报、公众服务平台等方面,比如大屏数据可视化,如图 7-3 所示。大屏数据可视化是以大屏为主要展示载体的数据可视化设计。大面积、炫酷动效、丰富色彩,大屏易在观感上给人留下震撼印象,便于营造某些独特氛围、打造仪式感。原本看不见的数据被可视化后,更能调动人的情绪、引发人的共鸣,传递企业文化和价值。

图 7-3  大屏数据可视化

（2）数据分析

在数据分析可视化平台中,数据信息的最后结果是数据图表方式的,它除了能够展示数据,还能够继续深层分析数据,即根据数据图表的"二次剖析",对数据信息进行多方面发掘。如图 7-4 所示,数据可视化分析让企业能够及时做出恰当的管理决策,并马上付诸行动。

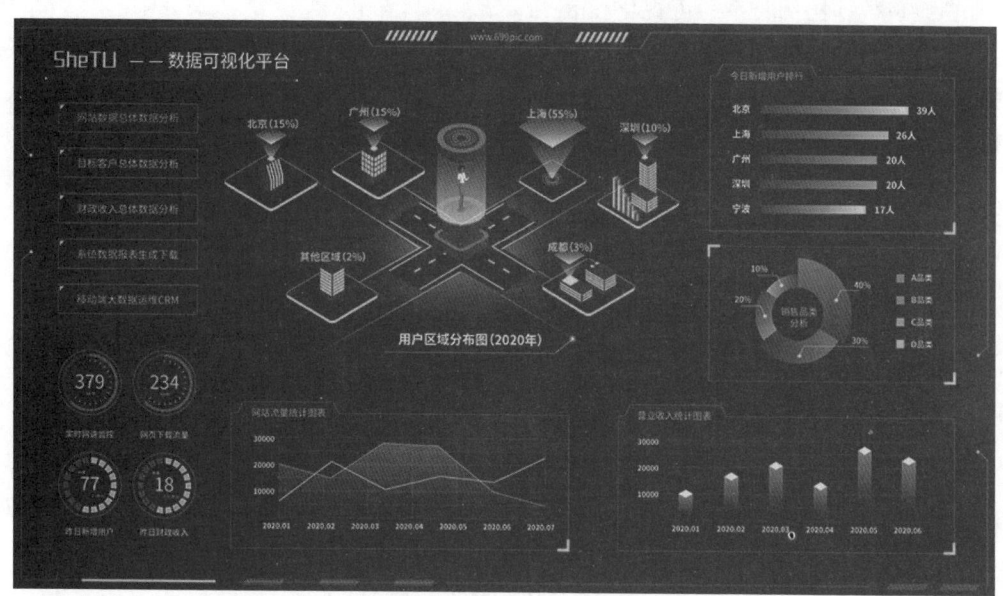

图 7-4  数据可视化分析

（3）数据信息互动

数据可视化还能够协助企业控制和互动数据信息。网络数据可视化与只能查询的一维报表和数据图表不一样,数据分析可视化平台使客户可以与数据信息互动,提高客户体验,更有利于对数据信息的了解和剖析,如图 7-5 所示。

电子商务数据分析

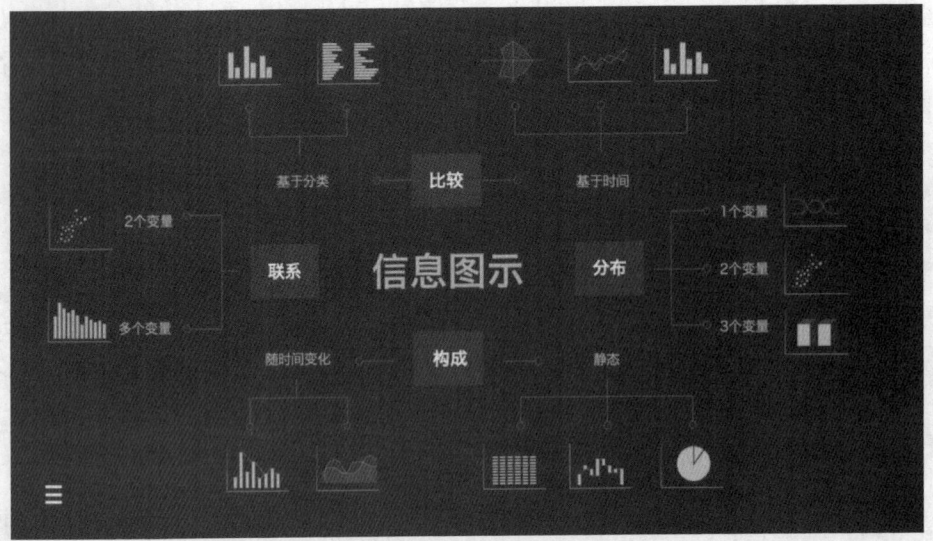

图 7-5 数据可视化分析与互动

**3.数据可视化图表的类型**

根据数据特征展现的图形特点,数据可视化图表可分为:展现数据比例关系的可视化图表、展现数据相关性的可视化图表、展现发展趋势的可视化图表、展现差异化的可视化图表、展现空间关系的可视化图表、展示业务流程的可视化图表和展现特殊情况的可视化图表等。

(1)展现数据比例关系的可视化图表

在数据分析时,需要进行数据的比例关系对比分析,以更好地对比展现数据特征。展现数据比例关系的常用可视化图表有饼图、环形图、百分比堆叠柱状图、百分比堆叠面积图、矩形树图等,如图 7-6 所示。

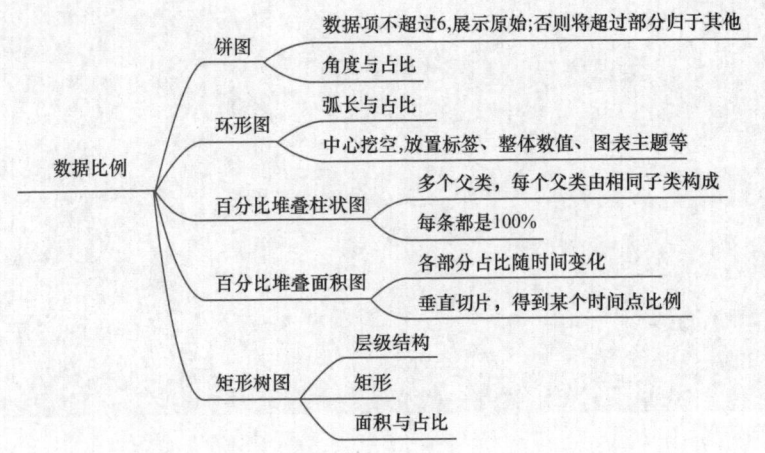

图 7-6 展现数据比例关系的可视化图表

这里以双饼图(饼图的一种特殊方式)为例,将一个圆饼分为若干份,用于反映数据间的构成情况,显示各个项目的大小或比例关系。图 7-7 是某商家在华南、华北和华东地区的营业额统计数据,通过饼图数据可以清晰直观地看到三个地区的营业额大小关系,以及各地区所覆盖城市的营业额大小关系。

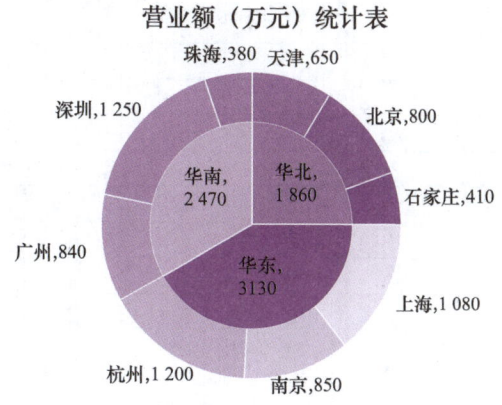

图 7-7 展现数据比例关系的双饼图

(2)展现数据相关性的可视化图表

自然界许多事物之间总是相互联系的,并可以通过一定的数量关系反映出来,这种依存关系一般可以分为两种:函数关系和相关关系。函数关系具有严格而准确的数据对应关系,相关关系则不然,没有函数关系那么精确,但大体上能反映出彼此的相关性,特别是电子商务行业中的产品销量、广告投入等数据之间的关系。如果能够较清晰地展示数据之间的相关性,就可以运用数据相关性来分析问题和解决问题,从而优化商业决策。以散点图为例,图 7-8 是某电商企业某年的成交金额与利润的散点图,从图中可以直观地看出,利润与成交金额呈正相关关系。

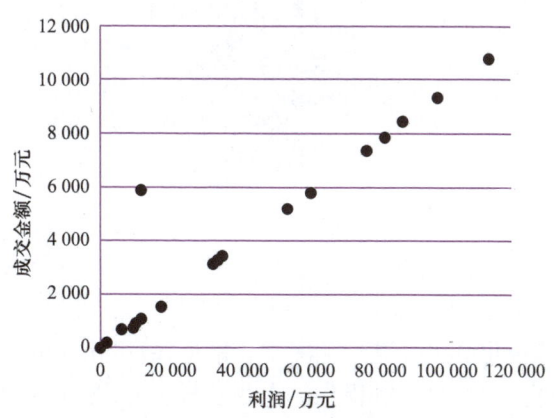

图 7-8 展现数据相关性的散点图

(3)展现发展趋势的可视化图表

展现发展趋势的常见图表有柱形图、折线图和面积图等。柱形图是以宽度相等的条形高度的差异来展现数据大小的图形;折线图是点和线连在一起的图表;面积图又称区域图,是在折线图的基础上形成的,是将折线图中折线与自变量坐标轴之间的区域使用颜色填充,形成一个填充区域,即面积。以柱形图为例,图 7-9 是某天猫店某款充电宝在 12 个月里的销售量发展趋势图,从图中能较直观地看出,该款充电宝的销量趋势是:2~5月销量逐渐增加,7~10月销量比较平稳,11月销量最高。

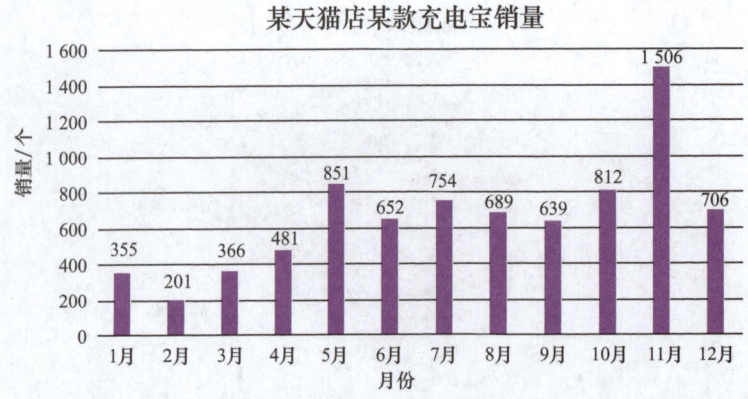

图 7-9 展现发展趋势的图表

(4) 展现差异化的可视化图表

雷达图将不同维度数据展示在同一个维度上,通过在不同散射轴上度量数据的大小,可以让读者轻松把握数据。与此同时,雷达图可以对多维数据点之间进行连线,绘制数据覆盖面积,通过面积规则程度我们可以大体了解数据分布的均匀性,尤其适用于对多属性体系结构描述的对象做出全局性、整体性评价。图 7-10 是某电商企业对直播从业人员的数据统计雷达图,从图中可以看出,对直播从业人员的颜值要求较高,收入也较高。

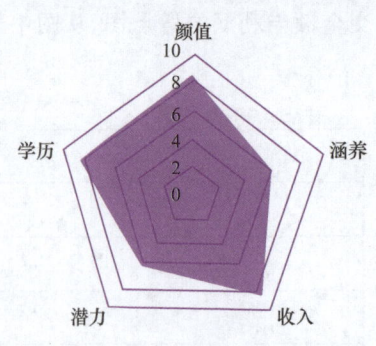

图 7-10 展现差异化的雷达图

(5) 展现空间关系的可视化图表

展现空间关系的可视化图表是通过地图方式来反映事物的地理分布情况或用户行为轨迹等信息。常见的展现空间关系的可视化图表有全球地图、中国地图、省市地图、街道地图、地理热力图等。地理热力图是按由深到浅的颜色来表示数据的从大到小、从集中到稀疏,通过高亮的形式显示访客热衷的页面区域和访客所在的地理区域的图示。

(6) 展现业务流程的可视化图表

展现业务流程的可视化图表可以反映工作流程各个环节的关系,以方便相关工作人员了解工作流程,使工作过程更加合理、简便,提高工作效率。展现业务流程的可视化图表一般有漏斗图及自定义设置的流程图表。漏斗图常用于反映电商数据中的浏览量、点击量、下单量等数据转化情况,自定义设置的流程图表一般根据业务特点来灵活设置。图 7-11 是某电商企业产品入库业务流程图。

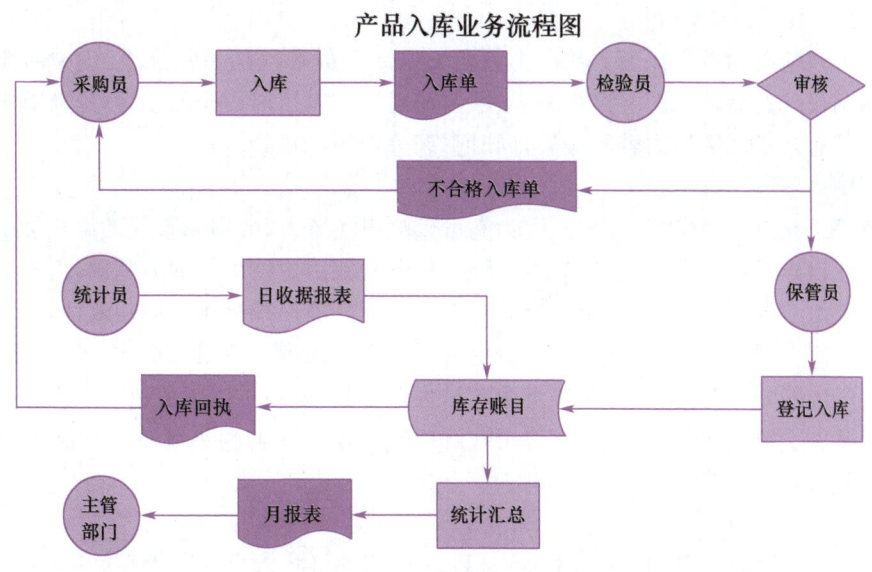

图 7-11　展现业务流程的可视化图表

(7) 展现特殊情况的可视化图表等

除了以上常规的可视化图表之外,还有些特殊情况的可视化展现形式,如概念可视化,它是将抽象的指标数据转换为人们熟悉的、容易感知的数据,使用户更容易地理解图形所要表达的意义。图 7-12 是某工业园区厕所里贴在墙上的提醒员工节省纸张的环保贴士,用了概念转换的方法,让人清晰地感受员工一年的用纸量之大,提醒员工节省纸张。

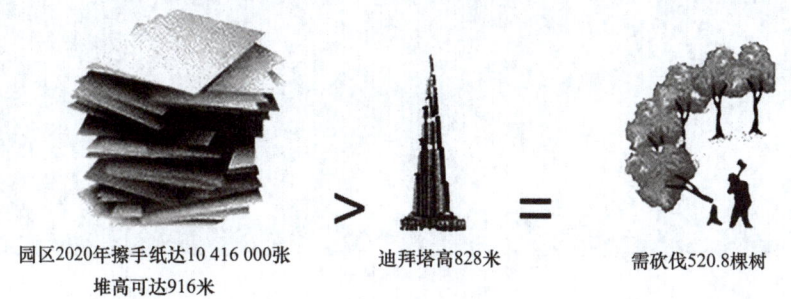

图 7-12　概念可视化图表

有些数据,通过象征性图表来展现,往往会使数据图表的内容更加生动,更便于用户理解图表要表达的内容。图 7-13 是自由行用户画像的象征性图表,从中可以直观地看出性别比例等数据特征。

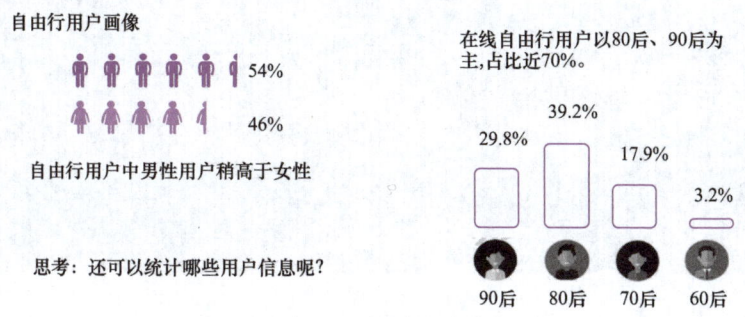

思考:还可以统计哪些用户信息呢?

图 7-13　象征性图表

### 4. 数据可视化的设计

创造外观精美的可视化商务数据图表对于设计人员来说是一种挑战,优秀的商务数据内容表达不仅仅是简单的图文混排,还必须要在视觉上表达出数据的主旨,这就要求在进行视觉设计前必须了解数据内容的框架,同时掌握一定的技巧。

（1）色彩

颜色是最有效的美学特征之一,因为它可以吸引注意力,能够以直接的方式突出显示关键信息或标识异常值。在数据可视化设计时,颜色的使用应该以数据为基础,而不是个人的喜好或品牌的颜色。当多个图表在一起展示时,应尽量确保指标颜色的一致性,即对于相同的度量尽量使用同一色系的颜色方案,避免使用过多的颜色对使用者造成干扰。比如,我们在做销售广告牌分析时,销售金额尽量用黄绿色系,回款金额尽量用蓝色系。我们在遵循这样的指标颜色一致性配色原则之后,使用者就能够快速地根据颜色区分来理解当前的数据可视化图表所要表达的指标含义。

（2）字体

字体内容是图表信息的核心,是传递信息的重要载体,因此,要确保字体大小合适、清晰,如图7-14、图7-15所示。

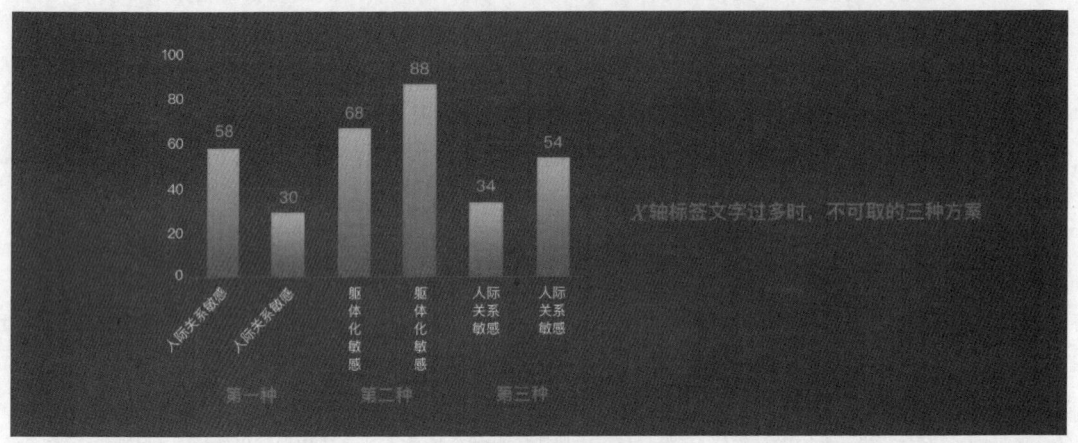

图7-14　图表字体展现设置1

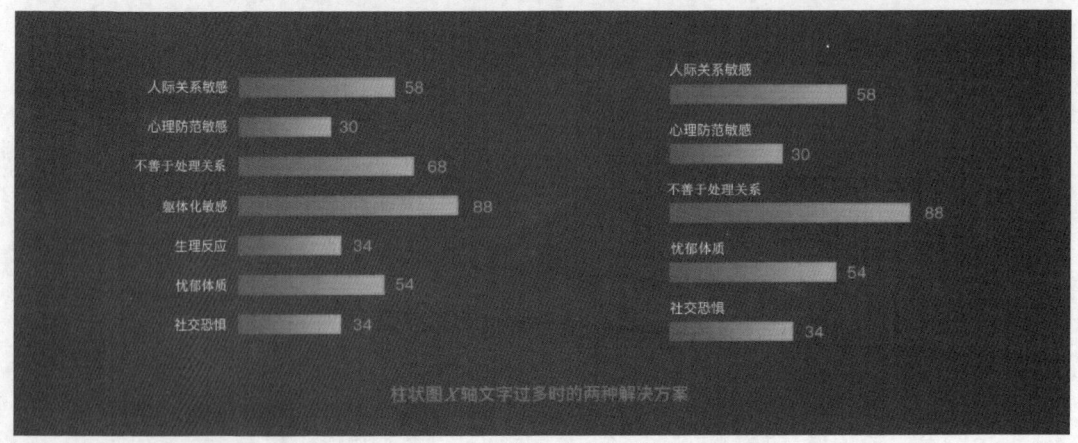

图7-15　图表字体展现设置2

（3）比例

数据可视化设计中的组成元素要比例得当，合理利用留白布局图表空间，如图 7-16 所示，折线图表大概占三分之二的位置。

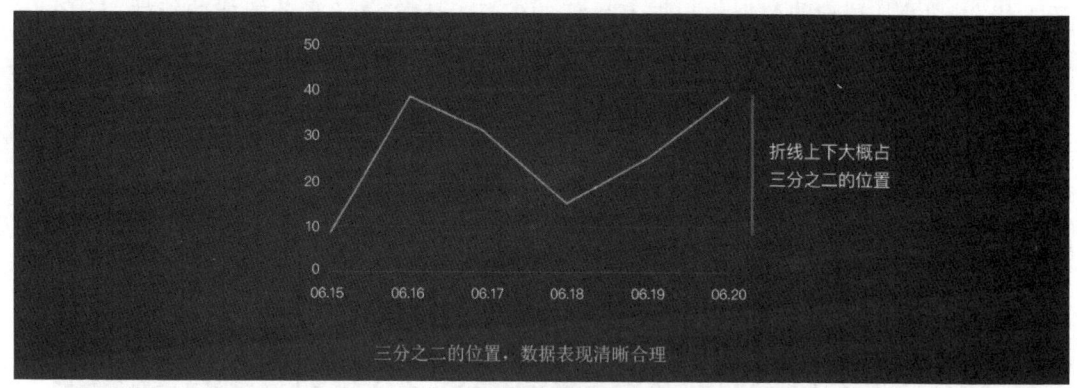

图 7-16　图表比例设置

**5.数据可视化的工具**

（1）Excel 可视化应用工具

Excel 是常用的图表制作工具，也是图表可视化入门级的应用工具。一般常用的 Excel 图表可视化类型如图 7-17 所示，有柱形图、折线图、饼图、条形图、面积图、散点图、股价图、雷达图等主要图形。每一种图形中配有不同的图表展现形式和色彩搭配形式，以方便用户个性化选择使用。不同的 Excel 版本，图表类型略有差别，有的还新增了动态图表的设计功能。

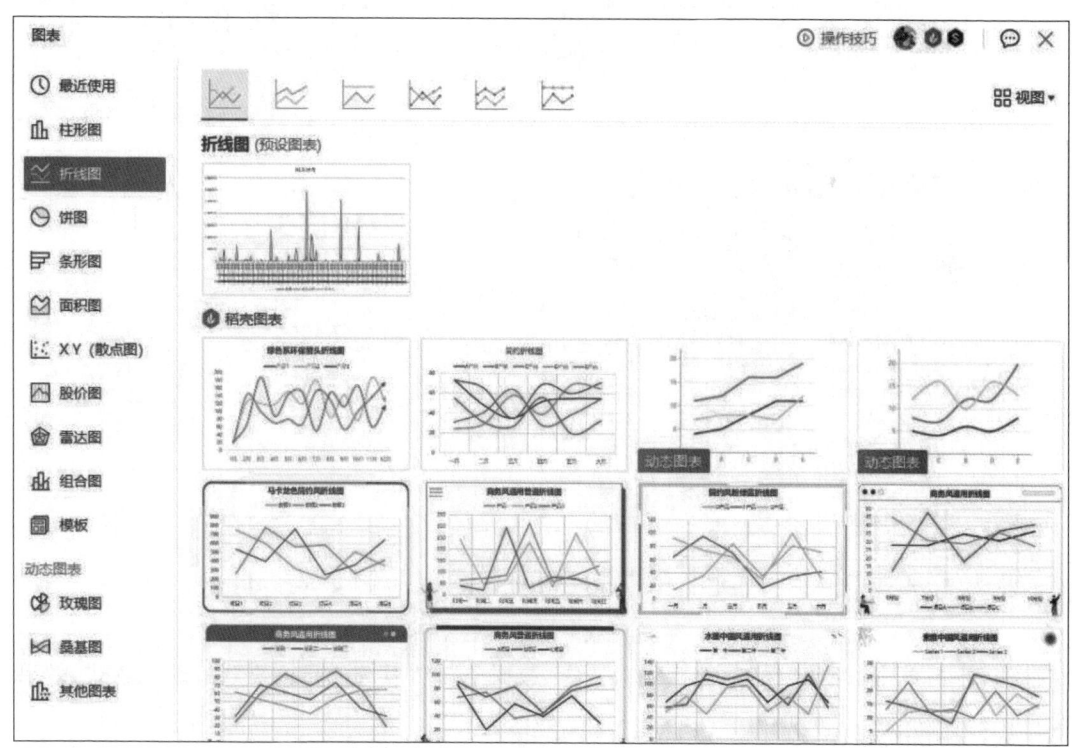

图 7-17　Excel 图表可视化类型

### (2) Power BI 可视化应用工具

Power BI 是一个商业智能分析工具，可以快速对数据进行分析和呈现，支持数百种数据源，可以建立模型，创建美观的交互图表。Power BI 集数据的获取、分析处理、数据呈现于一体，能快速从烦琐的数据中提取有价值的信息。Power BI 具备智能的特性，与 Excel 可视化工具相比，它呈现的内容更加丰富，更具有交互性，体验感也更好。

### (3) 百度指数在线可视化应用工具

百度指数是以百度海量网民行为数据为基础的数据分享平台，是当前互联网乃至整个数据时代最重要的统计分析平台之一。百度指数能够告诉用户某个关键词在百度的搜索规模，一段时间内的涨跌态势以及相关的新闻舆论变化，关注这些词的用户画像，帮助使用者优化数字营销活动方案。

## 技能实施

### 1. Excel 可视化图表设计与应用

（1）数据表格的图形化设计与应用

在 Excel 中，可以使用数据条、色阶和图标集进行设置，将数据表格图形化，达到数据可视化的效果，数据条的长度能够直观地展示数据的大小，数据条越长，表示数据越大，反之则越小。通过数据条还可以查看数据之间的对比关系。

① 数据条可视化的操作流程

步骤一：选中需要设置数据条的数据，如图 7-18 所示，选中 F 列"搜索指数"的数据。

| 搜索词 | 搜索指数 | 上升幅度 |
|---|---|---|
| 洗面奶女 | 568,459 | 1.0% |
| 男士洗面奶 | 465,823 | 0.0% |
| 祛痘洗面奶 | 254,852 | 6.0% |
| 洁面 | 345,845 | 18.6% |
| 洁面乳 | 385,645 | 15.6% |
| 控油补水洗面奶 | 258,425 | 9.8% |
| 洗面奶保湿 | 156,584 | 0.0% |
| 洗面奶温和女 | 241,054 | 4.0% |
| 氨基酸洗面奶 | 89,652 | 2.0% |
| 资生堂洗面奶 | 105,124 | 0.0% |
| 深层清洁洗面奶 | 201,564 | 3.2% |
| 泡沫洗面奶 | 189,526 | 5.1% |
| 韩国洗面奶 | 210,478 | 12.8% |
| 洁面美白 | 256,325 | 16.3% |
| 洗面奶包邮 | 78,569 | 0.9% |

图 7-18 选中"搜索指数"的数据

步骤二：单击"开始"→"条件格式"，选择"数据条"，然后选择自己喜欢的颜色款式，效果如图 7-19 所示。

步骤三：如果要取消"数据条"展示效果，首先要选择需要取消的数据，然后单击"开始"→

"条件格式",选择"取消规则"→"取消所选单元格的规则",数据就会恢复原貌。

图 7-19　数据条效果图

② 图标集可视化的操作流程

图标集是运用箭头等各种符号来表达数据的大小和关系,样式多种多样,可以根据需要选择合适的样式。例如,搜索指数上升幅度比较小的,展示为向下箭头,搜索指数上升幅度较大的,展示为向上箭头,一目了然。

步骤一:选中需要设置图标集的数据,如图 7-20 所示,选中 G 列"上升幅度"的数据。

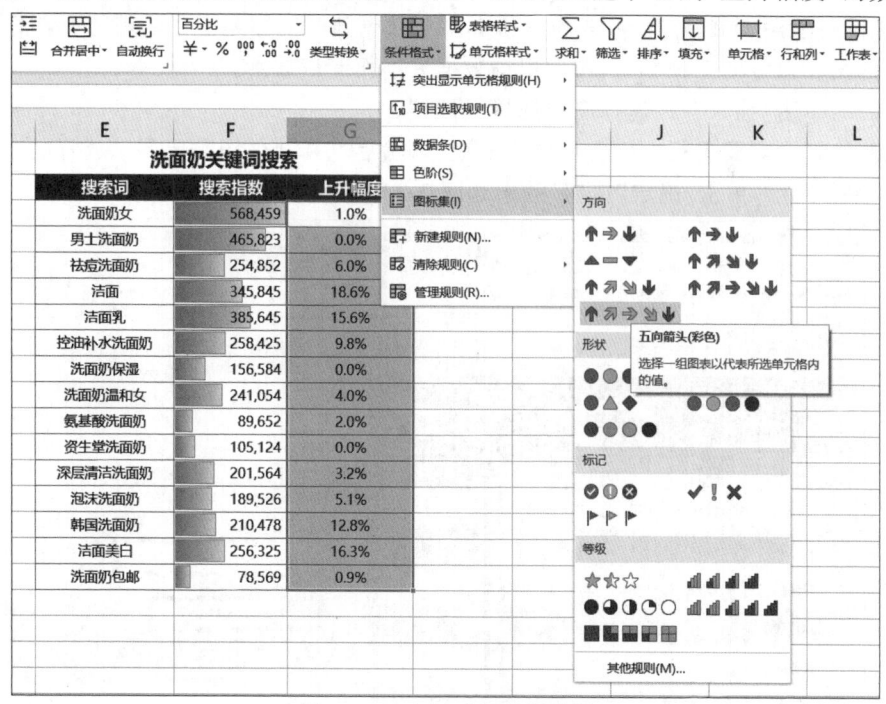

图 7-20　选中"上升幅度"的数据

步骤二:单击"开始"→"条件格式",选择"图标集",然后选择自己喜欢的图案款式即可,效果如图 7-21 所示。

图 7-21 图标集效果图

步骤三：如果要取消"图标集"展示效果，首先要选择需要取消的数据，然后单击"开始"→"条件格式"，选择"取消规则"→"取消所选单元格的规则"，数据就会恢复原貌。

根据如图 7-21 所示的 F 列"搜索指数"与 G 列"上升幅度"的数据条和图标集对比，可以较直观地看出搜索指数数据大小与上升幅度变化的关系。

③迷你图可视化的操作流程

迷你图一般用于展示 Excel 表格一行中多个数据随时间序列变化的趋势。迷你图有折线图、柱形图和盈亏图三种类型，图形根据数据大小而起伏展示。

步骤一：单击"插入"，在迷你图中选择"折线"。

步骤二：选中需要进行迷你图可视化的数据，然后选择迷你图需要展示放置的单元格位置，如图 7-22 所示，单击"确定"按钮，效果如图 7-23 所示。

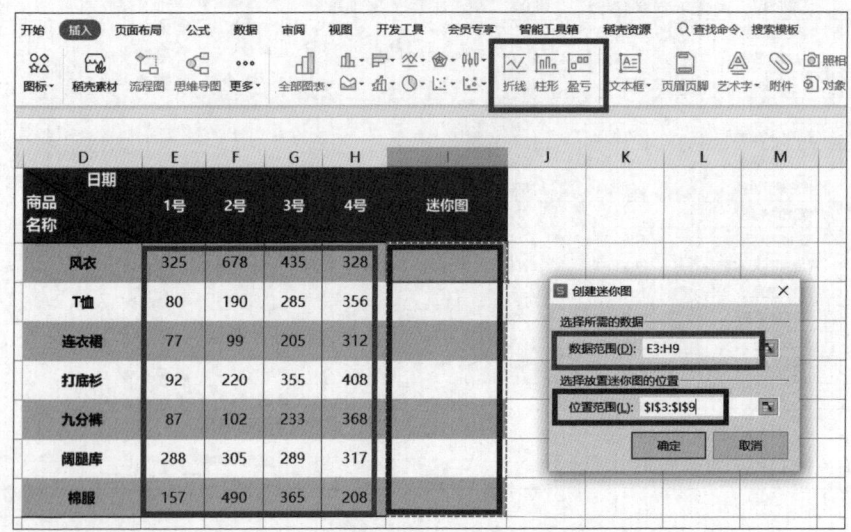

图 7-22 在迷你图中选择"折线"

图 7-23　迷你图效果

步骤三：如果要取消迷你图展示效果，则选中该展示效果折线图单元格，单击菜单栏中的"清除"即可删除迷你图展示效果。

（2）柱形图设计与应用

柱形图用于显示一段时间内的数据变化或者显示各数据项之间的比较情况，是一种以长方形的长度为变量的统计图表。条形图与柱形图相似，是用宽度相同的条形的长短来表示数据多少的图形，显示各个项目之间的比较情况。这两类图表都可以用于展示数据的对比关系。这里以柱形图为例讲解图表设计与应用流程。

柱形图设计与应用

柱形图按数据组织的类型来划分，可分为簇状柱形图、堆积柱形图和百分比堆积柱形图。

① 簇状柱形图设计

步骤一：选择需要做簇状柱形图的数据，单击"插入"→柱形图，选择"二维柱形图"类型中的第一个"簇状柱形图"，如图 7-24 所示。

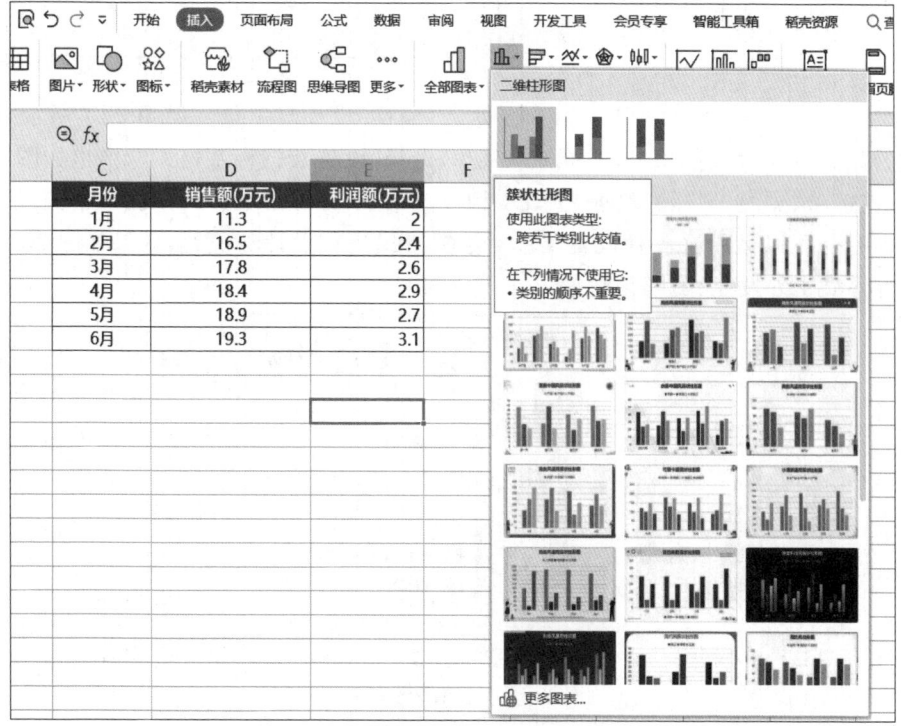

图 7-24　选择"簇状柱形图"

步骤二:给簇状柱形图添加数据标签。如图 7-25 所示,单击一个柱条,右键弹出菜单,选择"添加数据标签"。同样给另一个柱条添加数据标签,效果如图 7-26 所示。

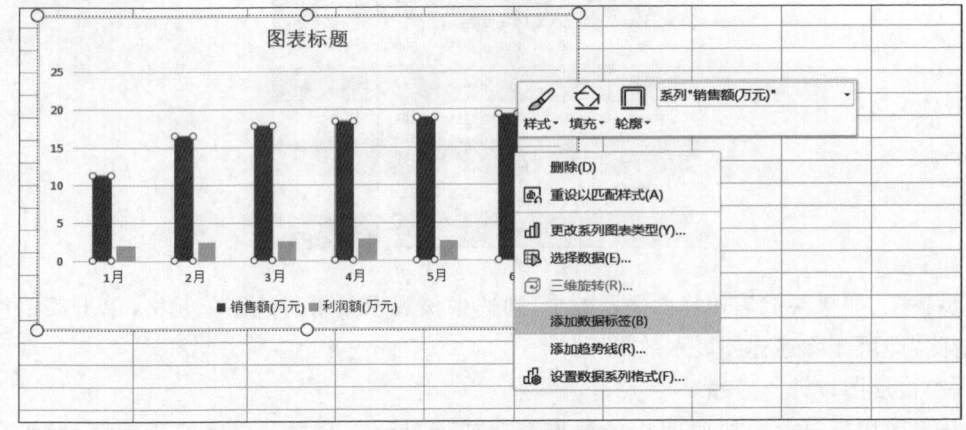

图 7-25　添加数据标签

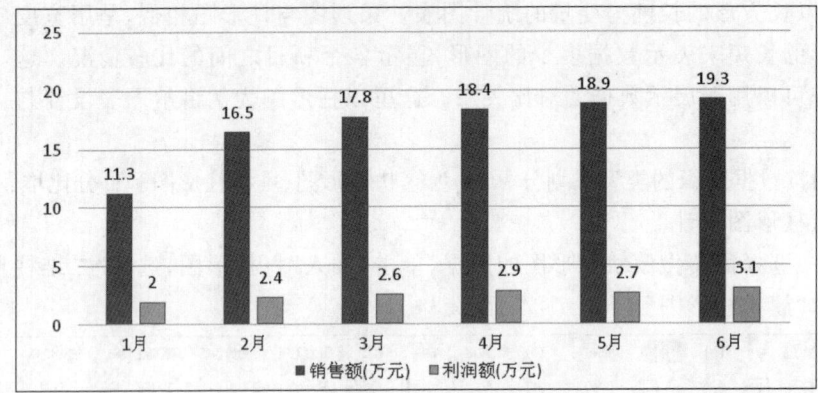

图 7-26　添加数据标签后的效果

步骤三:对数据标签、柱形和坐标轴等进行"属性"设计与美化。如图 7-27 所示,单击柱形上方的数据(如 4 月的 18.4),右键弹出菜单,选择"设置数据标签格式",弹出如图 7-28 所示的"标签选项"页面。"标签选项"下设 4 种设置菜单,分别是"填充与线条""效果""大小与属性""标签",可以运用这 4 种设置菜单对数据格式进行设计与美化,效果如图 7-29 所示,对数据标签做了外发光、阴影等设置。

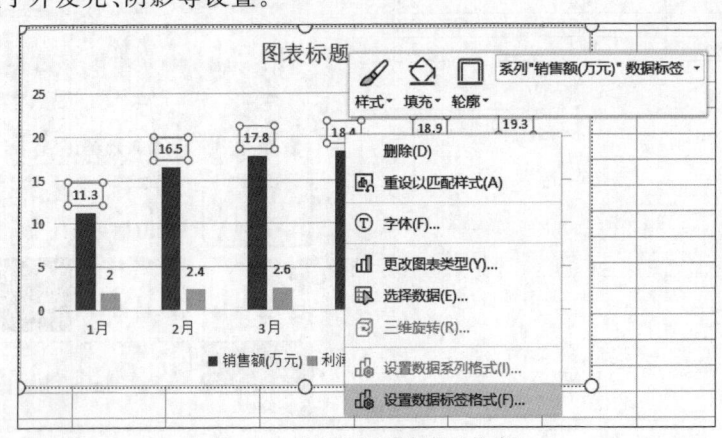

图 7-27　选择"设置数据标签格式"

项目 7　数据的管理与输出

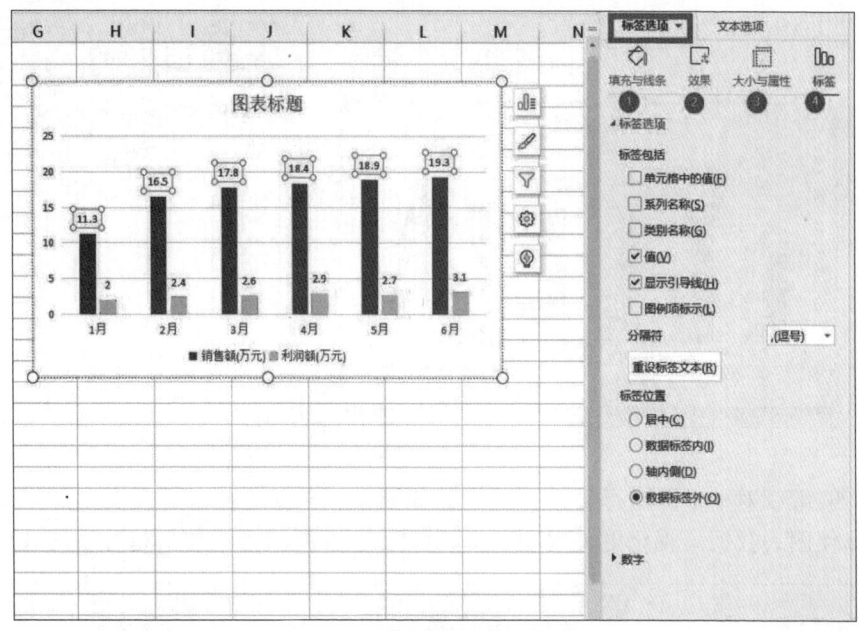

图 7-28　数据标签格式的设计

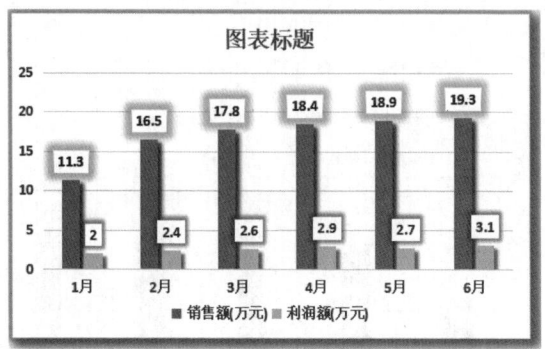

图 7-29　数据标签格式的设计效果

对数据标签设计完成后，再对柱形的"系列选项"进行设计与美化。单击任何一个柱形（如 5 月的柱形），右键弹出菜单，选择"设置数据系列格式"，对"系列选项"进行设计，如图 7-30 所示。以此类推，对坐标轴进行设计，如图 7-31 所示。

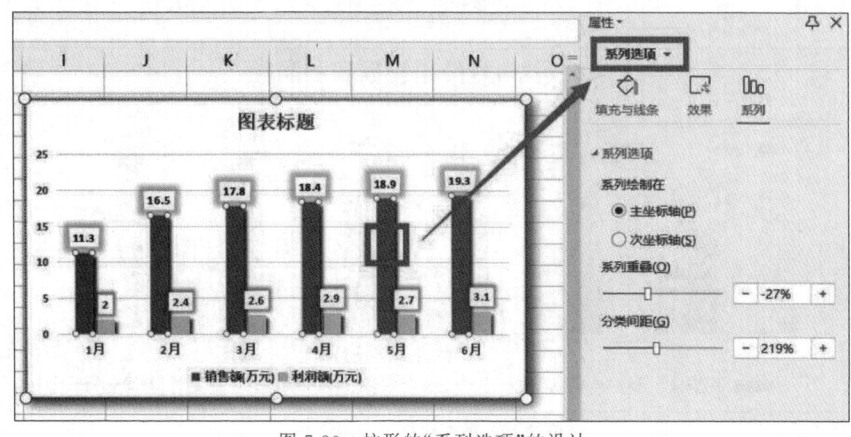

图 7-30　柱形的"系列选项"的设计

201

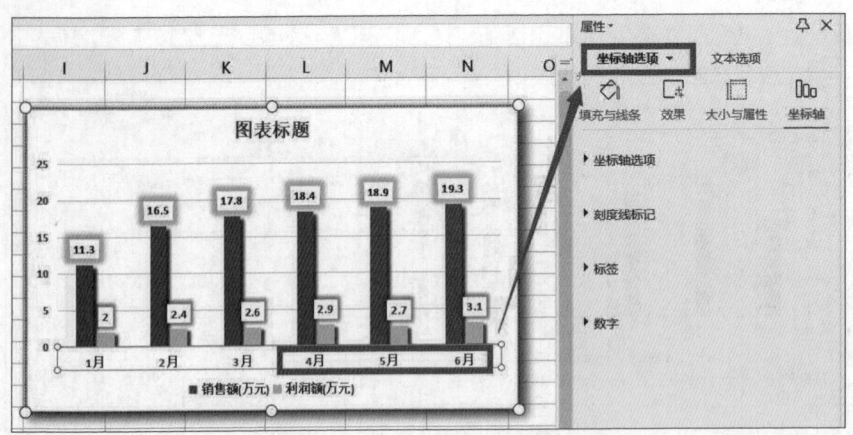

图 7-31 坐标轴的设计

步骤四：继续对柱形图进行设计与美化。如图 7-32 所示，可以为图表添加轴标题等相关元素，以便图表数据可视化更美观和直观。如图 7-33 所示为添加了趋势线的效果。

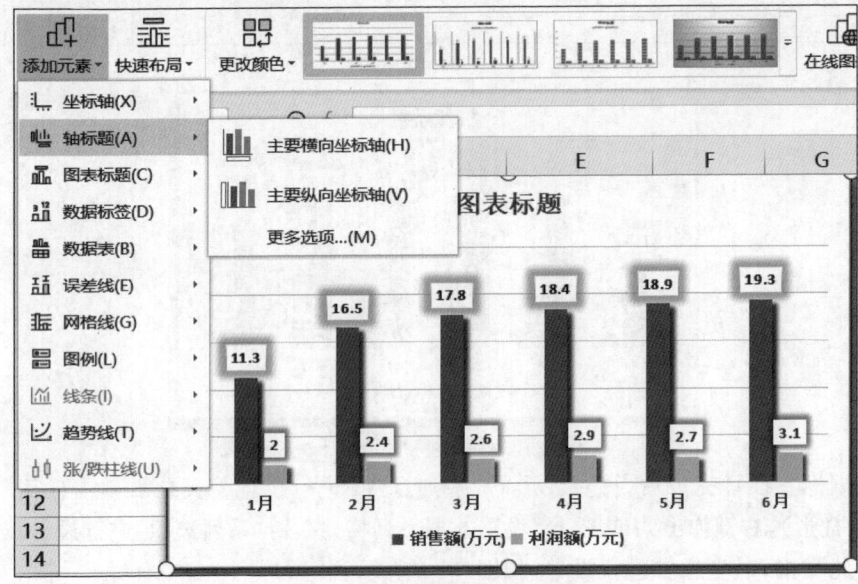

图 7-32 添加轴标题等相关元素

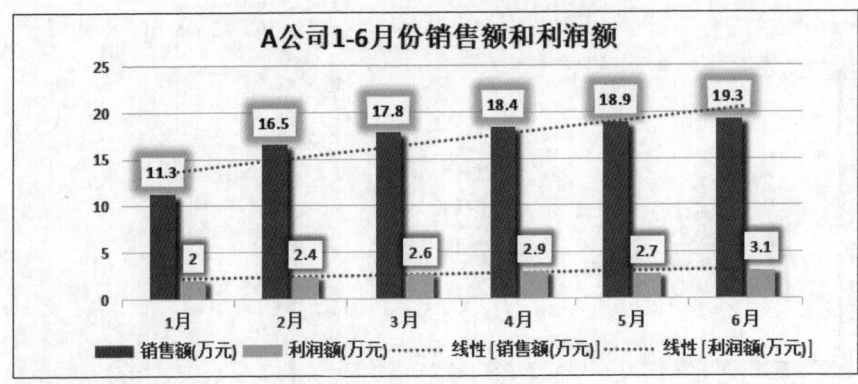

图 7-33 添加趋势线后的效果

②堆积柱形图设计

堆积柱形图是将各类数据放在一个柱形中,从整体中体现各数据的多少情况,具体操作流程参考簇状柱形图,如图7-34所示为某企业近6个月客户数量变化图。

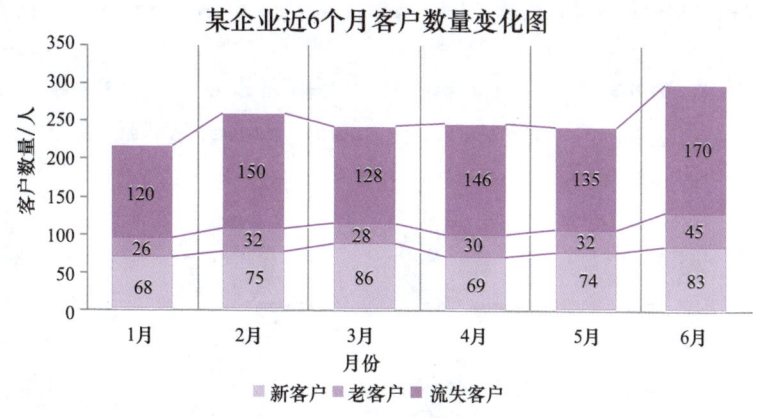

图7-34　堆积柱形图

③百分比堆积柱形图设计

百分比堆积柱形图是将多个数据汇总,统一按照100％进行统计,展示各数据所占比重情况,既可以纵向比较数据,又可以横向比较数据。如图7-35所示为某公司近6个月销售的到账情况,从图中可以看出,1月和4月的到账率较高,3月和6月的到账率较低,纵向比较和横向比较一目了然。

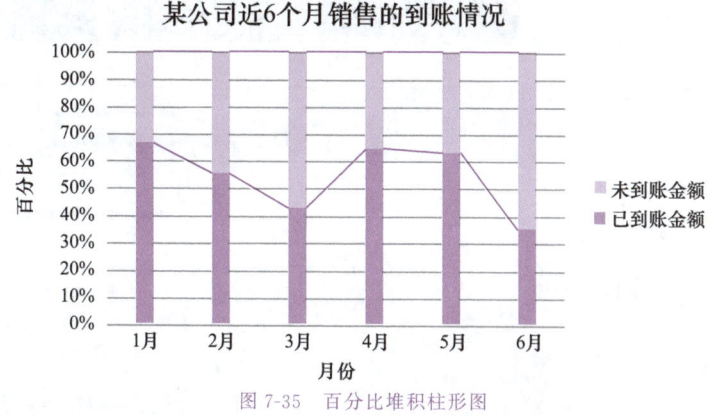

图7-35　百分比堆积柱形图

(3)饼图设计与应用

饼图一般用于显示一个数据系列中各项的大小与各项总和的比例,饼图中的数据点显示为整个饼图的百分比。在使用饼图时,有以下要求:仅有一个要绘制的数据系列;要绘制的数据没有负值;要绘制的数据几乎没有零值;类别数目无限制;各类别分别代表整个饼图的一部分;各个部分需要标注百分比。

饼图设计与应用

饼图一般分为普通饼图、三维饼图、复合饼图、复合条饼图和分离型饼图等类型,如图7-36所示,可以根据数据特点合理选择饼图类型。这里以普通饼图和复合饼图为例进行介绍。

①普通饼图的设计

以某鞋服公司产品销售额统计为例,参考簇状柱形图设计操作流程。如图7-37所示,右击饼图,弹出"属性"设计菜单,依次对"标签""大小与属性""效果""填充与线条"等进行设计,使饼图展示较全面的数据信息。最终效果如图 7-38 所示。

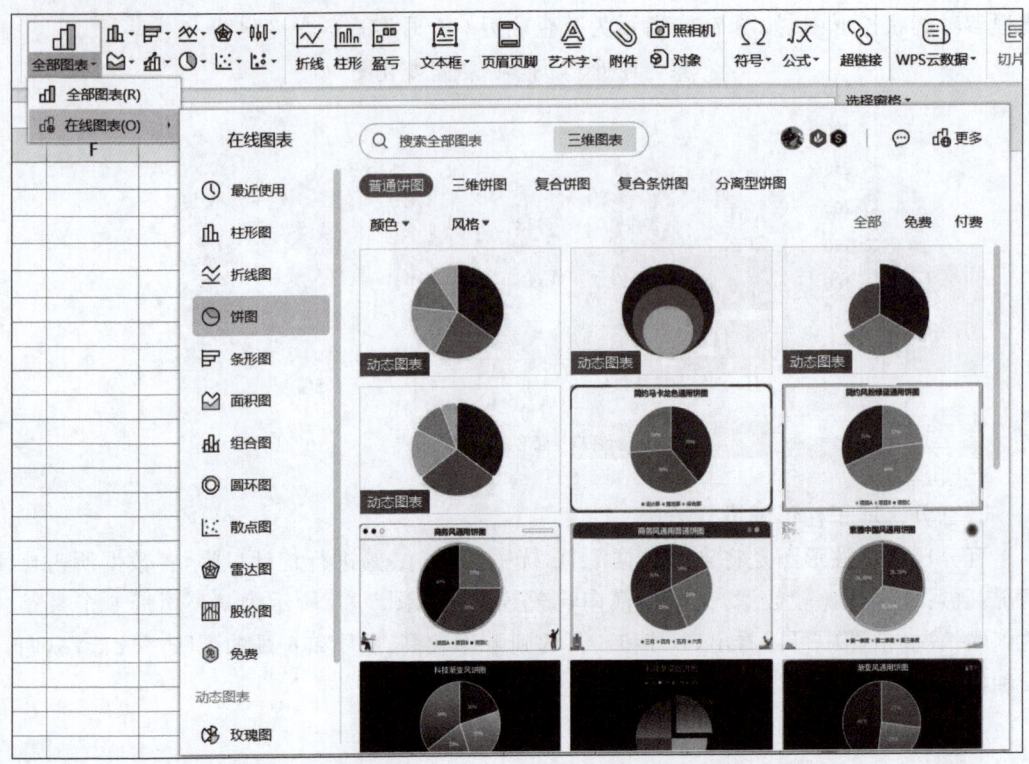

图 7-36 饼图的类型

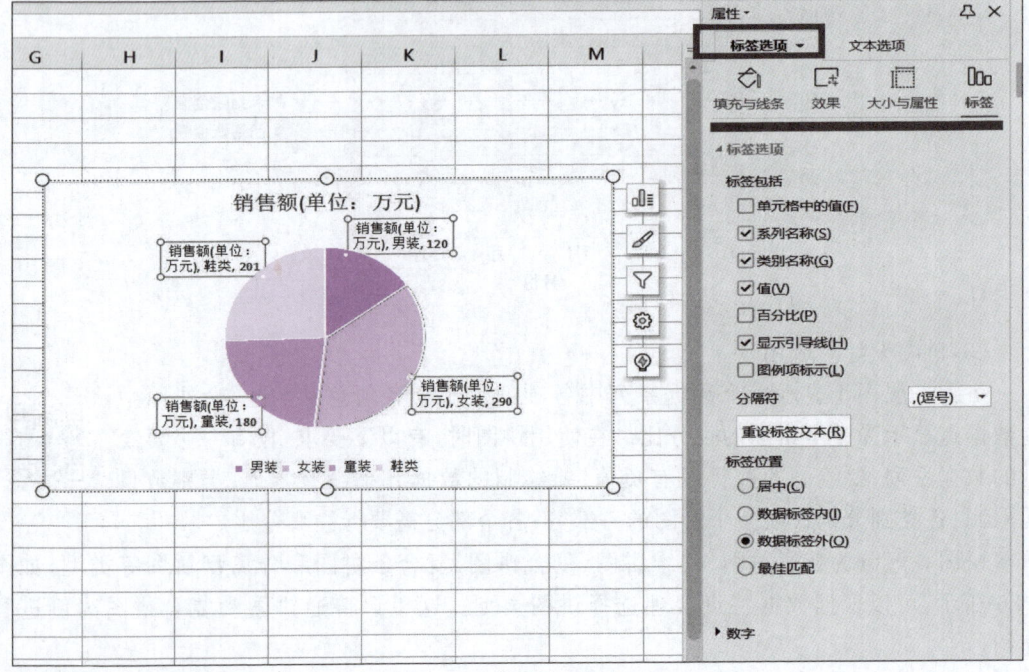

图 7-37 饼图属性设计

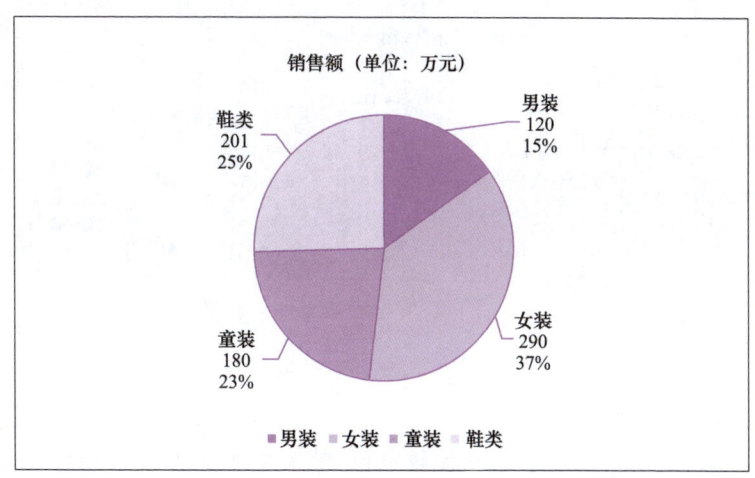

图 7-38 饼图属性设计效果

②复合饼图的设计

复合饼图是普通饼图的一种特殊图表形式，它可以从主饼图中提取部分数据，将其组合到另一个饼图中，以"母与子"关系展示数据关系。

复合饼图设计过程如下：

步骤一：如图 7-39 所示，选择数据 F2:G5，单击"插入"，选择"饼图"中的"复合饼图"类型。

步骤二：右击饼图，选择"添加数据标签"，给饼图设置数据标签的展示方式。

步骤三：右击饼图任意扇区，选择"设置数据系列格式"，在"系列分割依据"中选择"百分比值"选项。

步骤四：在"小于该值的值"中输入"28%"（可以提前算下 Excel 表中付费流量的百分比是多少，大概为 28%），这样就将 28% 的"付费流量"的数据移至右侧小饼图中了。

步骤五：其他设置选项根据需要灵活设计即可，复合饼图效果如图 7-40 所示。

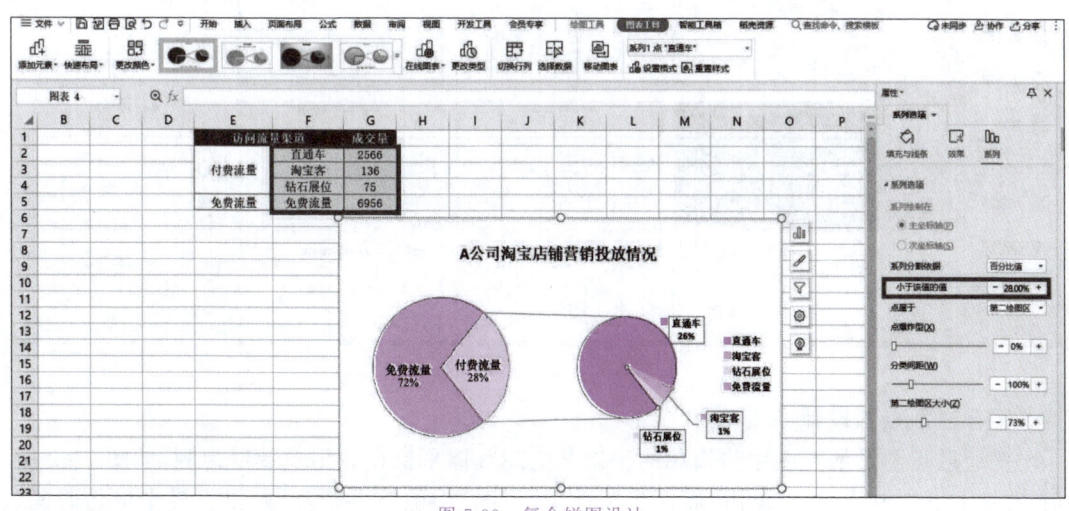

图 7-39 复合饼图设计

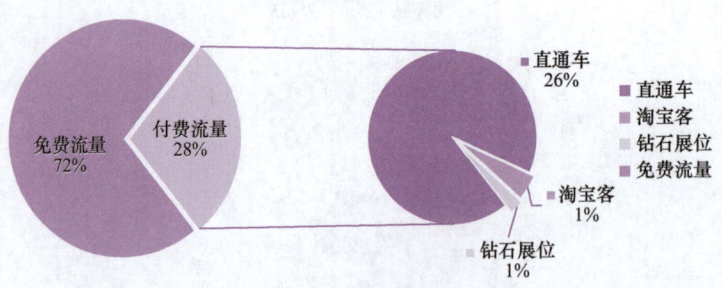

图 7-40　复合饼图效果

(4) 散点图设计与应用

散点图设计与应用

散点图通常用于显示和比较数值，能够表示出因变量随自变量变化的大致趋势，据此可以选择合适的函数对数据点进行预测分析。散点图类型主要有普通散点图、带直线和数据标记的散点图、带平滑线的散点图以及二维和三维气泡图等，如图 7-41 所示。

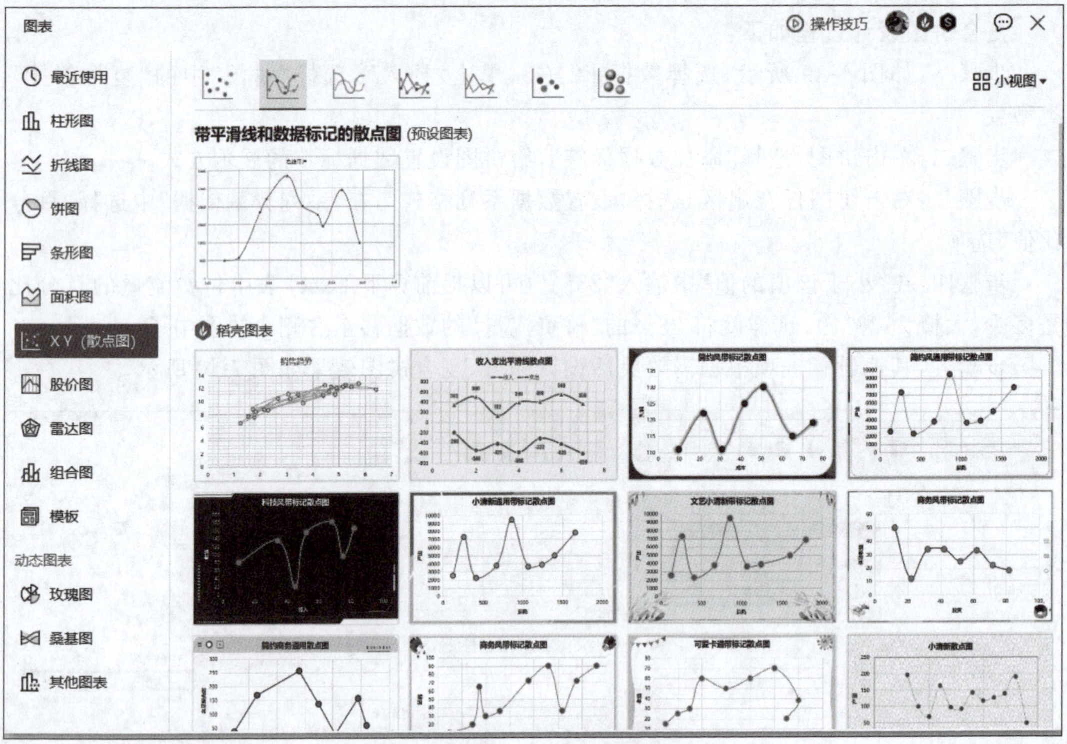

图 7-41　散点图类型

① 普通散点图设计

普通散点图是散点图中最简单的。以某电商直播平台在线用户数量为例，如图 7-42 所示，选择 Excel 中的数据，单击"插入"，选择"散点图"中的第一个类型，得出横坐标为时间、纵坐标为在线用户数量的散点图。

项目 7 数据的管理与输出

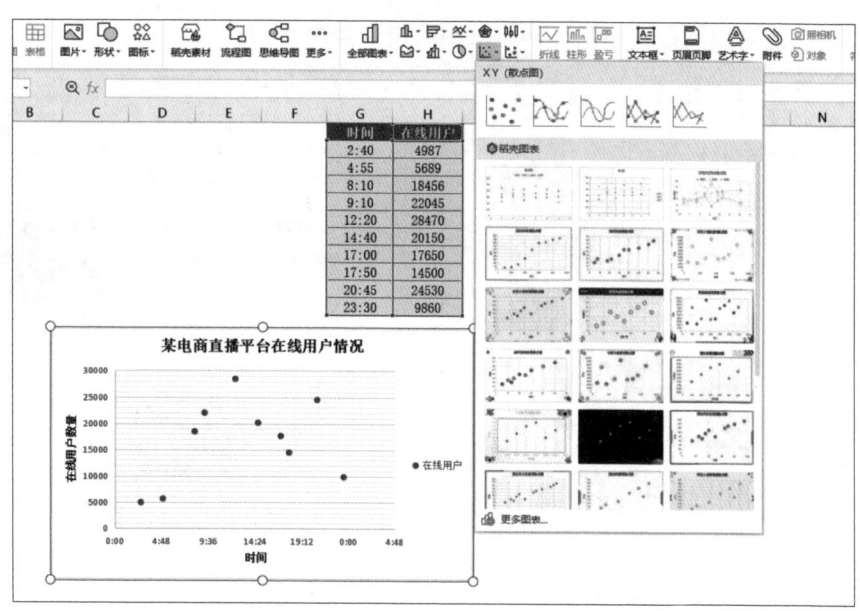

图 7-42　某电商直播平台在线用户数量普通散点图

②带直线和数据标记的散点图设计

带直线和数据标记的散点图比普通散点图能更直观地展示具体数据点。选中 Excel 中的数据，单击"插入"，选中"带直线和数据标记的散点图"，然后对数据标签添加数据和处理，效果如图 7-43 所示。

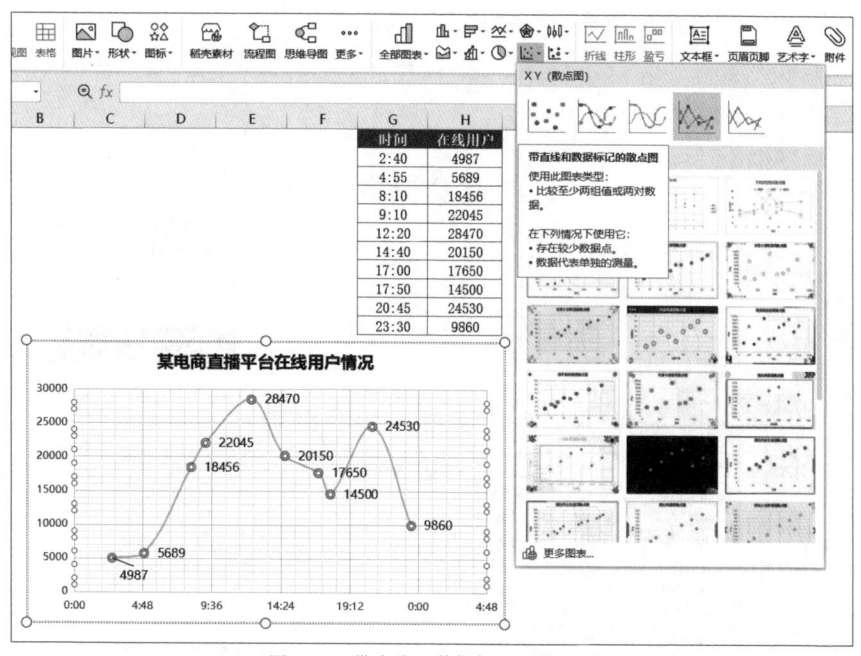

图 7-43　带直线和数据标记的散点图

③带平滑线的散点图设计

带平滑线的散点图可以根据散点图数据走势进行趋势预测，通常作为市场预测、相关性分析的重要辅助手段。如图 7-44 所示，虚线是平均移动法预测曲线。具体操作：选中 Excel 中的数据，单击"插入"，选中"带平滑线的散点图"，右击平滑线上的数据点，弹出菜单，选择

207

"添加趋势线",然后根据散点图趋势特点选择合适的趋势线即可。

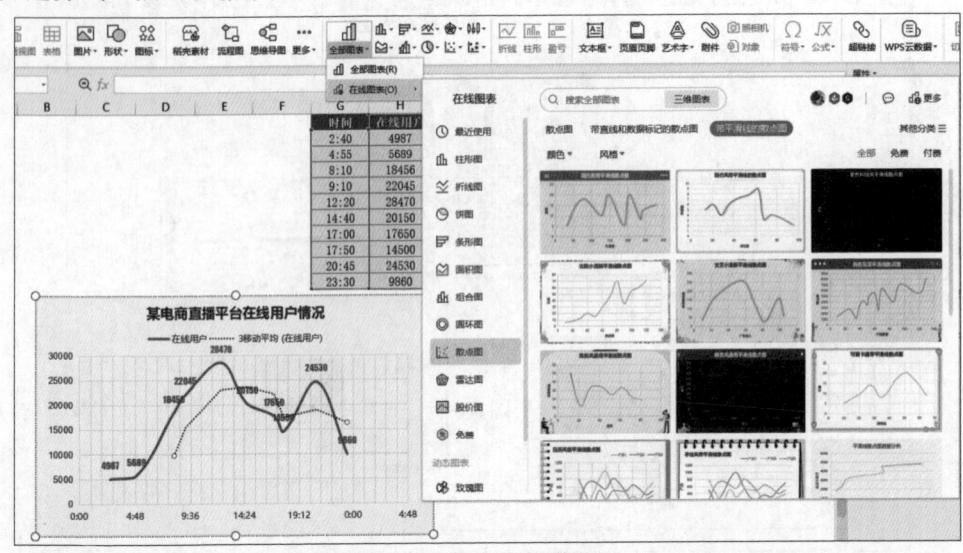

图 7-44  带平滑线的散点图

④气泡图设计

气泡图用于展现三个变量之间的关系,它跟散点图类似,绘制时将一个变量放在横轴,另一个变量放在纵轴,第三个变量则用气泡的大小来表示。

气泡图设计步骤如下:

步骤一:选中 Excel 中的数据,单击"插入",选择"气泡图",如图 7-45 所示。

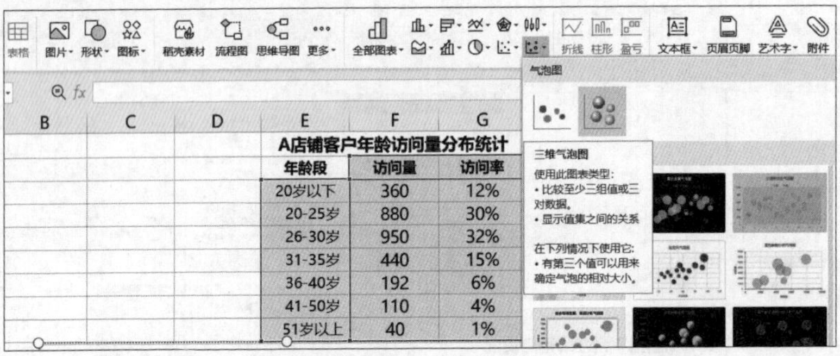

图 7-45  插入气泡图

步骤二:右击气泡图,选择"选择数据"选项,如图 7-46 所示。

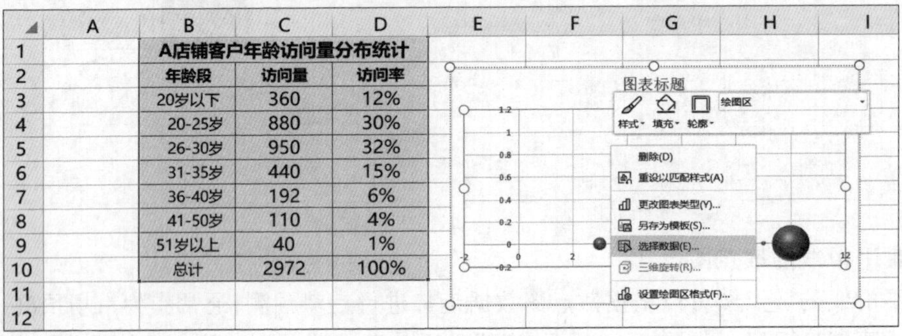

图 7-46  选择数据

步骤三:在"编辑数据系列"中,将"年龄段"数据选中填入"X 轴系列值",将"访问量"数据选中填入"Y轴系列值",将"访问率"数据选中填入"系列气泡大小",如图 7-47 所示。

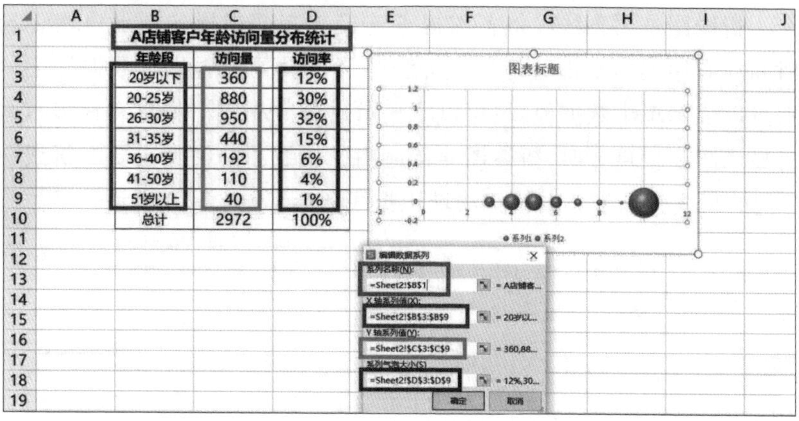

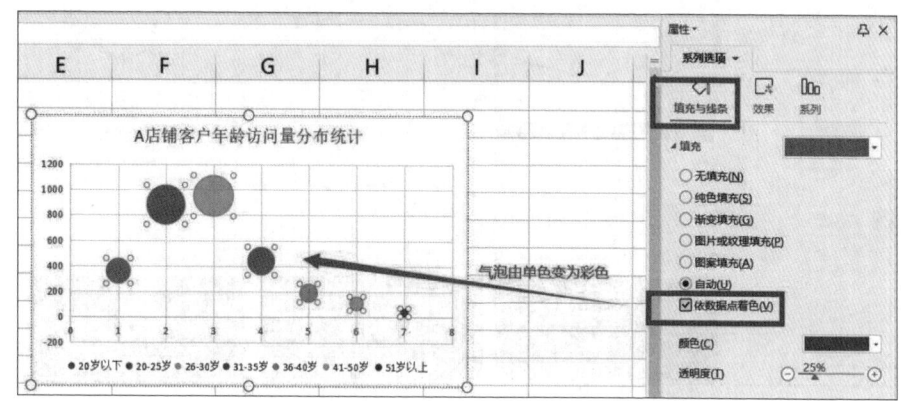

图 7-47 气泡图的"编辑数据系列"设计

步骤四:右击气泡图中的任意一个气泡,选择"设置数据系列格式",然后勾选"填充与线条"中的"依数据点着色",将气泡球由单色调为彩色,如图 7-48 所示。

图 7-48 气泡图的着色设计

步骤五:右击气泡球,选择"添加数据标签"以及进行数据标签格式等设置,效果如图 7-49 所示。

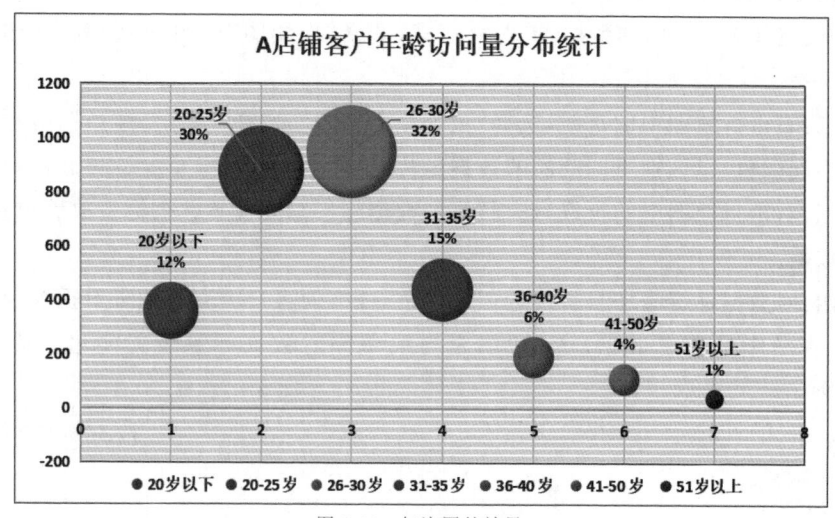

图 7-49 气泡图的效果

（5）折线图设计与应用

折线图设计与应用

折线图是用直线段将各数据点连接起来而组成的图形，以折线方式显示随时间或有序类别变化的趋势。折线图可以设置是否显示数据标记，可以显示数据点以表示单个数据值，也可以不显示这些数据点。如果有很多数据点，且它们的显示顺序很重要时，折线图非常适用。折线图的类型主要有折线图、堆积折线图、带数据标记的折线图和带数据标记的堆积折线图等，如图7-50所示。

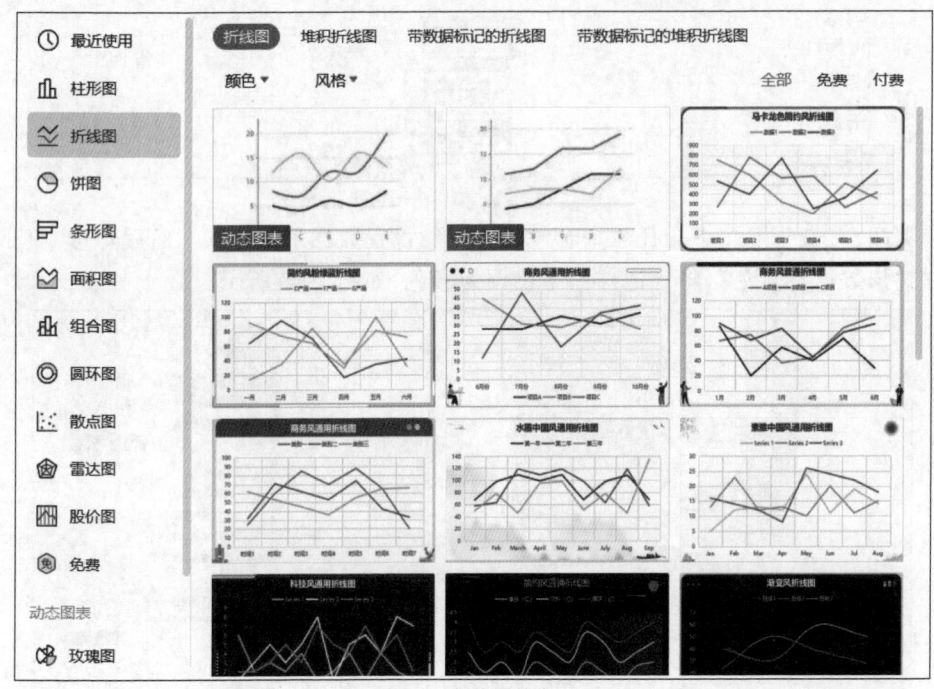

图7-50　折线图的类型

这里以带数据标记的折线图设计为例进行介绍。为B淘宝店近一年的产品销量数据制作带数据标记的折线图的步骤如下：

步骤一：选择Excel中的数据，单击"插入"，选择"折线图"中的"带数据标记的折线图"类型。

步骤二：右击折线图中的折线，选择"数据系列格式"，选择"填充与线条"，对折线图中的折线添加不同颜色，以区别不同产品的数据走势。

步骤三：右击折线图中的折线，选择"添加数据标签"，并设置数据标签放置位置，以便清晰地展示数据。

步骤四：对数据标签添加与折线近似的颜色，以方便客户更直观地查看折线走势及相应的数据，具体操作是右击数据，选择"填充与线条"，对数据标签设置颜色。最终效果如图7-51所示。

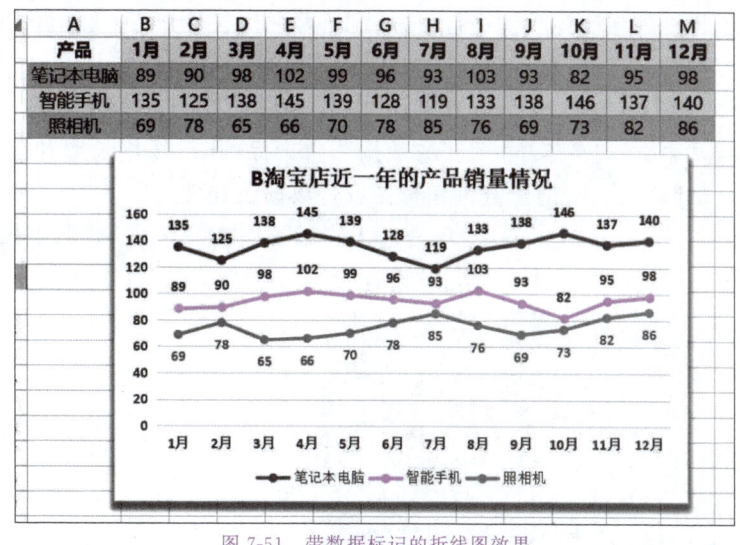

图 7-51　带数据标记的折线图效果

(6) 组合图表设计与应用

组合图表一般以柱形图和折线图的组合最为常见，通常是因为两组数据数值的差距较大(比如一组数据是四位数，一组数据是两位数)，或数据统计指标不一致(一组是数字，一组是百分比)。如图 7-52 所示为某店铺一年产品的销售额与利润情况的组合图，柱形图是销售额(数据是四位数，用主坐标轴表示)，折线图是利润增长率(数据是百分比，用次坐标轴表示)。由于 Excel 版本的不同，有的版本可以直接单击"组合图"进行操作，有的没有组合图，可以利用柱形图，右击"利润增长率"柱形，选择"更改系列图表类型"为折线图，然后右击"折线图"，选择"设置数据系列格式"，选择"次坐标"即可实现折线柱形组合图效果。

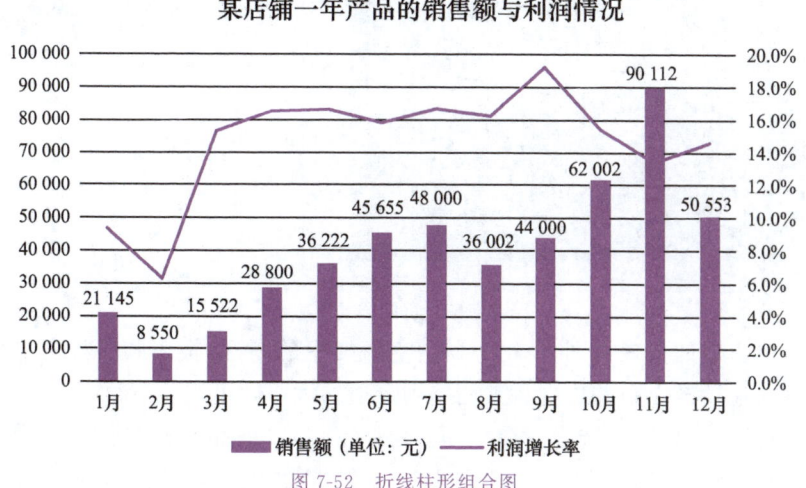

图 7-52　折线柱形组合图

以上是 Excel 中常用的图表类型，在 Excel 中还有其他类型的图表，其操作方法与上述图表操作方法相似，在此不再赘述，请读者根据数据处理需要合理选择和应用。

**2.Power BI 可视化图表设计与应用**

Power BI 可视化工具中的图表类型较丰富，除了拥有 Excel 中的图表类型外，还有许多特色的可视化图表、交互型图表和个性化设计图表。

这里以波士顿矩阵图设计为例进行 Power BI 可视化工具介绍，其他可视化图表设计可参考此案例进行操作。

具体操作步骤如下：

步骤一：单击"主页"选项卡下的"获取数据"，将产品"年市场增长率和市场份额"Excel 表加载到 Power BI Desktop，通过查询编辑器进行数据预处理。

步骤二：在 Power BI Desktop 中，单击进入模型视图，在"字段"窗格中选中"年市场增长率"，在其左侧的"属性"窗格中将"格式"设置为"百分比"，如图 7-53 所示。

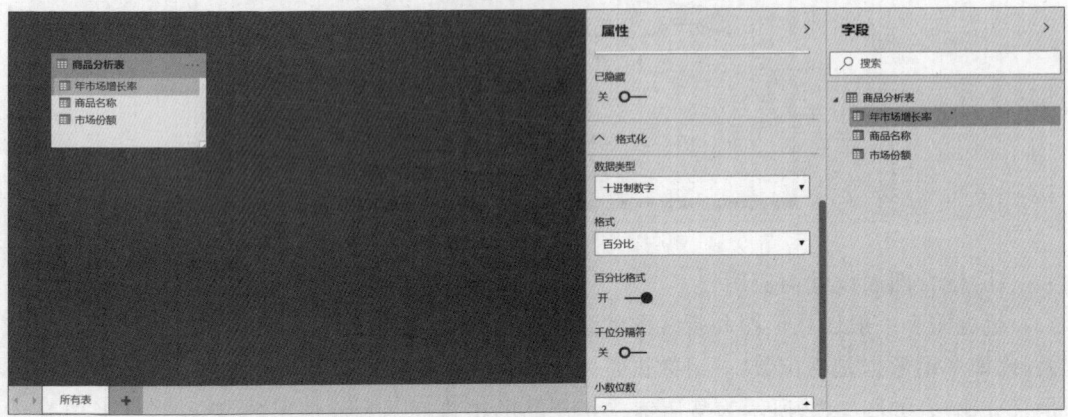

图 7-53　年市场增长率设置

步骤三：将"市场份额"字段同样设置为"百分比"格式，如图 7-54 所示。

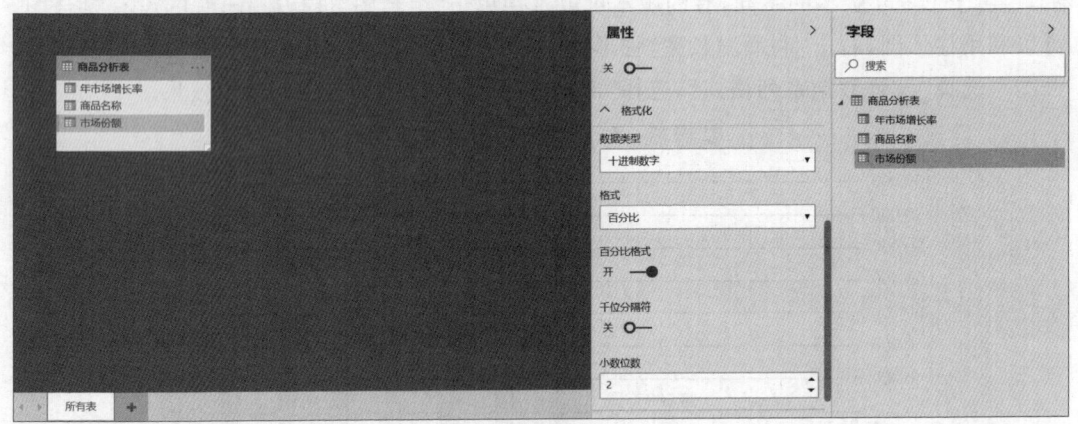

图 7-54　市场份额设置

步骤四：单击返回报表视图，单击"可视化"窗格中的图标，报表画布将会出现未设置的可视化散点图，拖动散点图的边框将其调整到合适的大小，"可视化"窗格的下半部会同步出现该可视化对象可以设置的选项。在"字段"窗格中选中"商品名称""年市场增长率""市场份额"，分别拖动到"可视化"窗格的"图例""X 轴""Y 轴"选项中，即可生成默认图表，如图 7-55 所示。

步骤五：在"可视化"窗格中，切换到"格式"选项卡。单击"形状"选项，将其大小设置为"46"，然后切换到"分析"选项卡，单击"X 轴恒线"选项展开其设置，单击"添加"按钮添加"X 轴恒线 1"，"值"设置为"0.1"，单击"Y 轴恒线"选项展开其设置，单击"添加"按钮添加"Y 轴恒线 1"，"值"设置为"0.2"，如图 7-56 所示。

项目 7　数据的管理与输出

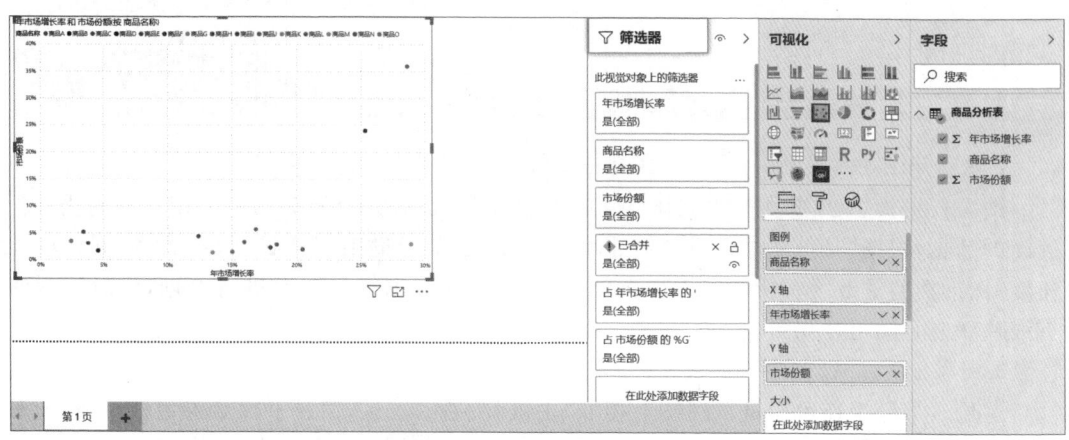

图 7-55　可视化设置

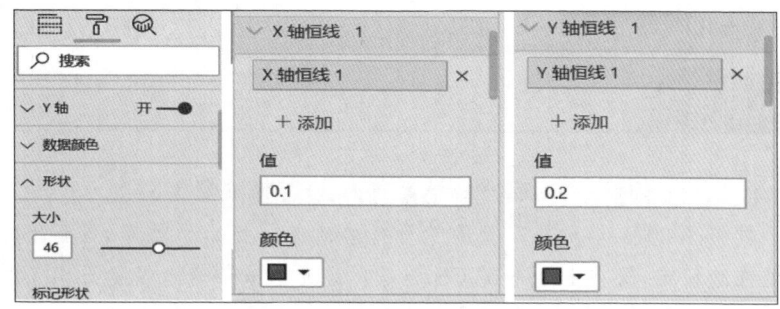

图 7-56　形状大小和 X、Y 轴值设置

步骤六：通过以上个性化的设置，一张波士顿矩阵图就生成了，效果如图 7-57 所示。从图中可以发现，企业问题产品很多，缺少金牛产品，只有两个明星产品在支撑，这种产品结构的市场风险较高。

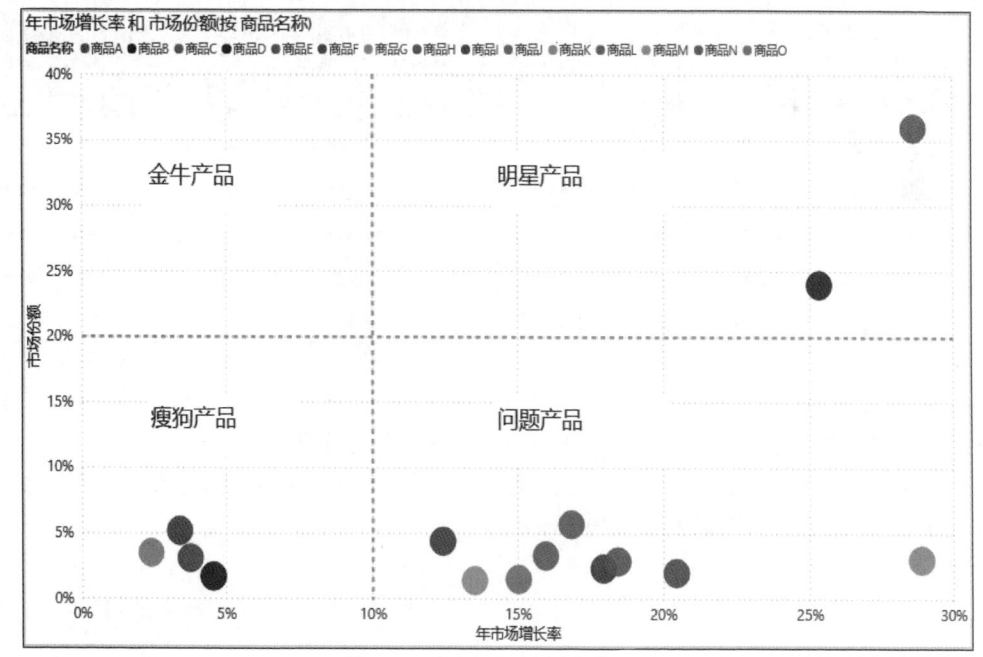

图 7-57　波士顿矩阵图美化效果图

213

## 技能训练

**1. 请运用 Excel 或 Power BI 工具制作折线柱状复合图可视化图表**

请自行搜索 2021 年 1—12 月国产某品牌某型号汽车(如哈佛 H6)的月销量和同比增长速度的数据,根据"月份""月销量""同比增长速度"三个变量制作柱状图,然后将"同比增长速度"图形类型更改为折线图并添加次坐标,最后添加数据等对图表进行处理,形成完善的折线柱状复合图可视化图表。

**2. 词频分析**

运用八爪鱼工作台在京东网站上爬取"手机"产品的信息,信息字段至少包括价格、关键词、评论、品牌等方面,爬取数量不低于 1 000 条。分别对关键词、品牌、评论等进行词频分析,制作词频可视化图表。

### 思政园地

#### 一图胜千言:国产车销量喜人,新能源成最大亮点

乘联会发布了 2021 年所有车型的销量排名情况。相比于轿车,国产 SUV 的表现可谓一如既往地稳定,哈弗 H6、长城 CS75 以及比亚迪宋都进入了前五名,如图 7-58 所示。在市场上稳定热销多年之后,国产 SUV 的基本盘已经相当稳固。

2021 年 1—12 月新能源轿车销量排行榜中,国产车有 4 款跻身前五名,如图 7-59 所示。

| 2021年1-12月SUV零售销量排行榜 单位:辆 | | | | |
|---|---|---|---|---|
| NO. | SUV | 2021.1-12 | 2020.1-12 | 同比 |
| 1 | 哈弗H6 | 352,857 | 364,352 | -3.2% |
| 2 | 长安CS75 | 274,742 | 262,511 | 4.8% |
| 3 | 本田CR-V | 222,325 | 243,037 | -8.5% |
| 4 | 丰田RAV4 | 203,410 | 173,383 | 17.3% |
| 5 | 比亚迪宋 | 201,682 | 179,022 | 12.7% |

图 7-58　2021 年 1—12 月 SUV 零售销量前五名

| 2021年1-12月新能源轿车零售销量排行榜 单位:辆 | | | | |
|---|---|---|---|---|
| NO. | 新能源轿车 | 2021.1-12 | 2020.1-12 | 同比 |
| 1 | 宏光MINI | 395,451 | 112,758 | 250.7% |
| 2 | 比亚迪秦 | 187,227 | 52,545 | 256.3% |
| 3 | 特斯拉(Model 3) | 150,890 | 137,459 | 9.8% |
| 4 | 比亚迪汉 | 117,323 | 40,555 | 189.3% |
| 5 | 奇瑞eQ | 76,987 | 38,249 | 101.3% |

图 7-59　2021 年 1—12 月新能源轿车零售销量前五名

在新能源汽车领域,国产车有着巨大的优势。其中,比亚迪汉势头相当不错,基本上整个 2021 年都保持了月销万辆的成绩,并且下半年的涨势很好。

总体来看,国产车的上升势头非常明显。以往打不进去的市场,比如 15 万级的轿车、20 万级的 SUV 以及越野车市场,都已经站稳脚跟。在新能源领域,国产车也有着很大的优势。

(资料来源:汽车之家)

## 任务 2　数据分析报告撰写

数据分析报告是电子商务数据调查报告的重要组成部分，是使用办公软件来完成数据分析结果的展示和解读，是数据分析结果的有效承载形式。

从数据调查报告的结构来说，一般包括封面、前言、摘要、目录、正文、附录和参考文献等几个部分。正文部分一般包括四个模块，分别是：数据调查方案设计、数据调查方案实施、数据可视化分析和数据调查结论与建议。数据调查报告正文的最后两个模块即数据分析报告的内容。

### 技能知识

**1. 数据分析报告的认知**

数据分析报告是决策者认识企业经营信息、了解信息、掌握信息、搜集相关信息的主要工具之一。通过对数据全方位的科学分析来评估企业经营环境和发展情况，为决策者提供科学依据，降低企业经营风险。

数据分析报告的作用有三个方面：一是展示分析结果；二是验证分析质量；三是为决策者提供参考依据。

数据分析报告有三类：一是专题分析报告，针对某个具体问题进行深入分析，不要求反映企业经营全貌，主要是针对某一具体问题进行数据分析，如用户人均消费分析报告、网络推广效果分析报告、某产品行情分析报告等；二是综合分析报告，全面评价一个企业或一个部门业务的数据分析报告，具有全面性和系统性的特点，如某企业的网络销售平台运营分析报告；三是日常数据分析报告，一般是按照月、周、日等进行定期的数据分析，如某企业"双十一"销售数据分析报告。

**2. 数据分析报告的结构**

数据分析报告的结构一般包括封面、摘要、目录、分析背景和目的、分析方法和思路、数据可视化设计、结论与建议、附录等几个部分。

（1）封面

数据分析报告封面一般至少包括标题、汇报部门、汇报人员和日期等四个部分。一般为了更形象地展示报告内容，会将数据分析报告所涉及的产品图插入封面当中，另外，再添加相关图案素材，使得封面更加规范和美观，如图7-60所示。

（2）摘要

数据分析报告的摘要是对数据分析报告的内容不加注释和评论的简短陈述，要求扼要地说明研究工作的目的、研究方法和最终结论等，重点是结论。

（3）目录

数据分析报告的目录是读者浏览报告结构的重要渠道，如果报告内容较多，一般保留到二级目录，如果报告内容较少，为了提高目录的可读性，可设置到三级目录。

图7-60 数据分析报告封面

(4)分析背景和目的

分析背景主要撰写本次数据分析报告的环境情况,包括企业所在的行业环境(PEST宏观环境)、企业自身环境(3C微观环境)等发展现状及趋势;报告目的是交代清楚撰写本次数据分析报告的出发点和用意、为什么进行数据分析、要实现怎样的分析目标和用途等内容。

(5)分析方法和思路

分析方法主要是交代清楚数据分析过程中用到的具体方法,如描述性分析法、回归分析法、聚类分析法等;分析思路是交代清楚数据分析过程中的逻辑关系和计划,如先进行市场规模的分析,再进行某产品的销量分析等。

(6)数据可视化设计

数据可视化设计主要是交代清楚选择何种可视化工具,在可视化设计时要充分考虑数据的特点,选择恰当的可视化图表进行设计和展现,让复杂无序的数据能够清晰、直观地展现出来,便于读者识别和分析。

(7)结论与建议

根据数据可视化分析的内容,将众多数据图表信息进行汇总、挖掘核心信息并总结,形成数据分析报告结论。根据分析结论,结合企业实际情况,一一提出解决对策。

(8)附录

附录是数据分析报告的重要组成部分,是正文中涉及但未具体阐述的内容,或者其他需要具体解释的信息,如专业名词、数据分析方法或统计模型、原始数据(问卷或爬取大数据)、访谈等调研过程照片或视频截图。

## 技能实施

互联网时代,消费者需求呈现出多样化的特点,企业营销模式快速更新迭代,造就了许多网红企业,也淘汰了一些守旧企业。2021年,有两条新闻引起消费者热议:一条是一家创业仅仅5年的网红餐厅"太二酸菜鱼"赴港上市,另一条是创业162年(始创于清朝咸丰年间)的被商务部认定的首批中华老字号"狗不理包子"摘牌退市。2021年3月,百年老字号"狗不理"最后一家门店退出北京市场,闭门停业。网友评论,"162年历史的老字号品牌,终究敌不过时代的变迁!"

本案例以安徽"中华老字号"餐饮业经营现状调查结果为例,阐述数据分析报告撰写流程。

### 1.分析背景和目的

"老字号"是中国特有的词汇,代表着中国企业传统工艺和悠久历史,具有浓厚的地域特色和文化底蕴,享有较高的声誉。"老字号"是经过国家商务部门严格认定后颁发的荣誉称号,有授予的牌匾和证书。以安徽老字号为例,截至2021年,"安徽老字号"数量为203家,其中"中华老字号"为25家(如图7-61所示)。除"中华老字号"外,还有省商务厅认定的"省级老字号"以及由市政府相关部门认定的"市级老字号"。

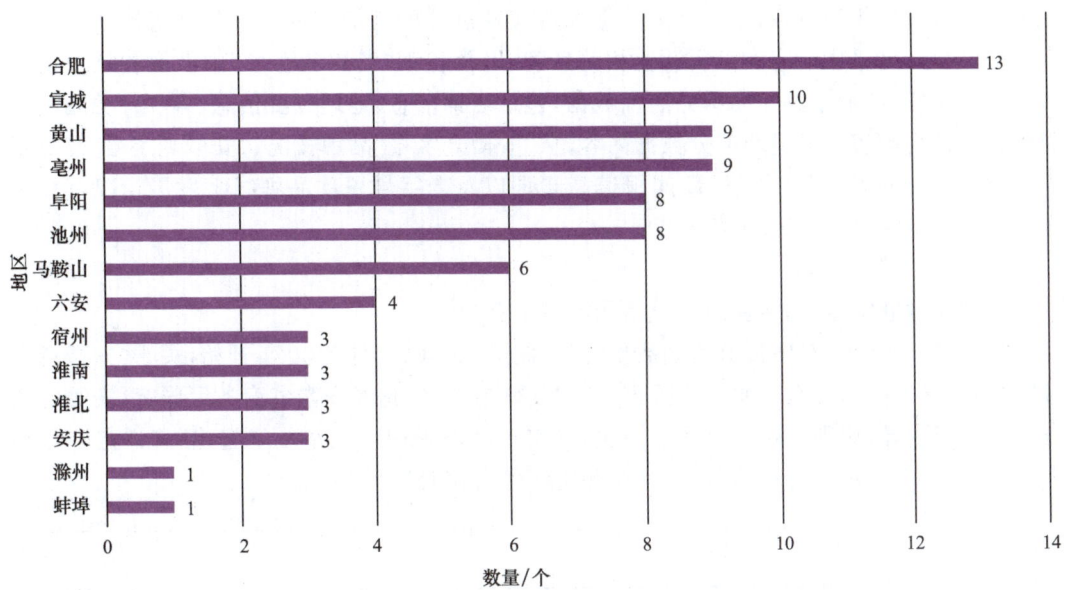

图7-61 "安徽老字号"品牌地区数量排名(2021年)(部分)

"老字号"是企业的一副金字招牌,能够大大提升企业品牌形象,拉近消费者情感。然而,随着市场竞争日益加剧和消费者需求升级,仅靠一字招牌,难以适应市场需求。调查得知,近年来,部分老字号品牌走向衰弱甚至经营困难,其原因值得深入研究。这里通过对安徽"中华老字号"网络新闻热点文本数据进行爬取,结合文本情感分析,探索企业品牌营销中存在的问题,并提出有针对性的解决策略,为老字号品牌营销提供决策参考。

### 2.分析内容、方法和数据来源

(1)分析内容

通过对安徽"中华老字号"网络新闻报道文本内容进行话题分析,建立文本和话题的映射关系,分析媒体的报道热度、新闻文本关键词、新闻报道话题时间序列变化等内容。

(2)分析方法

主要采用LDA算法(LDA算法是一种无监督机器学习算法,在文本主题识别、文本分类、文本相似度计算和文章相似推荐等方面都有应用),对采集的网络新闻文本进行主题分析。首先对所有文章内容进行分词处理(通过自定义词典保留核心关键词,剔除停用词和明显无关的部分词语),再使用HDP模型(HDP模型是一种非参数模型,能够从文档中提炼出最佳的主题数量),探究所有文本语料中的话题组成,根据分析结果选取最佳的话题数量,最后构建LDA模型对新闻文本进行话题聚类。通过大数据分析算法,最终由计算机自动聚类了9个话题,这些话题覆盖了95%的新闻文本,然后对所有新闻文本进行了话题标注,为每篇新闻赋予了最相关的话题,在去除了文本数量较少的2个话题后,最终建立了7个最相关的话题。在此基础上,对数据结果进行了多维统计分析、可视化呈现和分析解读。

(3)数据来源

调查报告数据均来自锐研中文新闻数据库(锐研中文新闻数据库由上海萌泰数据科技股份有限公司研发),通过关键词检索,选取了2000年以后所有含有"安徽老字号"关键词的互联网新闻报道作为研究对象。数据采集范围覆盖报刊和网站,共采集符合筛选标准的新闻报道20 225条。数据内容由两部分构成:第一部分数据以"安徽老字号"为关键词获取了互联网公开新闻报道内容;第二部分数据来自大众点评的店铺数据。报告中选取了国家级"中华老字号"名录中所有安徽餐饮业相关品牌,以及省级"安徽老字号"中涉及餐饮业的品牌,共计18家,获取了相关品牌的店铺数据,包括店铺信息、地理位置信息、各项评分指标以及消费者评价内容。通过两部分数据内容,从"安徽老字号"品牌概况、"安徽老字号"热点报道话题分布、新闻报道传播量、新闻报道高频词以及老字号餐饮品牌线上发展情况等多方面,对"安徽老字号"进行了分析。

3.数据可视化设计与分析

(1)"安徽老字号"网络新闻报道话题数量走势分析

从"安徽老字号"新闻报道话题数量统计(图7-62)来看,自2000年开始,关于"安徽老字号"的内容就逐步出现在新闻媒体报道中。"安徽老字号"是经安徽省商务厅同意,安徽省商业经济学会主导,原则上每两年认定一次,并实行动态管理,自2014年起,品牌评定工作步入正轨,新闻报道数量增长迅猛,尤其在评定年份增速明显。

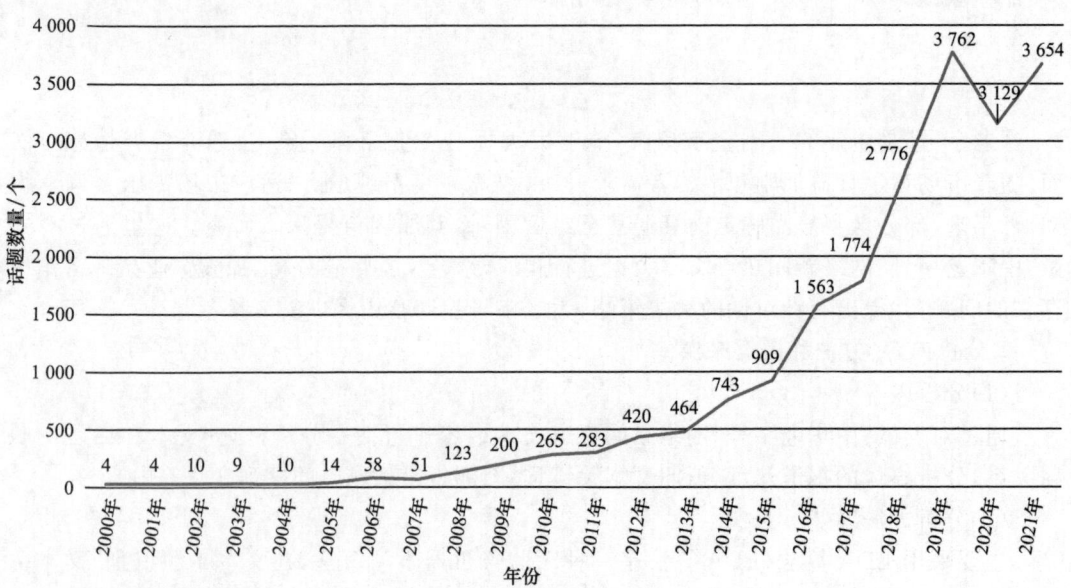

图7-62 "安徽老字号"新闻报道话题数量统计

(2)"安徽老字号"新闻报道 LDA 主题模型构建与分析

在所有相关新闻报道中,话题主要围绕"品牌发展"、"文化传承"、"旅游消费"、"企业发展"、"社会联结"、"时代精神"和"食品安全"等主题展开,如图 7-63 所示,其中"文化传承"相关话题的数量几乎是"企业发展"话题的两倍,可以看出,在老字号保护方面,文化传承的重要性在宣传报道中是优于企业发展本身的。"品牌发展"、"文化传承"和"旅游消费"的话题数量排名靠前,成为热门话题。

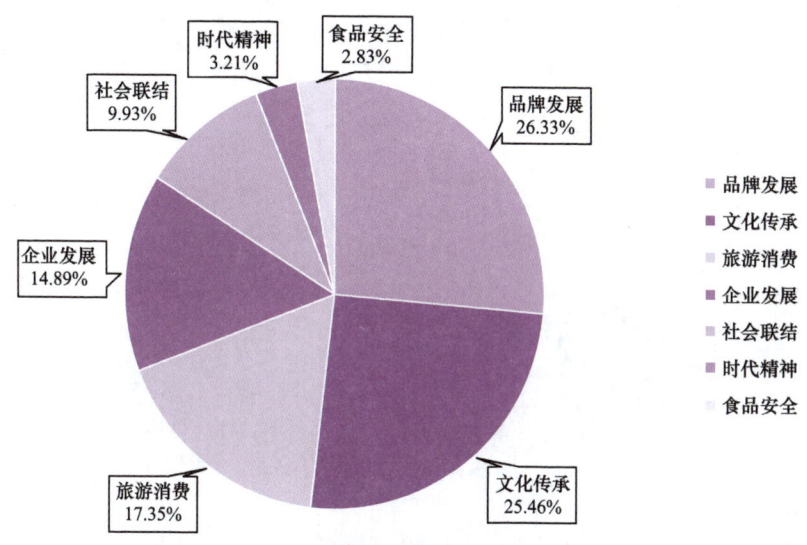

图 7-63 "安徽老字号"新闻报道话题分布

(3)"安徽老字号"网络新闻报道高频词语统计与分析

表 7-1 是通过爬取网络新闻报道高频词语进行统计汇总的词语及出现数量,据此制作了如图 7-64 所示的词云图。

表 7-1 "安徽老字号"网络新闻报道高频词语统计

| 词语 | 词频 | 词语 | 词频 | 词语 | 词频 |
| --- | --- | --- | --- | --- | --- |
| 文化 | 124 186 | 工作 | 54 129 | 生态 | 42 919 |
| 企业 | 116 595 | 支持 | 53 554 | 活动 | 42 477 |
| 服务 | 96 503 | 坚持 | 53 133 | 公司 | 42 087 |
| 创新 | 88 343 | 全国 | 53 073 | 项目 | 41 976 |
| 经济 | 83 799 | 政策 | 52 421 | 特色 | 41 427 |
| 消费 | 69 271 | 品牌 | 51 590 | 科技 | 41 342 |
| 产业 | 68 526 | 全面 | 50 186 | 合作 | 40 404 |
| 市场 | 67 676 | 国际 | 49 852 | 领域 | 40 016 |
| 制度 | 64 761 | 重点 | 49 097 | 规划 | 39 612 |
| 健全 | 63 527 | 老字号 | 48 180 | 成为 | 39 135 |
| 旅游 | 62 827 | 生产 | 48 050 | 建立 | 38 324 |
| 机制 | 61 160 | 促进 | 47 731 | 地区 | 38 079 |
| 城市 | 60 440 | 实现 | 45 492 | 治理 | 38 070 |

(续表)

| 词语 | 词频 | 词语 | 词频 | 词语 | 词频 |
| --- | --- | --- | --- | --- | --- |
| 安全 | 59 580 | 保障 | 45 364 | 中心 | 37 473 |
| 社会 | 59 009 | 能力 | 45 114 | 安徽 | 37 424 |
| 保护 | 55 278 | 食品 | 44 824 | 农业 | 37 386 |
| 产品 | 55 171 | 管理 | 44 663 | 质量 | 37 237 |
| 提高 | 55 111 | 增长 | 43 596 | 重要 | 36 810 |
| 改革 | 54 460 | 战略 | 43 427 | 传统 | 36 684 |

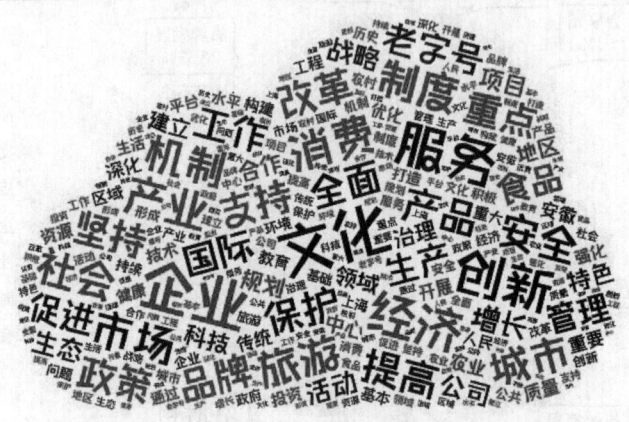

图 7-64 "安徽老字号"网络新闻报道高频词云图

总体来看,在所有网络新闻报道中,出现频率较高的词语分别是:文化、企业、服务、创新、经济、消费、产业、市场、制度、旅游等。由此可见,创新、服务、文化等成为老字号发展的新动力。

(4)"安徽老字号"餐饮业门店区域分布统计分析

通过大众点评平台大数据,选取了"中华老字号"名录中所有安徽餐饮业相关品牌,以及"安徽老字号"中涉及餐饮业的品牌,共计18家,获取了相关品牌的店铺数据341条,其中经过清洗、去重后的有效数据为224条,包括店铺信息、地理位置信息、各项评分指标以及消费者评价等内容。通过对所有店铺地理信息的初步统计,老字号餐饮品牌能够覆盖全省30个地级市、区县级市,其中以合肥市数量最多,达到了118家门店,其次是安庆市18家、芜湖市15家、六安市10家、亳州市9家。

(5)"安徽老字号"品牌连锁规模分析

以老字号品牌门店开设数量为评判标准,"安徽老字号"品牌呈现出了明显的规模梯队,如图7-65所示:第一梯队发展较好的老字号分别是詹记桃酥、柏兆记中式糕点、同庆楼和耿福兴,拥有18家及以上门店,其中詹记桃酥品牌连锁化程度高,在安徽地区覆盖范围广,分布在安徽省13个地级市、7个地级市下设区县,共计116家门店;柏兆记中式糕点主要分布在合肥、安庆两市,共计31家门店;同庆楼的25家门店中有4家在芜湖,1家在安庆,其余都在合肥;耿福兴的18家门店中有5家在芜湖,1家在铜陵,其余都在合肥。第二梯队中的4个品牌分别是同心楼、聚红盛、展沟烧饼和庐州烤鸭店,均拥有4家及以上门店。我们将门店数量在2家及以下的老字号品牌归为第三梯队,其中除了二合居清真餐厅拥有2家门店,其余老字号发展情况不佳,目前都仅有一家门店。

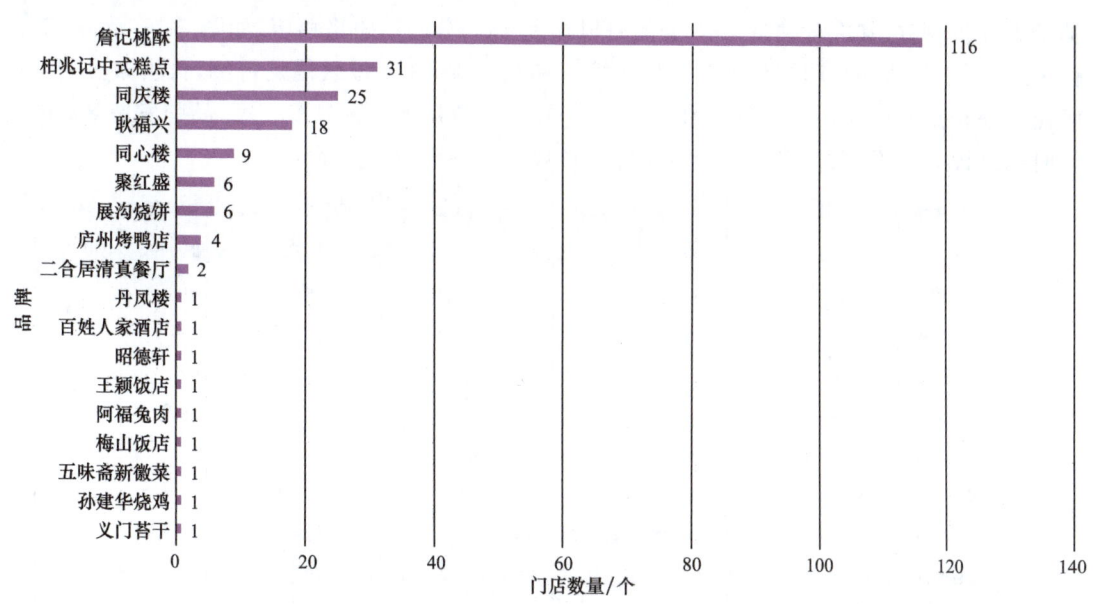

图 7-65 "安徽老字号"餐饮业各品牌连锁店数据统计

(6)"安徽老字号"餐饮类别与规模分析

小吃类和正餐类老字号品牌及平均消费价格见表 7-2 和表 7-3,小吃类品牌平均消费价格整体分布均衡,大多在 30 元/人以内,而正餐类平均消费价格差异明显,从 11 元/人到 171 元/人不等。

表 7-2　　　　　　　　　小吃类老字号品牌及平均消费价格

| 老字号品牌 | 平均消费价格(元/人) | 餐饮类型 |
| --- | --- | --- |
| 庐州烤鸭店 | 30 | 小吃 |
| 柏兆记中式糕点 | 29 | 小吃 |
| 詹记桃酥 | 27 | 小吃 |
| 展沟烧饼 | 15 | 小吃 |

表 7-3　　　　　　　　　正餐类老字号品牌及平均消费价格

| 老字号品牌 | 平均消费价格(元/人) | 餐饮类型 |
| --- | --- | --- |
| 梅山饭店 | 171 | 正餐 |
| 五味斋新徽菜 | 150 | 正餐 |
| 同庆楼 | 140 | 正餐 |
| 聚红盛 | 92 | 正餐 |
| 丹凤楼 | 82 | 正餐 |
| 二合居清真餐厅 | 46 | 正餐 |
| 耿福兴 | 38 | 正餐 |
| 昭德轩 | 11 | 正餐 |

(7)"安徽老字号"消费者评价分析

根据大众点评的综合星级评分标准(满分 5 分),从口味、环境和服务三个维度,通过计算品牌所有门店平均星级评分,在所有餐饮类老字号中,同庆楼以 4.53 分的平均得分位居消费者评价榜首,其次分别是 4.40 分的丹凤楼和 4.00 分的庐州烤鸭店,如图 7-66 所示。整体来看,第三梯队的品牌综合评分落后于第一梯队品牌,其中丹凤楼是特例,价格亲民的同时能收获较高的正向评价。第三梯队的品牌,在门店数量上普遍只有一家,品牌发展落后的同时综合评分也不高,消费者评价与品牌连锁规模呈现正相关关系。

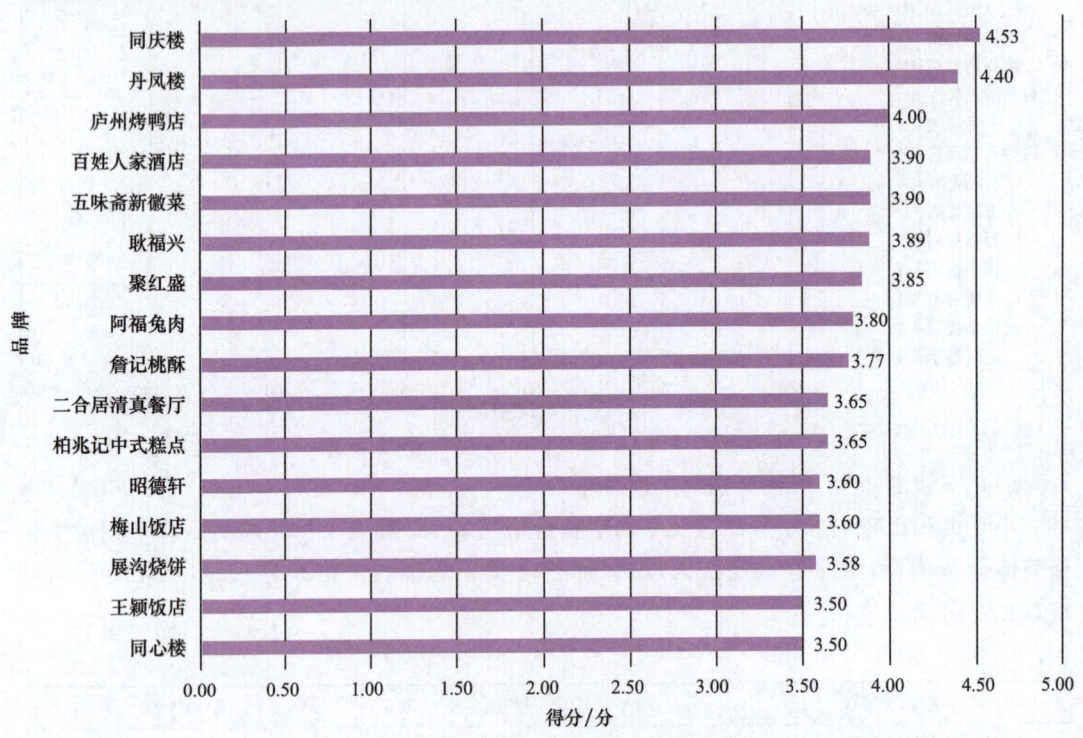

图 7-66 "安徽老字号"餐饮各品牌门店综合评分统计

(8)"安徽老字号"消费者评价正向与负向情感词汇分析

餐饮类"老字号"拥有悠久的品牌历史,担负着传承中华美食文化的重任,在广大消费者中积攒了良好的口碑和认知度。在消费者正向评价关键词(图 7-67)中,"菜品不错""回头客""高大上""价格实惠""服务热情"等关键词数量较多。在消费者负向评价关键词(图 7-68)中,"中规中矩""一般""失望""装修差""环境不好""素质差"等关键词数量较多。由此可见,消费者对老字号品牌期望值较高,在部分老字号品牌门店消费时未能达到预期的老字号品牌体验感。

图 7-67 "安徽老字号"餐饮品牌消费者
评价正向关键词词云图

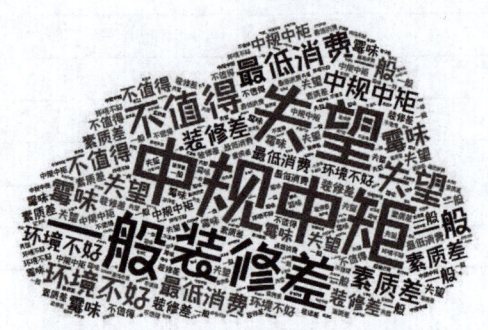

图 7-68 "安徽老字号"餐饮品牌消费者
评价负向关键词词云图

4.结论与建议

根据网络新闻报道热点话题的数据分析,提炼出如下调查结论(因内容较多,在此仅简化为标题式概述):

(1)"安徽老字号"网络新闻报道话题数量增速明显;
(2)品牌发展、文化传承和旅游消费是老字号发展的重要内容;
(3)文化、企业、服务、创新、经济、消费等是网络新闻老字号高频词汇;
(4)门店地区分布遍布全省,合肥地区分布最为密集;
(5)老字号品牌连锁化程度较高,形成了不同规模梯队;
(6)老字号餐饮正餐类与小吃类的品牌规模相当;
(7)消费者评价与品牌连锁规模呈现正相关关系;
(8)消费者对老字号品牌期望值较高。

结合调查数据分析和结论,提出以下建议:

(1)重视消费者评价负向情感文本内容,及时改善营销服务水平;
(2)借助新媒体传播平台,营造老字号文化传承氛围,筑高老字号品牌形象;
(3)推进老字号企业多区域发展,适度扩大连锁规模,形成品牌连锁效应;
(4)创新产品工艺,形成传承与创新的融创发展;
(5)保护和扶持老字号发展,形成地区特色品牌标签,提高老字号影响力。

## 技能训练

结合"安徽老字号餐饮企业"案例研究方法,利用美团、京东等网络销售平台,运用八爪鱼等大数据爬取工具,自行选择零食类产品(如坚果类),调查研究该产品的网络销售及评价情况,整理数据撰写调查报告,具体要求如下:

(1)爬取数据不少于1万条;
(2)爬取数据重点围绕品牌名称、价格、销量、评论量、关键词、评分等方面;
(3)对数据进行清洗,并制作图表;
(4)结合数据及相关文献资料撰写调查报告,提出合理的网络营销建议。

## 思政园地

### 打击监测数据造假须"道高一丈"

为了重拳打击篡改、伪造自动监测数据行为,从2021年开始,最高检、公安部、生态环境部就联合开展了专项行动,并取得了明显成效。公开报道显示,截至2021年10月,全国共查处自动监测数据弄虚作假案件270起,合计罚款4 900余万元。在监管部门的严厉打击下,一些企业为自己的违法犯罪行为付出了沉重的代价。

不过,随着监管的趋严和打击治理力度的加大,一些企业针对监测数据弄虚作假时往往使用一些"反调查措施",这使得数据造假行为变得更加隐蔽,监管部门的调查取证难度也不断加大。排污单位弄虚作假"魔高一尺",就要求打击相关违法犯罪时必须"道高一丈"。

为了积极回应公众对呵护"绿水青山""蓝天白云"的期待,不断提升环保治理能力,2022年三部门继续联合开展专项行动。针对环境监测数据造假问题,此次通知明确要求,要保持严查不正常运行自动监测设备违法行为;重点打击篡改、伪造自动监测数据或者干扰自动监测设施的环境违法犯罪行为;对违法案件中出具比对监测报告的第三方监测单位进行延伸检查,依法严肃查处提供虚假证明文件或出具证明文件存在重大失实的环境领域违法犯罪行为。这展现了政府部门持续强化生态环境保护的决心,也让专项行动形成了长效机制,形成了高压态势。

同时,通知特别强调要利用现代信息技术,提升违法犯罪线索摸排、追踪溯源和精准打击的能力;落实执法联动,巩固打击违法犯罪合力;完善办案制度,切实提升办案能力和水平。这有利于发现更多监测数据异常信息和有价值的案件线索,提升发现问题、打击犯罪的能力,同时也有助于形成全方位打击、全链条发力、全过程监督的合力,并确保打击犯罪行为的及时性、全面性和规范性。

提升对重点排污单位自动监测数据弄虚作假违法犯罪行为的发现、打击能力,既能在具体监管过程和案件办理过程中有效惩治犯罪,排除干扰,"拨正"数据,也能在更大范围内形成震慑警示效应,倒逼更多排污单位增强自律意识,守住底线,敬畏自动监测机制,规范生产经营行为和排污行为。

(资料来源:光明网)

# 参考文献

1. 黄成明.数据化管理.北京:电子工业出版社,2014
2. 宁赛飞.数据分析基础.北京:人民邮电出版社,2018
3. 屈莉莉.电子商务数据分析与应用.北京:电子工业出版社,2021
4. 邵贵平.电子商务数据分析与应用.北京:人民邮电出版社,2018
5. 张茹,黄苑,段星梅.数据化运营管理.北京:人民邮电出版社,2020
6. 赵宏田,姜丽萍,李宁.数据化运营管理系统方法与实践案例.北京:机械工业出版社,2020
7. 刘振华.电商数据化分析与数据化运营.北京:机械工业出版社,2021
8. 陈晴光,龚秀芳,文燕平.电子商务数据分析.北京:人民邮电出版社,2020
9. 夏名首.网上贸易实务.合肥:中国科学技术大学出版社,2021
10. 北京博导前程信息技术股份有限公司.电子商务数据分析基础.北京:高等教育出版社,2019
11. 王华新,居岩岩,陈凯.商务数据分析基础与应用.北京:人民邮电出版社,2021
12. 汪圣佑,徐诗瑶.商务数据可视化.北京:人民邮电出版社,2021
13. 叶子.电子商务数据分析与应用.北京:电子工业出版社,2019
14. 孟刚.电子商务数据分析与应用.北京:中国人民大学出版社,2021
15. 闵敏,方锐.电商运营数据分析.北京:高等教育出版社,2018
16. 胡永胜.商务数据分析.北京:人民邮电出版社,2021
17. 廖莎,胡辉,孙学成.商务数据可视化.北京:人民邮电出版社,2021
18. 沈凤池.商务数据分析与应用.北京:人民邮电出版社,2021
19. 百度指数官网